T0278925

ROMA
INSÓLITA Y SECRETA

Ginevra Lovatelli, Adriano Morabito
y Marco Gradozzi

EDITORIAL JONGLEZ

Ginevra Lovatelli es la autora de la primera versión de esta guía. Organiza visitas privadas para descubrir Roma de un modo original.
Su página de Internet es: www.secretrome.com

Adriano Morabito nació y creció en Roma.
Desde siempre ha estado enamorado de su ciudad así como de sus lugares más recónditos. Desde 1999 ha centrado su interés en la espeleología urbana.
Es uno de los fundadores de Roma Soterranea, asociación que se dedica a la exploración y al estudio de los ambientes hipogeos de interés histórico y arqueológico. www.romasotterranea.it

Otros colaboradores: **Jacopo Barbarigo, Marylène Malbert, Hélène Vuillermet y Viviana Cortes**

Alessandra Zucconi es la autora de la mayoría de las fotografías de esta guía.
Puede ver su trabajo en www.goldenratio.biz.

Ha sido un verdadero placer para nosotros elaborar la guía *Roma insólita y secreta* y esperamos que, al igual que a nosotros, le sirva de ayuda para seguir descubriendo aspectos insólitos, secretos o aún desconocidos de la capital italiana. La descripción de algunos de los lugares se acompaña de unos recuadros temáticos que mencionan aspectos históricos o cuentan anécdotas permitiendo así entender la ciudad en toda su complejidad.

Roma insólita y secreta señala los numerosos detalles de muchos de los lugares que frecuentamos a diario y en los que no nos solemos fijar. Son una invitación a observar con mayor atención el paisaje urbano y, de una forma más general, un medio para que descubran nuestra ciudad con la misma curiosidad y ganas con que viajan a otros lugares…

Cualquier comentario sobre la guía o información sobre lugares no mencionados en la misma serán bienvenidos. Nos permitirá completar las futuras ediciones de esta guía.

No duden en escribirnos:
- Editorial Jonglez, 25 rue du Maréchal Foch 78000 Versailles, Francia
- E-mail : info@editorialjonglez.com

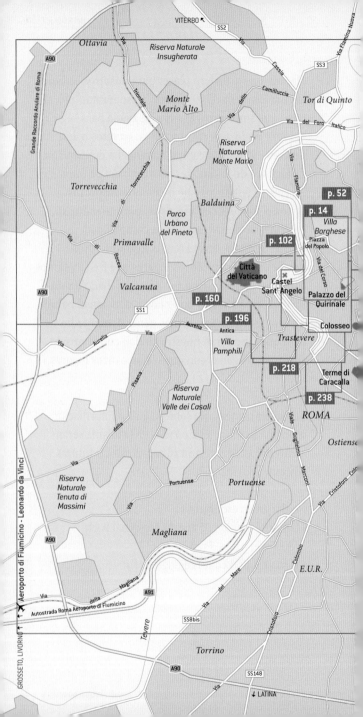

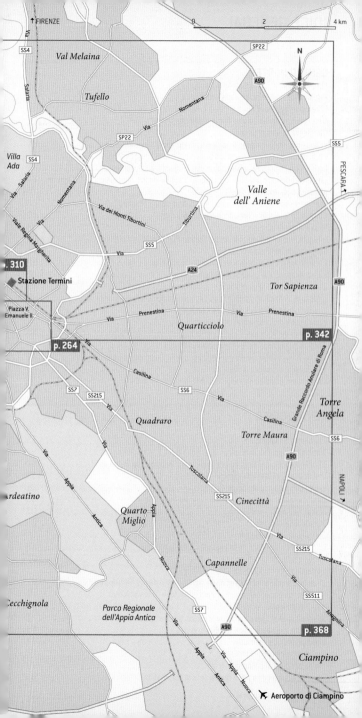

ÍNDICE GENERAL

ÍNDICE GENERAL

VATICANO & ALREDEDORES

JANÍCULO

TRASTEVERE

AVENTINO - TESTACCIO

ÍNDICE GENERAL

FUERA DEL CENTRO NORTE

FUERA DEL CENTRO SUR

ÍNDICE

CENTRO NORTE

MUSEO HENDRIK CHRISTIAN ANDERSEN

Villa Helene
Via Pasquale Stanislao Mancini, 20
• Tel.: 06 3219089, 06 3234000, 06 3241000
• Horario: de martes a domingo de 9.00 a 19.30h
• El Caffé del Museo se encuentra en la primera planta, abierto de 09.00 a 16.00h
• Entrada gratuita
• Tranvía: 2 y 19 - Metro: Flaminio

V illa Helene es un elegante edificio, cercano al ríoTíber, que fue construido en 1922 por el escultor y pintor noruego Hendrik Christian Andersen, establecido en Roma desde 1897. Es un ejemplo muy interesante de estudio-habitación transformado en museo. Tras su restauración, la villa abrió sus puertas al público en 1999.

> *¿Hacia la creación de una ciudad mundial?*

La planta baja se compone de un estudio, donde Andersen imaginaba y modelaba las obras que, una vez acabadas, mostraba a sus visitantes en la galería. Estos dos grandes estudios exponen unas cuarenta esculturas de yeso y bronce de gran tamaño. La primera planta, antes habitación del artista, alberga en la actualidad los dibujos, pinturas y esculturas de pequeño tamaño.

Las 200 esculturas y pinturas así como las casi 300 obras gráficas, dibujos y proyectos componen una colección que se distingue no solo por su volumen sino por estar casi enteramente centrada, exceptuando las pinturas, en un único y gran proyecto: la creación de una «Ciudad Mundial».

Con objeto de difundir este utópico proyecto de una ciudad moderna, laboratorio experimental de nuevas ideas en el campo del arte, de la religión y de las ciencias, Andersen y el arquitecto Ernest Hébrard publicaron en 1913 un libro ilustrado titulado: *Creación de un centro mundial de comunicación.*

> La visita es especialmente agradable en primavera cuando uno puede sentarse y tomar un refresco en el Caffé del Museo mientras descansa al sol en la hermosa terraza de la primera planta.

ASCENSORES DE ÉPOCA EN EL PINCIO ❷

Viale dell'Orologio
• Metro: Flaminio o Spagna

> *El primer ascensor público de Roma*

En el lado norte de los jardines del Pincio, las murallas aurelianas dan al Viale del Muro Torto. Frente al reloj de agua (véase pág. anexa), se alza una pequeña construcción de estilo toscano del siglo XVI justo por encima del muro. La inscripción, aún bien legible, que está detrás de la reja disipa cualquier duda: ATAC – ASCENSORI.

Esta inscripción evoca la existencia de un aparato que la antigua compañía de tranvías del Gobierno de Roma, ATG (Azienda Tramviaria del Governatorato di Roma) instaló en 1926, mientras construía una línea de tranvía en la calle situada encima, donde las líneas 45 y 46 efectuaban una parada, que comunicaban respectivamente la Piazza Verbano y la Piazza Indipendenza con el barrio Trionfale.

Los pasajeros podían pues disfrutar de una conexión directa con el Pincio y con la parada de los tranvías que les permitía salvar en unos veinte segundos un desnivel de 15 metros. Este aparato, alimentado por una batería eléctrica, disponía de dos cabinas, identificadas con los números 1 y 2, cuyas generosas dimensiones –3 x 1,90 metros– permitían acoger a 18 personas. De hecho, había escaleras de servicio por las cuales se accedía a las cabinas en caso de avería. Cada ascensor tenía un operario que se encargaba de accionarlo y de vender los billetes, así como un mecánico. El servicio funcionaba de 7 a 23 horas, con salidas cada cinco minutos, que coincidían con el paso del tranvía.

En 1959, cuando transformaron el Viale del Muro Torto en una calle

de circulación rápida, se ensanchó la carretera, se desmantelaron los raíles y sustituyeron los tranvías por un servicio de autobuses, pero estos no podían detenerse en la parada que coincidía con la salida de los ascensores: por lo tanto pusieron los ascensores fuera de servicio y solo volvieron a funcionar por un breve periodo cuando se celebraron los Juegos Olímpicos de 1960.

La estructura no está en buen estado: el edificio que da al Pincio así como las dos puertas que están en el Muro Torto necesitarían ser restauradas para perpetuar el recuerdo de lo que fue el primer ascensor público de Roma.

EL RELOJ DE AGUA DEL PINCIO

❸

Paseo del Pincio
• Metro: Flaminio o Spagna

> *Uno de los dos relojes de agua de Roma*

Situado en el Pincio, no muy lejos de la entrada cercana a la Piazza del Popolo, el sorprendente reloj de agua del paseo del Pincio es obra del padre dominico Giovan Battista Embriaco, también autor del reloj del palacio Berardi (véase pág. 138), y del arquitecto municipal Gioacchino Ersoch: el primero diseñó el reloj de funcionamiento automático, el segundo se encargó de acondicionar los alrededores y de insertar el mecanismo dentro de una fuente.

Cuando en 1871 la ciudad de Roma decidió remodelar el paseo del Pincio, el padre dominico propuso sus servicios "a la capital del reino".

En cuanto a Ersoch, optó por una instalación compleja: una especie de cofre transparente que debía proteger, y a la vez mostrar, el mecanismo hidráulico alimentado por el *Acqua Marcia* que atravesaba todo el jardín.

Al reloj le dio la forma de una pequeña torre cuyos montantes imitaban troncos de árbol y la colocó sobre una roca en medio de un lago de aspecto muy campestre, haciendo alusión a la naturaleza original, salvaje, muy en boga a finales del siglo XIX

Hay otro reloj de agua en el palacio Berardi, véase pág. 138.

CENA EN EMAÚS EN SANTA MARIA DI MONTESANTO

❹

Iglesia de Santa Maria di Montesanto
Via del Babuino, 198 - Piazza del Popolo
• Misa de los artistas el domingo a las 12.00h

Un cuadro anacrónico

En la capilla de las Almas del Purgatorio, dentro de la iglesia de Santa Maria di Montesanto a la derecha, lo último que uno espera encontrarse en una iglesia romana es un cuadro reciente tan anacrónico. Pintado por Riccardo Tommasi Ferroni (1934-2000), *Cena en Emaús* retoma el famoso tema de los peregrinos de Emaús. Si bien la composición del cuadro es totalmente clásica, sobresalen, sin embargo, ciertos detalles muy peculiares, como las modernas zapatillas de tenis que lleva uno de los peregrinos, quien, con el brazo apoyado sobre la mesa, en actitud indolente, charla con Jesús, que lleva la tradicional túnica blanca.

LA IGLESIA DE LOS ARTISTAS

La iglesia de Santa Maria di Montesanto es la iglesia de los artistas: desde finales de octubre hasta el 29 de junio, se toca música durante la misa de doce del domingo. Generalmente es un actor el que lee los textos y al final de la misa se dice la oración de los artistas.

La Misa de los artistas fue instituida el 7 de abril de 1951, diez años después de que un grupo de artistas comenzara a reunirse alrededor de Monseñor Ennio Francia, para celebrar una misa en su honor.

EL TRIDENTE: TRES CAMINOS PARA LOS PEREGRINAJES ROMANOS

De la Piazza del Popolo salen tres calles que forman el célebre Tridente. Este fue diseñado en el siglo XVII para orientar a los peregrinos e indicarles los caminos que podían tomar cuando entraban en Roma por la puerta Norte. Tomando la antigua Via Leonina (creada por el papa León X en 1515 - actual Via Ripetta), se llegaba al Tíber y al puente Sant'Angelo en dirección a San Pedro. La antigua Vía Clemenza (abierta en 1525 por Clemente VII - actual Vía del Babuino) llevaba, atravesando la Piazza di Spagna, a Santa María Maggiore. Finalmente, la antigua Via Lata (actual Via del Corso) llevaba a San Giovanni in Laterano.

LA PRIMERA DECORACIÓN GROTESCA CONOCIDA DEL RENACIMIENTO

La iglesia Santa Maria del Popolo alberga, en la primera capilla, a mano derecha entrando por la entrada principal, un magnífico cuadro de Pintoricchio. A cada lado, las decoraciones que están pintadas constituyen la primera representación de figuras «grotescas», tras el descubrimiento de la Domus Aurea (véase página 283).

LA BALA DE CAÑÓN DE LA FUENTE DEL VIALE DELLA TRINITÀ DEI MONTI

Viale Trinità dei Monti, enfrente de la Villa Medici
• Metro: Spagna

Una bala de cañón verdadera en el centro de una fuente

En el eje de la puerta de entrada de la Villa Medici se alza una majestuosa fuente de granito que, con las vistas de Roma en segundo plano, ha inspirado a numerosos artistas como Jean-Baptiste Camille Corot quien la inmortalizó en 1826. La pila provendría de San Salvatore in Lauro. El cardenal Carlos Fernando de Medici la habría comprado en 1587, por 200 escudos, a los hermanos del monasterio. En cuanto a la base, esta provendría de una plaza cercana a San Pedro Encadenado. Hacia 1589, la fuente habría sido remodelada por Annibal Lippi, uno de los arquitectos de la Villa Medici. La bala de cañón que está en el centro de la fuente y por la que emana el chorro de agua es objeto de una leyenda rocambolesca. Cuentan que en 1655, la reina Cristina de Suecia, eminente figura de la vida romana durante el siglo XVII, disparó el cañón desde el Castel Sant'Angelo en dirección a la Villa Medici con el fin de despertar a su propietario para ir juntos de caza. Aún se pueden ver en la pesada puerta de la Villa Medici tres marcas de impactos, las cuales corroborarían esta historia. Incluso se habría recuperado uno de las balas de cañón para colocarla en la fuente situada enfrente. Sin embargo, en aquella época, su propietario, el cardenal Carlos Fernando de Medici, ya no residía en la villa.

Otra teoría cuenta que la reina Cristina (a quien se siguen atribuyendo los disparos de cañón) en realidad le habría prometido al pintor Charles Errard, director de la Academia de Francia en Roma, que llamaría a su puerta a una determinada hora. Llegada esa hora, y dado que aún se encontraba en el Castel Sant'Angelo, encontró la manera de cumplir con su palabra disparando el cañón sobre la puerta de la Villa Medici. Lo más seguro es que esta versión también sea falsa porque la Academia de Francia en Roma se creó en 1666, estableciendo su sede en Sant'Onofrio (no fue hasta 1803, y tras haber ocupado varios palacios romanos, cuando la Academia de Francia se trasladó a la Villa Medici). ¡En cambio, lo que sí parece ser verdad es que estas leyendas se han forjado para explicar los impactos de bala de la puerta así como el carácter fogoso de la reina Cristina de Suecia!

LAS ANAMORFOSIS DEL CONVENTO DE LA TRINIDAD DE LOS MONTES

6

Convento de la Trinidad de los Montes
• Fraternidades Monásticas de Jerusalén
Piazza Trinità dei Monti, 3 - 00187 Roma
• Horario: martes a las 11.00h y domingos a las 09.15h mediante reserva (visitesguidees.tdm@libero.it)
• Atención: la segunda anamorfosis está siendo restaurada en la actualidad

Una sorprendente ilusión óptica

En el primer piso del convento de la Trinidad de los Montes, el visitante tiene acceso a un pasillo que rodea el claustro y que encierra dos extrañas anamorfosis (véase la explicación en la siguiente doble página) pintadas como resultado de una serie de investigaciones sobre la perspectiva.

Hasta el siglo XVIII, el convento acogía a religiosos franceses de la Orden de los Mínimos, algunos de los cuales llevaban a cabo importantes trabajos científicos como el padre Emmanuel Maignan (1601-1676) o su discípulo el padre Jean-François Nicéron (1613-1646), los cuales desarrollaron un particular interés por la óptica y la perspectiva. Sus investigaciones sobre este tema han dado lugar a dos anamorfosis, pintadas al fresco, ubicadas en la primera planta del convento, a cada lado del claustro y cuya atribución difiere según las fuentes. Autor del tratado sobre la perspectiva *Thaumaturgus opticus*, Nicéron estuvo solo diez meses en Roma en 1642 pero es más que probable que ayudara a su maestro en la ejecución de uno de los dos frescos, partiendo de los principios expuestos en su obra. La primera anamorfosis en grisalla representa a san Francisco de Paula rezando de rodillas bajo un árbol. Esta anamorfosis se puede observar con una vista rasante al entrar en el pasillo. Cuando uno se sitúa delante del fresco, la figura del santo desaparece para dejar paso a un paisaje que representa una bahía marina rodeada de colinas. Se distingue un puerto, varias torres, vegetación y algunos personajes. Seguramente se trate del relieve de Calabria, región del ermitaño, que comprendería evocaciones a la vida del santo: no muy lejos de una barca de vela, los dos hombres en medio del agua, entre los dos brazos de tierra, evocan la travesía del estrecho de Mesina, sobre el manto de san Francisco, a quien se le prohibió embarcar en un barco. Del mismo modo, los personajes perdidos en este desértico relieve evocan la vida de ermitaño que adoptó san Francisco.

Del otro lado del claustro, en la misma planta, se encuentra la segunda anamorfosis: un fresco anamórfico que representa a san Juan Evangelista escribiendo el Apocalipsis, que habría sido realizado de la misma forma en París, en el antiguo convento de los Mínimos ubicado en la actual Place des Vosges. Esta anamorfosis presenta a san Juan a los visitantes que entran en la sala y muestra el punto de vista ideal. De la misma manera que en el anterior, una visión frontal da paso a un paisaje, el de la isla de Patmos donde el santo tuvo una visión de Cristo.

¿QUÉ ES UNA ANAMORFOSIS?

El principio esencial de la anamorfosis consiste en materializar la trayectoria de la visión humana para ordenar la imagen tal y como debe aparecer ante el espectador a cierta distancia, y proyectar su dibujo, incluso solo el esbozo, de manera oblicua sobre la pared.

La anamorfosis es una deformación voluntaria reversible de una imagen producida mediante un espejo curvo (para las anamorfosis curvas por ejemplo) o a través de un ángulo de visión determinado (en general, una vista rasante). El ejemplo más famoso de este procedimiento se encuentra en el cuadro *Los embajadores* (1533) de Hans Holbein el Joven, cuya forma extraña en primer plano es, en realidad, la anamorfosis de un cráneo.

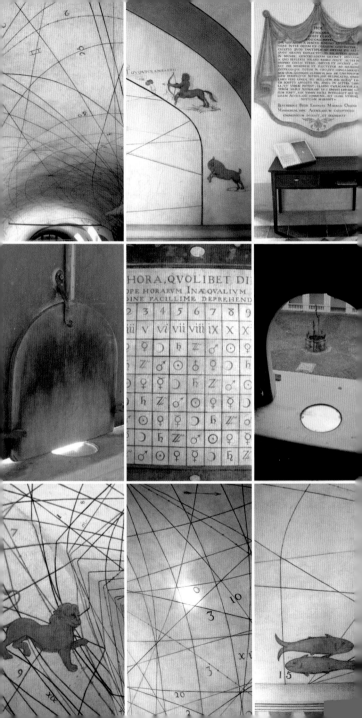

EL RELOJ DE SOL DEL CONVENTO DE LA TRINIDAD DE LOS MONTES

❼

Convento de la Trinidad de los Montes
• Fraternidades Monásticas de Jerusalén
Piazza Trinità dei Monti, 3 - 00187 Roma
• Horario: martes a las 11.00h y domingos a las 09.15h mediante reserva (visitesguidees.tdm@libero.it)

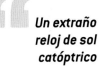

Un extraño reloj de sol catóptrico

L as dos anamorfosis del convento (ver las dos páginas anteriores) están separadas por un reloj solar que recubre toda la bóveda del pasillo que está situado encima del claustro. Este ingenioso sistema es obra del padre Emmanuel Maignan para quien la gnomónica (arte de diseñar y construir relojes solares) solo era objeto de estudio secundario, ya que estaba mucho más interesado por las matemáticas y la óptica, y sobre todo por la filosofía y la teología. En este caso, se trata de un reloj de sol catóptrico que indica las horas gracias al reflejo del sol y no a la sombra de un estilete. En efecto este ha sido reemplazado por un espejo colocado sobre el alféizar de la ventana central, a través del cual se refleja el rayo de sol siguiendo un ángulo llamado «de incidencia» que indica la hora solar sobre la bóveda. Para obtener este mismo efecto reflexivo también se podía colocar una copa llena de agua y mercurio. La particularidad de este astrolabio radica en la multitud de informaciones que contiene esta bóveda según la posición de la mancha de luz del reloj solar. En efecto los números árabes, en negro, a lo largo del trazado negro, indican la hora según el antiguo meridiano de Roma (una hora más en relación con el meridiano de Greenwich); los números romanos (verdes, pequeñitos, con líneas verdes) permiten leer las horas itálicas (es decir, cuánto tiempo hace que se ha puesto el sol y, por extensión, cuánto tiempo falta hasta que se vuelva a poner); las líneas rojas indican las coordenadas celestes.

En la bóveda, también figuran los doce signos del Zodiaco así como nombres de ciudades de todos los continentes, de los que podremos conocer su hora local gracias al reflejo del sol, desde las islas Salomón hasta Babilonia, desde México hasta la región de Goa. Pintados directamente en el muro, varios recuadros nos informan sobre el uso y la historia de este cuadrante, mientras que un cuadro permite identificar el planeta que corresponde a un momento preciso.

Hay otro reloj de sol catóptrico, construido por Emmanuel Maignan, en la planta noble del palacio Spada (véase pág. 97).

CASINO DE LA AURORA BONCOMPAGNI-LUDOVISI

Via Lombardia, 46
- Visitas privadas reservadas a las asociaciones culturales y a los grupos
- Reservas llamando al 06 483942 o al 06 4883668

> *Una obra maestra de Guercino y el único fresco de Caravaggio*

A dos pasos de la Via Veneto, oculto tras unas murallas altas, está el casino de la Aurora, el único edificio (junto con el gran palacio hoy incorporado a la Embajada de los Estados Unidos) que ha sobrevivido a la destrucción de la famosa Villa Ludovisi, construida sobre los vestigios de los Horti Sallustiani en el siglo XVII por el cardenal Ludovico Ludovisi, sobrino de Gregorio XV. Muy admirado por Goethe, Stendhal y D'Annunzio, el palacete fue víctima de la especulación inmobiliaria a finales del siglo XIX. Hoy, el casino sigue siendo la residencia de la familia Boncompagni-Ludovisi.

A principios del siglo XVII, cuando Ludovico Ludovisi compró el casino y el viñedo del cardenal Francesco del Monte, encargó de inmediato al boloñés Giovanni Francesco Barbieri (apodado 'Il Guercino' porque era bizco) que pintase la Aurora sobre la bóveda del salón central (1621-1623). El fresco tenía que rivalizar con el que pintó, sobre el mismo tema, Guido Reni en 1631 en el casino de la familia Borghese (hoy Rospigliosi-Pallavicini, véase pág. 317). A la rivalidad política se unió entonces la artística y Guercino realizó su obra maestra.

En el centro, la Aurora está sentada en su carro tirado por dos caballos. Va esparciendo flores a su alrededor, precedida por las Horas. A la izquierda, su marido, el viejo Titón, levanta un velo y la ve partir, sorprendido. En la luneta de la izquierda, se ve la alegoría del Día, con el genio Lucifer (etimológicamente el 'portador de luz') que sujeta una antorcha en la mano, mientras que en la luneta de la derecha, la Noche sigue durmiendo, con la cabeza apoyada en su mano y con un libro abierto sobre su rodilla. El marco arquitectónico es obra de Agostino Tassi, que también se encargó de la decoración de la habitación de planta superior, donde Guercino representó la alegoría de la Fortuna.

El pequeño gabinete alquímico, en la planta de arriba, alberga el segundo tesoro del casino, el único fresco (al óleo) jamás realizado por Caravaggio.

Pintado hacia 1597 para el cardenal del Monte, primer protector del artista en Roma, representa a Júpiter, Neptuno y Plutón con los elementos del universo y los signos del Zodiaco. En esta alegoría de la tríada alquímica, Júpiter (con el águila) simboliza el aire y el azufre. Neptuno (con el caballo de mar), el agua y el mercurio; Plutón (con Cerbero, el perro de tres cabezas), la tierra y la sal.

El artista los pintó usando un atrevido escorzo, y la figura de Plutón (con los atributos genitales bien visibles) sería un autorretrato.

VILLA MARAINI

9

Via Ludovisi, 48
• A, parada Barberini. Autobús: 61, 63, 80, 83, 116
• Visitas guiadas: todos los lunes a las 15h y a las 16h (en italiano e inglés), previa reserva únicamente, escribiendo a:
visite@istitutosvizzero.it
• 5 €

Desde el centro del barrio Ludovisi, muy cerca de la Via Veneto, la Villa Maraini ofrece unas de las vistas panorámicas más espectaculares de la ciudad: al subir al torreón de la villa, unas vistas de 360º se presentan ante los ojos desde una perspectiva a solo 3 metros de

Una colina artificial para unas vistas panorámicas increíbles

altura menos que el mirador situado sobre la cúpula de la basílica de San Pedro.

Esta lujosa y ecléctica mansión, que aúna influencias neorrenacentistas y barrocas, fue construida entre 1903 y 1905 por Emilio Maraini, empresario de éxito oriundo de Lugano, Suiza. Nacido en 1853, empezó a fabricar azúcar a partir de remolachas que cultivaba en los campos situados alrededor de Rieti y se convirtió en unos años en el "rey del azúcar". Obtuvo luego la ciudadanía italiana y fue incluso miembro del parlamento del Reino de Italia, razón por la que se mudó a Roma. A unos pasos de la iglesia de la Trinidad de los Montes, compró un terreno donde habían amontonado toneladas de piedras, escombros y tierra para construir la Via Ludovisi. En vez de deshacerse de ello, a Maraini se le ocurrió construir su casa en la cima de esta colina artificial. Su hermano, el arquitecto Otto, diseñó la villa y también participó en la construcción del hotel Excelsior de la Via Veneto. Esta majestuosa casa de tres plantas está construida en el corazón de un exuberante jardín. Dentro, estucos, columnas y figuras de mármol adornan las habitaciones, de las cuales no hay que perderse el gran salón de baile que da a una galería abierta hacia el jardín. Enmarcada por dos columnas y

decorada con una increíble balaustrada de mármol, la escalera monumental de tres tramos que une la planta de abajo con la de arriba produce un efecto impresionante. Algunas decoraciones de la villa son originales, otras son copias de esculturas antiguas.

La viuda del propietario, la condesa Carolina Maraini-Sommaruga, donó la villa a la Confederación Suiza en 1947. Desde 1949, alberga el Instituto Suiza, que tiene como objetivo promocionar los intercambios científicos y artísticos entre Suiza e Italia.

LOS PECHOS DE LOS BUSTOS DE LA *CARIDAD Y LA VERDAD* DE BERNINI

Capilla Da Sylva de la iglesia de Sant'Isidoro
Via degli Artisti, 41
• Abierto previa petición
• Tel.: 06 4885359

> *Una sensualidad censurada*

Ciertas obras de arte saben encender las pasiones más que otras. Si los desnudos del *Juicio Final* de Miguel Ángel escandalizaron a algunos hasta el punto de que el papa Pablo IV mandó cubrir las partes íntimas de los personajes (tarea delicada de la que se encargó Daniele da Volterra, que pasó a la historia como 'Il braghettone', 'el hacedor de bragas'), las sensuales esculturas que Bernini creó para la capilla Da Sylva, aunque menos conocidas, conocieron un destino parecido.

La capilla está en la iglesia de Sant'Isidoro, situada a unos pasos de la Piazza Barberini. Edificada a partir de 1622 para los franciscanos españoles, está dedicada a san Isidro de Madrid, patrón de los agricultores.

Permaneció inacabada hasta que años más tarde pasó a manos de la comunidad de los franciscanos irlandeses, congregada en Roma en torno al hermano Luca Wadding, quien fundó ahí un colegio dotado de una rica biblioteca.

Situada a la derecha del altar mayor, la pequeña capilla Da Sylva se construyó en 1663 para albergar los monumentos fúnebres de la familia del noble Rodrigo Lopes da Sylva, caballero de Santiago y miembro importante de la comunidad ibérica en Roma. A la izquierda, se puede ver el monumento en bajorrelieve de Rodrigo y de su esposa Beatriz da Silveira, enmarcados por las figuras desnudas de *La Caridad*, que parece querer darle el pecho al visitante, y de *La Verdad*, con un sol radiante sobre el pecho, esculpidas por Giulio Cartari. A la derecha se encuentra el monumento de su hijo Francisco Nicolò da Sylva y de su esposa Juana, rodeados de las representaciones de la Justicia y de la Paz, obras de Paolo Naldini. Todos los retratos en bajorrelieve se ejecutaron en una segunda fase, a principios del siglo XVIII. Los frescos de las paredes y la Inmaculada Concepción al fondo de la capilla son obra de Carlo Maratta.

En la segunda mitad del siglo XIX, las esculturas de *La Caridad* y *La Verdad*, con sus pechos generosos y sensuales, fueron juzgadas indecentes por los sacerdotes irlandeses y sus desnudos barrocos fueron cubiertos con pesados "sujetadores" de bronce, fijados en los mármoles y pintados de tal modo que parecen originales.

Tras ser restauradas en 2002, las estatuas recobraron todo su poder evocador.

LA FACHADA DEL PALACIO ZUCCARI

Via Gregoriana
• Metro: Spagna

La fachada del palacio Zuccari es, tal vez, la más curiosa e insólita de la ciudad. Los marcos del portal y de las ventanas están sencillamente representados por enormes fauces abiertas de figuras monstruosas.

> *Un monstruo en la fachada*

Debido a su excelente ubicación, Federico Zuccari, artista barroco de renombre, compró el terreno en 1590. Inspirándose en los famosos monstruos de Bomarzo, cerca de Viterbo, se hizo construir para él y sus hijos, la casa y el estudio. Este capricho arquitectónico fue a la vez criticado y admirado y rápidamente se convirtió en la residencia ideal para los artistas del barrio.

A través de la Academia de San Lucas, Zuccari dejó su residencia en herencia a los artistas extranjeros, pero sus deseos no fueron respetados y cuando el artista falleció, el palacio pasó a manos de un nuevo propietario.

La reina de Polonia vivió allí en 1702 y, durante decenios, la residencia fue el epicentro de la vida social de la ciudad. Tras múltiples cambios de propietarios, el deseo de Zuccari por fin se hizo realidad y el palacio se convirtió en un centro para artistas extranjeros. Winckelmann y Reynolds residieron allí, Jacques Louis David y los Nazarenos pintaron obras famosas y Gabrielle D'Annunzio lo inmortalizó en *Il Piacere* (El Placer).

En 1900, Henriette Hertz, su última propietaria, legó su colección de cuadros al Estado italiano, y el palacio y su biblioteca a Alemania, lo que permitió la creación de la famosa Biblioteca Hertziana, especializada en historia del arte. En la actualidad, la biblioteca está a disposición de los investigadores que estén provistos de cartas de recomendación.

El palacio posee hermosos frescos de Jules Romain y se han descubierto, en los sótanos, los restos de la Villa Lucullus que data de finales de la época republicana.

IDROMETRO
MDCCCXXI

LARGO
S. ROCCO
R IV

EL HIDRÓMETRO DE MÁRMOL DEL PUERTO DE RIPETTA

Largo S. Rocco
• Metro: A, parada Flaminio o Spagna. Autobús: 70, parada Lungotevere Marzio

> *El último de los cinco hidrómetros del puerto de Ripetta*

Al cruzar el Largo S. Rocco, es raro fijarse en el largo segmento de mármol encastrado en el muro este de la iglesia del mismo nombre. Se trata de la última pieza del magnífico hidrómetro del antiguo puerto de Ripetta.

Aparte de la escala métrica, se ve la marca de los distintos niveles que alcanzó el Tíber durante sus terribles crecidas durante siglos. La marca más alta corresponde a la inundación de diciembre de 1598, cuando el río alcanzó la excepcional altura de 19,56 metros por encima del nivel del mar: su fuerza fue tal que destruyó tres arcadas del antiguo puente Emilio (hoy puente Rotto, cerca de la isla Tiberina), dejándolo definitivamente inutilizable.

La primera medida científica de la altura alcanzada por el Tíber en Ripetta se remonta a 1744. De 1781 a 1801, se realizaron lecturas diarias del nivel del río a partir del séptimo rellano inferior del puerto que, con sus escalones, servía de escala hidrométrica de lectura: de este modo, se podía controlar el nivel del río sin mojarse los pies

En 1818, con la implantación del cuerpo de Ingenieros de caminos, canales y puertos, se inició el diseño de un verdadero hidrómetro, instalado en el puerto de Ripetta en 1821. El hidrómetro constaba de cinco segmentos de mármol situados a distintas alturas en varios puntos del complejo portuario. Los tres primeros estaban en las escaleras del puerto, debajo de la antigua aduana, el cuarto en una arista del edificio de la aduana, lado río, y el quinto en la fachada de la aduana en la Via di Ripetta.

La inundación de 1870 marcó el fin del puerto de Ripetta y del vínculo milenario de Roma con su río: para contener las crecidas anuales del río, se construyeron los *muraglioni* (altos muros que protegen los ríos de las crecidas).

La antigua aduana también fue demolida y los cuatro segmentos de mármol situados en el lado del río desaparecieron con ella. En 1937, cuando se iniciaron las obras de construcción del museo del Ara Pacis, el quinto segmento de mármol, que entretanto habían fijado en la fachada de una vieja casa, fue de nuevo arrancado y colocado, esta vez sin ninguna función, en el Largo S. Rocco. Se pueden ver otro hidrómetros en la Via dell'Arancio (Palazzo Baschenis), la Via de' Prefetti (Palazzo Firenze), Via del Corso (convento de los agustinos descalzos de Jesús y María), Via della Lungara (Palazzo Corsini), Ponte Cavour, Ponte Milvio y cerca de la fuente de l'Acqua Acetosa.

LAS COLUMNAS DEL PUERTO DE RIPETTA

Piazza del Porto di Ripetta
• Metro: línea A, parada Flaminio o Spagna. Autobús: 70 (Termini), parada
Lungotevere Marzio

> *Todo lo que queda del magnífico puerto de Ripetta*

En la pequeña plaza del Porto di Ripetta, además de la fuente, hay dos columnas de mármol que suelen pasar desapercibidas. Es todo lo que queda del antiguo y magnífico puerto de Ripetta.

Aunque la forma de las columnas no se inspira en las de las columnas militares de la Antigüedad, las "manos" esculpidas en el fuste, la fecha y el nombre del papa no dejan lugar a dudas: se trata de dos hidrómetros. Las columnas conservan efectivamente la "memoria" de las crecidas más importantes del Tíber, incluso las que tuvieron lugar antes de que se construyeran las columnas (1704).

Desde la Antigüedad, la zona del puerto de Ripetta era el puerto marítimo de los comerciantes de aceite y de madera que venían de Umbría, Sabina y Alto Latium. En la Edad Media, este puerto era conocido con el nombre de 'porto della Posterula'. En 1700, el papa Clemente XI decidió hacer el lugar más funcional gracias a la creación de este puerto, construido con el travertino del Coliseo tras el terremoto de 1703 que causó el derrumbe de una parte del monumento: se reutilizó lo que había caído en la construcción del puerto, columnas y fuentes incluidas.

En 1704, Clemente XI inauguró el puerto de Ripetta, concebido por el arquitecto Alessandro Specchi, también autor de la escalera que va de la iglesia de la Trinidad de los Montes a la plaza de España. En 1870, tras la enésima inundación, el gobierno italiano decidió levantar muros altos con el fin de mejorar la seguridad de los habitantes: enterraron el puerto y trasladaron la fuente y las columnas, situadas delante de la iglesia de S. Girolamo degli Schiavoni, a la actual Piazza del Porto di Ripetta que se edificó sobre las ruinas de la iglesia y de la congregación de los masones, también demolida a finales del siglo XIX.

El término *ripetta* (pequeña ribera) se utilizaba para diferenciarlo del puerto marítimo principal llamado *ripa grande* (gran ribera), situado en la orilla derecha del río, bajo el complejo monumental de San Michele y destinado a recibir las embarcaciones procedentes del mar Tirreno.

✠ BLASIV.

LA BENDICIÓN DE LA GARGANTA

Iglesia Madonna del Divino Amore in Campo Marzio
Vicolo del Divino Amore, 12
• El 3 de febrero, después de misa
• Horario de misas: 7.30, 8.00, 9.00, 10.00, 11.00, 12.00 y 18.30h

> ¡Proteja
> su garganta
> de los rigores
> del invierno!

Una vez al año, en medio del invierno, una sorprendente bendición nos protege la garganta y nos permite acabar con buen pie el invierno: el 3 de febrero, día de san Blas, se celebran misas durante todo el día en la iglesia de Madonna del Divino Amore en Campo Marzio. Tras la misa, se procede a la bendición. El cura coloca dos velas cruzadas sobre la garganta de la persona bendecida diciendo: «Por intercesión de san Blas, obispo y mártir, Dios te libre de los males de garganta y de cualquier otro mal, en el nombre del Padre, del Hijo y del Espíritu Santo». Esta tradición tiene su origen en la propia vida del santo: ver a continuación.

¿POR QUÉ INVOCAMOS A SAN BLAS PARA PROTEGERNOS LA GARGANTA?

Nacido en Armenia en el siglo III d. C., Blas fue elegido obispo de Sebaste. Cuando estalló la persecución de Diocleciano contra los cristianos, se retiró a una cueva donde hizo vida eremítica y donde le visitaban las fieras salvajes a las que curaba cuando estaban heridas y enfermas. San Blas es conocido por sus milagros. Salvó a un niño que se ahogaba a causa de una espina de pescado que tenía atravesada en la garganta. Colocó sus manos sobre la cabeza del niño y rezó para que sanara y para que todos los presentes que estuvieran enfermos también se curaran. Poco después, san Blas logró que una mujer recuperara el puerco que un lobo le había arrebatado. Como agradecimiento, la mujer mató al cochino, le llevó la cabeza y las patas así como una vela y pan. San Blas se comió el cerdo y le dijo que todo aquel que encendiera una vela en una iglesia en su nombre obtendría algún favor. Ambos hechos explican el origen de la bendición de la garganta con velas de cera. Torturado con peines de hierro incandescentes, fue finalmente decapitado en 287 o en 316, dependiendo de las fuentes de información.

LAS INNUMERABLES RELIQUIAS DE SAN BLAS

San Blas es, sin lugar a dudas, el santo católico con más reliquias «oficiales»: si creemos a todos los que poseen una, san Blas tendría más de un centenar de brazos. Si su cuerpo está en Maratea, en el sur de Italia, existe otro cuerpo en San Marcello, Roma. La iglesia de Ss. Bagio y Carlo ai Cattenari (*Bagio* es el nombre en italiano de Blas) albergaría «el hueso del cuello» del santo.

Refrán: «Por San Blas la cigüeña verás, y si no la vieres, año de nieves».

LOS RESTOS DEL RELOJ SOLAR DE AUGUSTO

Via Campo di Marzio, 48
• Visitas únicamente previa reserva llamando al 06 336610144
ó 06 33612607
• Metro: Spagna

> **Un obelisco reloj de sol**

Originariamente, el espectacular obelisco egipcio que se puede admirar en la actualidad en la Piazza di Montecitorio formaba parte integrante de un gigantesco cuadrante solar. El *Horologium Augusti* estaba ubicado en el centro de los jardines que diseñó el propio emperador y que, en la época, ocupaban todo el antiguo barrio del Campo de Marte.

El reloj se componía de una gigantesca placa rectangular de mármol que, según qué fuentes, medía 110 metros de largo por 60 de ancho o incluso alcanzaba los 150 metros de largo por 70 metros de ancho. En el centro de esta placa se erigió el obelisco del faraón Psamético II, que data del siglo VI a. C. y que Augusto trajo a Roma tras la conquista de Egipto. Las letras y barras de bronce estaban incrustadas en el gran cuadrante de mármol y la sombra que el obelisco proyectaba sobre el cuadrante indicaba el mes, el día y la hora. Tras derrumbarse en la Edad Media quedó enterrado durante siglos siendo redescubierto a mediados del siglo XVIII y erigido en la Piazza di Montecitorio por el papa Pío VI que intentó reconstituir el cuadrante solar.

Hace aproximadamente veinte años, descubrieron, a cinco metros de profundidad, en las bodegas del número 48 de la Via Campo di Marzio, los restos del reloj solar. Se han descubierto restos del pavimento de mármol sobre el que se trazaban la línea meridiana, las líneas transversales que corresponden a dos días, las inscripciones relativas a los signos del Zodíaco de Leo, Tauro, Capricornio y Virgo y la indicación de los vientos que soplan sobre el mar Egeo hasta finales del mes de agosto.

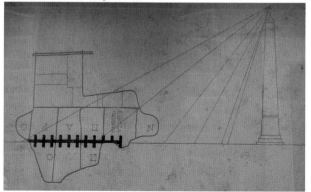

LA TUMBA DE POUSSIN

Iglesia San Lorenzo in Lucina
Via in Lucina, 16ª
• Metro: Spagna
• Horario: de lunes a sábado de 9.00 a 12.00h y de 16.30 a 19.30h.
Domingo de 9.30 a 13.00h y de 17.00 a 20.00h
• Visitas guiadas de los subterráneos el primer sábado de cada mes
a las 17.00h

> «Con frecuencia los hombres geniales han anunciado su fin mediante obras maestras: se trata del alma que remonta el vuelo»

La tumba de Poussin, encargada por el escritor Chateaubriand entre 1828 y 1832 cuando era embajador de Roma, es una estructura de mármol blanco, compuesta por un nicho presidido por el busto del pintor. Debajo del busto, figura, en relieve, una representación de su famoso cuadro *Los pastores de Arcadia*. La tumba, que se encuentra curiosamente ubicada entre dos capillas de la iglesia (generalmente las tumbas están en las capillas laterales), fue esculpida por tres pensionistas de la Villa Medici, sede de la Academia de Francia desde 1803: León Vaudoyer, Paul Lemoyne y Louis Desprez. Debajo del bajorrelieve, un epígrafe en latín reza: «Retén tus lágrimas piadosas, en esta tumba Poussin vive / había dado la vida sin saber él mismo morir / aquí se calla pero si le quieres oír hablar / es sorprendente cómo vive y habla en sus cuadros».

Si la expresión «Et in Arcadia Ego» ha hecho correr ríos de tinta (ver texto contiguo), esta tumba es probablemente un sencillo homenaje a un genio de la pintura. Como bien dijo Chateaubriand en su obra *La vida de Rancé*: «¡El admirable temblor del tiempo! Con frecuencia los hombres geniales han anunciado su fin mediante obras maestras: se trata del alma que remonta el vuelo».

Para más información sobre la expresión *Et in Arcadia ego*, véase siguiente página doble.

Visita guiada de los subterráneos: el primer sábado de cada mes a las 17.00h

EL AGUA MILAGROSA DE LA MADONNA DEL POZZO

Iglesia Santa Maria in Via
Capilla Madonna del Pozzo
Via del Mortaro, 24
• www.santamariainvia.it
• Cerrada de 12.45 a 16 h de lunes a sábado y a las 13 h los domingos

*En Roma,
como en Lourdes*

Roma, como Lourdes, tiene sus manantiales milagrosos. Basta, por ejemplo, con ir a la iglesia de Santa Maria in Via, que está en pleno centro de la ciudad, detrás de la galería Alberto Sordi, entre el Palazzo Chigi y la fuente de Trevi, y entrar en la capilla de la Madonna del Pozzo, situada a la izquierda. Fue aquí donde en 1256 se produjo el milagro que dio a la iglesia el nombre popular de "pequeña Lourdes".

En los establos del cardenal Capocci, empezó a salir agua de un pozo en tales cantidades que el lugar acabó inundado. Procedente probablemente del fondo del pozo, un fresco sobre piedra de la Virgen flotaba sobre el agua. El cardenal la cogió y edificó un santuario en este lugar. Desde entonces se venera la imagen milagrosa de la llamada Virgen del Pozo. Según la leyenda, todos aquellos que bebían el agua del pozo sanaban inmediatamente. El lugar atraía cada vez a más gente y la iglesia fue ampliada en el siglo XVI.

Aún hoy, detrás de la balaustrada de la iglesia, los fieles pueden, en cualquier momento, beber el agua del pozo o llevársela en pequeñas cantidades para los enfermos.

NO, NO HAY REVELACIONES ESOTÉRICAS EN EL CUADRO DE POUSSIN

Et in Arcadia ego es el título de dos cuadros de Nicolas Poussin (1594-1665); el más famoso, *Los pastores de Arcadia*, expuesto en el Louvre, fue pintado probablemente hacia 1638*.

El cuadro representa a tres pastores delante de una tumba en la que figura la inscripción en latín *Et in Arcadia ego*. Uno de ellos, inclinado, señala la frase con el dedo, mientras que otro, arrodillado, la lee (nótese que la sombra de su brazo tiene forma de guadaña, alegoría de la muerte). Una pastora de pie, con la mano sobre el hombro del pastor inclinado, asiste a la escena. Están vestidos a la moda de la antigua Grecia clásica. El decorado muestra un paisaje montañoso y algunos árboles dispersos; el más alto se alza detrás de la tumba

La primera vez que apareció una tumba con esta inscripción fue en los *Idilios* de Teócrito en el siglo III a. C., luego en *Las Bucólicas* (VII y X) de Virgilio. La idea fue retomada después durante el Renacimiento florentino, en el círculo de Lorenzo de Medici entre 1460 y 1470, aunque fue en 1504 cuando Jacopo Sannazaro concretó, en su pintura *Arcadia*, la percepción moderna de un mundo perdido de idílico encanto antes de que El Guercino pintara en 1618 *Los pastores de Arcadia*, conservado hoy en la Galería Nacional de Arte Antiguo del Palacio Barberini en Roma. Cabe destacar, aunque es menos conocido, otro cuadro expuesto en el museo de Brive (Francia), *Paisaje con pastores de Arcadia* (anónimo, finales del siglo XVIII), que contiene también esta célebre frase, y un mármol en el jardín de la propiedad inglesa de Shugborough Hall, que trata también el mismo tema.

Aunque *Et in Arcadia ego* está correctamente escrito, una frase nominal sin verbo (la omisión del verbo en latín es perfectamente normal), algunos autores desconocedores de la gramática latina concluyeron que la frase estaba incompleta y que faltaba un verbo. Especularon sobre un oculto mensaje esotérico cifrado, relacionado con los anagramas *Tego Arcana*

Dei ("Oculto los secretos de Dios") y *Arcam Dei Iesu Tango* ("Toco la tumba de Jesús"), sugiriendo que la tumba albergaba los restos mortales de Jesús o de otro personaje bíblico importante. Y para rematar, se afirmó que la "tumba divina" pintada en el lienzo de Poussin estaría en Les Pontils, cerca de Rennes-le-Château (Francia).

En 1978, el investigador Franck Marie, al igual que

Pierre Jarnac en 1985, determinó que esta tumba era totalmente normal y que había sido cavada en 1903 por el propietario de las tierras, Jean Galibert, quien había enterrado en ella a su madre y a su abuela. Ambos cuerpos fueron exhumados y enterrados de nuevo en otro lugar, seguramente en el cementerio del pueblo, cuando las tierras fueron vendidas a Louis Lawrence, un americano de Connecticut que había emigrado a esta región. Este enterró a su vez a su madre y a su abuela en la tumba vacía y construyó una sepultura de piedra con la inscripción *Et in Arcadia ego*. El hijo de Louis Lawrence, Adrien Bourrel, aseguró a Franck Marie y Pierre Jarnac que había visto cómo construían la sepultura en 1933, cuando era adolescente.

A pesar de esto, un tal Pierre Plantard (véase pág. 287) tuvo tiempo de inventarse por completo su "priorato de Sión" mientras estaba en la cárcel y afirmó que la tumba de Les Pontils sirvió de modelo para la pintura de Poussin. En 1988 el propietario del terreno demolió la tumba, previa autorización de las autoridades locales, para atajar la afluencia de gente que venía en vano de todas partes del mundo buscando revelaciones esotéricas.

Así, lejos de poseer un sentido esotérico totalmente inventado, el cuadro de Poussin y la frase *Et in Arcadia ego* significan sencillamente que la muerte nos espera a todos un día u otro.

* Hoy, la primera versión del cuadro con el mismo título (1628-1630) de Poussin forma parte de la colección del duque de Devonshire en Chatsworth House, Gran Bretaña.

LA ARCADIA: UN SABOR A PARAÍSO

La Arcadia es una región de Grecia situada en el centro y centro este del Peloponeso. Fue considerada en la Antigüedad como un lugar primitivo e idílico poblado de pastores que vivían en armonía con la naturaleza. En este sentido, simbolizaba una edad de oro de la que numerosas obras literarias y artísticas se hicieron eco: Virgilio en *Las Bucólicas* u Ovidio en *Los Fastos*.

Redescubierta en el Renacimiento y en el siglo XVII, especialmente a través del cuadro de Poussin, *Los pastores de Arcadia*, la Arcadia está surcada por el río Alfeo que se sumergiría bajo tierra y resurgiría a la superficie en Sicilia para mezclarse con las aguas de la fuente Aretusa. Siendo Alfeo un dios-río sagrado, hijo mitológico del titán Océano y de su hermana Tetis, cuyos torrentes subterráneos simbolizan la tradición subterránea del conocimiento esotérico, algunos han visto, erróneamente, un vínculo entre la Arcadia y el esoterismo.

El nombre de Arcadia viene de Arcas, que viene a su vez del griego antiguo *arktos*, que significa 'oso'. Rey de Arcadia, Arcas era, en la mitología griega, hijo de Zeus y de la ninfa Calisto. Según la leyenda, Calisto ofendió a Artemisa, diosa de la caza, que la transformó en osa durante una partida de caza. Elevada al cielo por Zeus, Calisto se convirtió en la constelación actual de la Osa Mayor, mientras que su hijo Arcas fue transformado al morir en la constelación de la Osa Menor.

LA MISA EN ARAMEO DE LA IGLESIA DE SANTA MARIA IN CAMPO MARZIO

Via di Campo Marzio, 45/A
- Misas en arameo el domingo a las 10.30h
- Metro: Spagna o Barberini

> ### Oir misa en la lengua de Jesús

Escondida en uno de los lugares más frecuentados del centro histórico, la iglesia Santa Maria in Campo Marzio es una iglesia católica oriental, de rito antioqueno pero de obediencia romana. Todos los domingos a las 10.30h se celebra la misa en arameo. Tanto los fieles, en general no muy numerosos, como la mezcla de los tres idiomas en los que se dice misa (arameo, árabe e italiano) y la majestuosa arquitectura de la iglesia crean un ambiente particularmente propicio para el recogimiento. Al finalizar la misa, no es infrecuente que los fieles estén invitados a tomar un café con el patriarca. La iglesia remonta al siglo VIII, época en la que unas religiosas que huían de Constantinopla fundaron un monasterio. Cuando este pasó a manos de las benedictinas, se fue ampliando hasta alcanzar su tamaño actual convirtiéndose así en uno de los monasterios más importantes de la ciudad.

La entrada que da a la calle conduce a un espléndido patio -un remanso de paz en medio del caótico centro de la ciudad- curiosamente construido en forma de Tau (T en griego) y diseñado por De Rossi a quien también se le encargó, a finales del siglo XVII, la reconstrucción de la iglesia. Al

fondo del patio puede admirar, a través de la puerta de cristal, el hermoso claustro adornado con una fuente en el centro así como uno de los costados de la iglesia San Gregorio Nazianzano, adornada con un pequeño y precioso campanario romano. Esta parte del monasterio no se puede visitar dado que la Cámara de los Diputados, órgano que lo gestiona, ha iniciado una importante restauración. En efecto, el monasterio, que fue expropiado después de 1870 y convertido en sede de la administración, sufrió importantes deterioros.

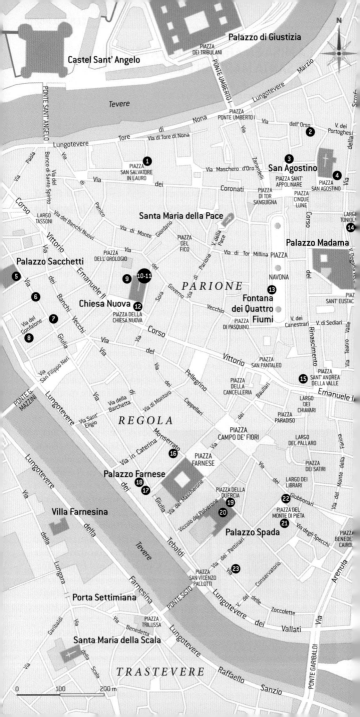

Castel Sant' Angelo

Palazzo di Giustizia

PIAZZA
DEI TRIBUNALI

PONTE UMBERTO I

PIAZZA
PONTE UMBERTO I

Via Marzio

dell' Orso ❷

V. dei Portoghesi

Tevere

Lungotevere

Via di Tore di Nona

Via di Tore di Nona

Tore

Nona

di

Via

Via Maschero d'Orance

Via Maschero d'Orance

❸ San Agostino

PIAZZA SANT'
APPOLINARE

❹ PIAZZA
SAN AGOSTINO

Via della

PONTE SANT' ANGELO

Lungotevere

PIAZZA
SAN SALVATORE
IN LAURO ❶

dei

Coronati

PIAZZA
DI TOR
SANGUIGNA

PIAZZA
CINQUE
LUNE

Banco di Santo Spirito

Via

Via

del

Parione

Corso

Zanardelli

LARGE
TONIOL ❶❹

Corso

Via

Via dei Banchi Nuovi

Santa Maria della Pace

Palazzo Madama

V. Dogana V

LARGO
TASSONI

Vittorio

Via di Monte Giordano

PIAZZA
DEL FICO

V. della
Pace

Via di Tor Millina

PIAZZA
DEL FICO

PIAZZA

Palazzo Sacchetti

Emanuele II

PIAZZA
DELL'ORLOGIO

Via

del

Governo

Parione

PARIONE

NAVONA

❺

❻

❾

⑩-⑪

Sora

Via

❶❸

PIAZ
SANT' EUSTAC

dei

Banchi

Vecchi

Chiesa Nuova ⑫

PIAZZA DELLA
CHIESA NUOVA

Corso

Vecchio

Fontana
dei Quattro
Fiumi

V. dei
Canestrari

V. di Sediari

❼

Via del
Gonfalone

del

PIAZZA
DI PASQUINO

Rinascimento

Giulia

❽

Via San Filippo Neri

Via

del

Pellegrino

Vittorio

PIAZZA
SAN PANTALEO

Via

Teatro

Valle

Via della
Barchetta

Via di Montoro

Cappellari

PIAZZA
DELLA
CANCELLERIA

Baullari

PIAZZA
SANT'ANDREA
DELLA VALLE ⑮

Emanuele I

PONTE G.
MAZZINI

Via Sant'
Eligio

REGOLA

Monserrato

PIAZZA
PARADISO

LARGO
DEI
CHIAVARI

Lungotevere

Via in Caterina

⑯

PIAZZA
CAMPO DE' FIORI

LARGO
DEL PALLARO

Via

del

della

PIAZZA
DEI SATIRI

Lungotevere

Palazzo Farnese ⑱

⑰

PIAZZA
FARNESE

PIAZZA DELLA
QUERCIA ⑲

LARGO DEI
LIBRARI

PIAZZA
DEI SATIRI

PIAZZA
DEI SATIRI

⑳

⑳

Villa Farnesina

della

Via

dei

Giulia

Via del Mascherone

PIAZZA DEL
MONTE DI PIETA

⑳

Glubbonari

⑳

Via del

Monte della

PIAZZA
BENEDE
CAIROL

Viccolo del Polverone

Palazzo Spada

Via degli Specchi

Arenula

Tevere

Tebaldi

Via dei Pettinari

⑳

PIAZZA
SAN VICENZO
PALLOTTI

Conservatorio

V. delle
Zoccolette

PONTE GARIBALDI

Porta Settimiana

Farnesina

PIAZZA
TRILUSSA

PONTE SISTO

Lungotevere

dei

Vallati

Lungara

della

Via

Benedetta

Santa Maria della Scala

Garibaldi

Via

della

Scala

TRASTEVERE

Raffaello

Sanzio

0   100   200 m

CENTRO OESTE

EL HOSPICIO DE PICENI ❶

Via San Salvatore in Lauro, 15
• Horario: de lunes a viernes de 7.30 a 13.00h y de 15.30 a 19.00h
Sábado de 9.00 a 12.00h y de 16.00 a 20.00 h. Domingo de 9.00 a 12.00h

> ***Un conjunto de una belleza insospechada***

Prácticamente desconocido por el público, el Ospizio dei Piceni, con sus edificios, su patio, su jardín y su claustro, constituye un conjunto de una belleza extraordinaria.

Anexado a la iglesia de San Salvatore in Lauro -mucho más conocida- el hospicio de los Piceni fue uno de los más importantes de la ciudad y albergó un gran número de personas procedentes de las Marcas[1] que venían a Roma para vivir o sencillamente para visitar la ciudad. La Confraternita dei Piceni que se quedó en 1669 con la iglesia y el conjunto monástico adyacente, ofreció durante mucho tiempo asistencia a las personas procedentes de la misma región. Se entra por el primer soportal, a la izquierda de la iglesia. Tras dar unos pasos, se accede al interior de un claustro espectacular del siglo XV coronado por una *loggia* (galería). Al lado del claustro se abre un pequeño patio adornado con una fuente y un bello pórtico que da acceso a la sala capitular. Algunas tumbas importantes, como la del papa Eugenio IV, se encuentran aquí también. Más

allá de su importancia histórica y de su belleza artística y arquitectónica, puestas de manifiesto gracias a una sabia y larga restauración, el hospicio esconde, asimismo, otra pequeña maravilla. Subiendo por la escalera del siglo XVI se accede a un magnífico espacio -compuesto de dos salas abovedadas y de un brazo de crucero que sobresale sobre el pórtico del jardín y provisto de un techo de espiguillas que alberga, en la actualidad, un museo donado por el pintor Humberto Mastroianni.

Junto al Museo Mastroianni se encuentra la entrada de la Fondazione Emilio Greco. Además el Pio Sodalizio dei Piceni organiza también exposiciones, conciertos de música y representaciones teatrales.

EL PALACIO SCAPUCCI

Via dei Portoghesi, 18
• Metro: Spagna

*La torre
del Mono*

El palacio Scapucci, apellido de la noble familia romana al que perteneció durante los siglos XVI y XVII, posee una torre en ladrillo de cuatro pisos que data de la Edad Media y que ha sido varias veces restaurada. En su cima, una curiosa estatua llamará la atención del paseante curioso.

La torre debe su nombre a una leyenda romana que se hizo famosa en el relato escrito por el novelista americano Nathaniel Hawthorne, *The Marble Faun*: cuenta que un mono domesticado habría sacado de la cuna al bebé recién nacido de su amo y se lo habría llevado a la cima de la torre, zarandeándole peligrosamente mientras brincaba por la cornisa.

Los padres, desesperados, suplicaron a la Virgen, prometiéndole que harían construir y consagrar un tabernáculo si el niño se salvaba. Los ruegos fueron escuchados: el mono descendió con el niño sano y salvo. Desde entonces, en la cima de la torre arde una luz frente a la estatua de la Madonna.

TUMBA DE SAN ANICETO ③

Palacio Altemps
Piazza di Sant'Apollinare, 4
• Horario: de martes a domingo de 9.00 a 19.45h

> *El único ejemplo de un papa que descansa en una residencia particular*

En la Roma medieval y renacentista, tener relación de parentesco con un soberano pontífice ofrecía seguramente oportunidades de enriquecimiento. Girolamo Riaro no fue la excepción. Sobrino del papa Sixto IV, fue uno de los numerosos y especialmente felices beneficiarios del honorable tío, lo que le permitió lanzarse en la construcción de un palacio, adosado a los muros que bordeaban la Via dei Soldati entre el río y lo que hoy es la plaza Navona. El Palazzo Riaro cambió varias veces de propietario, donde cada uno ejecutó modificaciones sustanciales, hasta terminar entre las manos del cardenal de origen alemán, Marco Sittico Hohenems, que italianizó su apellido como Altemps. Este reformó el palacio de arriba abajo para darle la apariencia actual. Gran coleccionista, mecenas, poderoso, sufría sin embargo de ser un "advenedizo" y de hecho, no podía rivalizar con familias patricias cuyo pasado y el de la propia ciudad formaban a menudo uno solo.

¿Qué mejor que un santo, si no en la familia, al menos en su palacio, para dar un poco de brillo a un apellido que carecía de él? El papa Clemente VIII, en deuda con Altemps por su constante apoyo durante su elección, respondió positivamente a la petición del duque Giovanni Angelo quien se propuso acoger el cuerpo de san Aniceto, papa y mártir, hallado en 1602 en las catacumbas de san Sebastián.

Mandó que lo transportaran en una urna antigua que, según la tradición, habría custodiado los huesos del emperador Alejandro Severo. Desde entonces, la tumba del onceavo papa se encuentra debajo del altar de la capilla privada de la familia Altemps, decorada para la ocasión por Leoni y Pomarancio. Es el único ejemplo que hay de un papa que descanse en una residencia particular.

¿POR QUÉ LA VIA DEI SOLDATI (CALLE DE LOS SOLDADOS) SE LLAMA ASÍ?
Roma era todo salvo una ciudad tranquila. Las luchas de influencia incesantes entre las grandes familias romanas se transformaban rápidamente en luchas callejeras, incluso en conflictos armados. Terminaron extendiéndose rápidamente a barrios enteros, recortando Roma en otros tantos feudos pequeños. Cerca del Tíber, más o menos a la altura del puente Umberto I, se levantaba todo un sistema de fortificaciones que separaba el barrio de los Orsini del de los Colonna. El camino de ronda por el que patrullaban las milicias tomó el nombre de "calle de los soldados".

VISITA A LA BIBLIOTECA ANGELICA

Piazza S. Agostino, 8
• Tel.: 06 6840801 o 06 68408034 • Directora: Marina Panetta
• E-mail: b-ange@beniculturali.it • Visitas para grupos previa reserva o
durante las exposiciones y los conciertos
• Horario: de lunes a viernes de 8.00 a 18.45h. Sábado de 8.30 a 13.45h
• Cerrado los domingos y la segunda y tercera semana de Agosto.

La
biblioteca
más antigua
de Roma

La biblioteca Angelica es la más antigua de Roma y una de las primeras de Europa. El conjunto es de una belleza excepcional y el lugar desprende una atmósfera secreta y tan silenciosa que uno tiene la sensación de viajar en el tiempo. Los aficionados podrán disfrutar de sus maravillosas salas de lectura y de sus preciadas obras durante las exposiciones, los conciertos y las visitas guiadas que se organizan regularmente. La biblioteca debe su nombre a un obispo agustiniano, Angelo Rocca, que dirigió la Tipografía Vaticana durante el pontificado de Sexto V y que legó, a finales del siglo XVI, su preciada biblioteca a los frailes del convento de San Agustín. Rocca deseaba que todo el mundo tuviera acceso a la biblioteca, algo absolutamente excepcional en aquella época.

En 1661, Lukas Holste, entonces bibliotecario de la Biblioteca Vaticana, legó su prodigiosa colección de volúmenes impresos a la biblioteca Angelica. En 1762, el patrimonio de esta biblioteca se vio acrecentado por la adquisición de los libros del cardenal Domenico Passionei a los que se sumaron las obras que el prelado compró personalmente durante sus viajes por los países protestantes. Esto explica que la biblioteca tenga ejemplares de textos prohibidos cuya importancia es fundamental para los estudios sobre la Reforma y la Contrarreforma. Fue en esta época cuando se le confió al arquitecto Luigi Vanvitelli la labor de reestructurar, entre otras, la biblioteca así como su espectacular sala de lectura donde aún en la actualidad los eruditos se siguen reuniendo.

Se conservan más de 200 000 volúmenes, de los cuales la mitad fueron publicados entre los siglos XV y XVIII. Las secciones más importantes de la biblioteca están dedicadas a la historia de la Reforma y de la Contrarreforma y al pensamiento agustiniano así como a Dante, Petrarca y Bocaccio, al teatro desde el siglo XV hasta el siglo XVIII, a las revistas italianas y extranjeras de los siglos XVII y XVIII y a las obras sobre Roma. Este lugar también posee importantes obras antiguas, de gran valor artístico, empezando por un manuscrito del siglo IX donde aparece el *Liber Memorialis* de la abadía de Remiremont, un códex ilustrado del siglo XIV de la *Divina Comedia* así como cuatro mapamundis de 1603 únicos en Italia.

Desde 1940, la biblioteca es también la sede de la Academia literaria de Arcadia (véase p. 151).

VISITA PRIVADA AL PALACIO SACCHETTI ❺

Via Giulia, 66
• Visitas de lunes a viernes, previa petición y reservadas para las asociaciones culturales o para grupos
• Reserva: 06 68308950

Una joya por descubrir

El suntuoso palacio Sacchetti sigue siendo hoy en día la residencia de la familia Sachetti, lo que explica que no sea tan conocido como otros palacios romanos, a pesar de haber sido construido y decorado por artistas tan ilustres como Antonio da Sangallo y Franceso Salviati. A la muerte de Sangallo, su primer propietario, el palacio fue adquirido por el cardenal Ricci di Montepulciano, quien le encargó a Nanni di Baccio hacer algunas reformas como la de la sala de los mapamundi, verdadera obra de arte con sus paredes pintadas al fresco por Salviati que describen episodios del Nuevo y del Antiguo Testamento. Por otra parte, las decoraciones de la majestuosa galería con temas alegóricos y mitológicos, fueron realizadas por Giacomo Rocca. A mediados del siglo XVII, el cardenal Giulio Sacchetti, miembro de una familia de mercaderes y banqueros florentinos, compró el palacio. No tardó en ocupar un lugar prestigioso en el seno de la sociedad romana obteniendo el título de marqués, comprando amplias propiedades en el Latium y embarcándose, con gran entusiasmo, en actividades de mecenazgo. Cuando se instaló en este suntuoso palacio, el cardenal Giulio no introdujo grandes cambios. Sin embargo, empezó a acumular cientos de objetos preciosos, obras arqueológicas y obras de artistas de la época, como una veintena de cuadros de Pietro da Cortona. Solo quedan dos obras de esta magnífica colección: *Adán y Eva* y *La Sagrada Familia*. Las demás están diseminadas por distintos lugares, dado que, a principios del siglo XVIII, la fortuna de los Sacchetti disminuyó considerablemente tras haber conocido un fulgurante ascenso que duró hasta la época del propio cardenal Giulio, quien casi se convierte en Papa. Del lado del palacio que da al Tíber, un ninfeo, recientemente restaurado, sigue decorando el jardín que llegaba hasta el Tíber antes de que se construyeran los muelles. El ninfeo está formado por unas pequeñas arquerías, dos nichos con un estanque y unos sátiros que levantan un trozo de tapiz sobre una vista imaginaria de Roma. En la parte superior se puede admirar los escudos de armas con los blasones de la familia Sacchetti, encima de los cuales hay unos efebos. Además de los estucos, los falsos mármoles y los mosaicos, los procesos artísticos utilizados son muy originales: conchas auténticas insertadas en distintos sitios que alternan con guirnaldas de frutas y flores recubiertas de motivos ornamentales de vidrio coloreado, sin mencionar los *tartari* (toba), costras calcáreas que emulan a las estalactitas y estalagmitas.

LOS "CANAPÉS" DE LA VIA GIULIA   ❻

Via Giulia, desde la esquina con la Via del Gonfalone hasta la esquina con
el Vicolo del Cefalo

Del colosal proyecto de construcción del palacio de los tribunales, ideado por Bramante (véase más abajo), solo existen las bases. Estos enormes bloques de travertino dan una idea de la dimensión del edificio, que debía agrupar en un solo lugar

Los vestigios de un proyecto abortado

los tribunales de justicia del gobierno pontificio. Estas piedras están integradas hoy en distintos edificios distantes de unos cien metros en total e invaden ligeramente la calle con respecto a los muros en los que están encastradas. De este modo ofrecen a los transeúntes la posibilidad de sentarse y, como tienen un leve parecido a unos cojines, no han tardado en bautizarlas los "canapés" de Via Giulia.

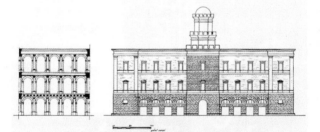

EL FRACASO DE UN PROYECTO

Bramante y el papa Julio II Della Rovere querían que la nueva calle fuese la arteria principal de la ciudad. Se la imaginaron larga, rectilínea, majestuosa y prestigiosa, según los cánones del Renacimiento, e indudablemente es así. También deseaban que fuese el centro del nuevo barrio administrativo. La corte papal iba a establecerse ahí y la calle se llenaría de palacios. Este objetivo no se alcanzó. El palacio de los tribunales nunca vio la luz, la vida administrativa permaneció en el Capitolio y aunque se construyeron preciosos palacetes, otros fueron divididos para ser alquilados como apartamentos o pequeños comercios. Ciento cincuenta año después, el papa Inocencio X Pamphilj instaló la nueva prisión de Roma (hoy es, ironía del destino, la sede de la antimafia), enterrando definitivamente el monumental destino de su lejano predecesor.

MUSEO CRIMINOLÓGICO

Via del Gonfalone, 29
- Tel.: 06 68300234
- Horario: de martes a sábado de 9.00 a 13.00h. Martes y jueves de 14.30 a 18.30h
- Entrada: 2 €

Crímenes y castigos

Este excepcional museo ofrece una fascinante y detallada reconstrucción de la historia del crimen. En el primer piso, en la sección dedicada al siglo XIX, se presentan los estudios de antropología criminal, las técnicas utilizadas por la policía científica, la historia de las prisiones y el origen de los hospitales psiquiátricos judiciales provistos de camas de contención y de camisas de fuerza. A continuación, encontrará unos espacios dedicados a los atentados políticos, a los diferentes métodos de identificación de los criminales desde la dactiloscopia hasta la fotografía descriptiva así como un espacio sobre la justicia desde la Edad Media hasta el siglo XIX. Este último espacio es un espectáculo estremecedor ya que muestra los instrumentos que utilizaron los inquisidores para lograr las confesiones, torturar y aplicar la pena de muerte. En particular, podrá ver la picota, la silla de tortura, el banco de las flagelaciones, el hacha para decapitar o la espada de justicia con la que se le

cortó la cabeza a Beatriz Cenci[1] en 1599. En el segundo piso se expone una colección de objetos diversos provenientes de las prisiones italianas, que datan desde los años 30 hasta los años 90, así como testimonios de actos marginales y criminales como el espionaje, el crimen organizado (con objetos que pertenecieron a Salvatore Giuliano y a Gaspare Posciotta o el anillo de Gennaro Cuocolo o las pistolas de Pupetta Maresca), el terrorismo, el juego de azar o las falsificaciones de obras de arte. Finalmente, se ha reservado un espacio a los homicidios y sucesos de diversa índole que suscitaron un gran interés en los años posteriores a la Segunda Guerra Mundial.

[1] N. de la T.: Beatriz Cenci, forzada por su padre a mantener relaciones incestuosas, planificó y ejecutó su asesinato. El papa Clemente VIII ordenó que la decapitaran.

EL ORATORIO DE GONFALONE

Via Gonfalone, 32/A
- Tel.: 06 6875952; 06 68805637 y 06 9066572
- Horario: abierto durante los conciertos o previa reserva

Una maravilla desconocida

El oratorio de Gonfalone, una pequeña maravilla construida en el siglo XVI, está escondido al final de una de las numerosas calles perpendiculares a la Via Giulia. Antiguamente, perteneció a la famosa Confraternita di Santa Lucia del Gonfalone.

Restaurado entre 1998 y 2002, el oratorio es todavía poco conocido a pesar de utilizarse como sala de conciertos. Sin embargo, es un maravilloso ejemplo del manierismo romano. La pequeña fachada del edificio, obra de Domenico Castelli, no impresiona especialmente pero su magnífico interior está totalmente cubierto de frescos. La extraordinaria serie de frescos representa *La Pasión de Cristo* en doce partes. Fue realizada en 1573 por F. Zuccari, L. Agresti, C. Nebbia, J. Bertoja, R. da Reggio y M. Pino. Admire también el techo en madera esculpida, obra de Ambrosio Bonazzini que data de 1568.

La palabra *gonfalone* significa "estandarte" o "bandera" y hace referencia a la costumbre que tenían los miembros de la cofradía en el siglo XIV de alzar el estandarte del papa, que en esa época residía en Aviñón, con objeto de respaldar su papel como soberano de Roma. La cofradía, cuyos miembros se vestían con chaqueta blanca y sombrero azul, era muy conocida por sus procesiones y otras ceremonias religiosas. Sus representaciones de la Pasión de Cristo eran tan realistas que los papas tuvieron que prohibirlas para evitar reacciones violentas por parte del público para con los judíos. La Confraternita del Gonfalone fue disuelta a finales del siglo XIX, cayendo el oratorio en el olvido. Tal fue su deterioro que los basureros lo utilizaban como depósito hasta que, por fin, un músico volvió a desenterrar este tesoro.

LA SALA MONUMENTAL DE LA BIBLIOTECA VALLICELLIANA

Piazza della Chiesa Nuova, 18
• Horario: cerrado en días festivos y del 13 al 25 de agosto
• Para una visita gratuita y guiada de la sala monumental y para obtener la programación de las exposiciones temporales, mandar un e-mail a b-vall.servizi@beniculturali.it o un fax al 06 6893868
• Para cualquier información adicional, contactar con Maria Teresa Erba en el 06 68802671 o por e-mail a mariateresa.erba@beniculturali.it

> *La biblioteca de un santo*

Poca gente conoce la majestuosa sala monumental de la biblioteca Vallicelliana del palacio del Oratorio de los Filipenses (orden fundada en 1565 por el sacerdote florentino san Felipe Neri). Una vez cruzado el umbral de la puerta, es difícil no rendirse al encanto de esta gran sala rectangular, de dimensiones inimaginables desde el exterior, y cuya luz proviene de las dieciséis ventanas que sobresalen. Con una decoración a base de estucos, *boiseries* (paneles de madera) y cuadros monocromáticos de G.B Romanelli, el techo es prodigiosamente luminoso. Se han disimulado las cuatro escaleras de caracol, cada una situada en una esquina de la sala, para no romper la homogeneidad de los muros cubiertos de libros. La galería sostenida por columnas divide en dos niveles las magníficas estanterías de madera del siglo XVII. Los primeros documentos relativos al Oratorio de los Filipenses remontan a 1581 pero la expansión de esta orden y la necesidad de espacio para guardar las obras, cada vez más numerosas debido a las donaciones, obligó a ampliar el palacio. Dicha ampliación fue llevada a cabo por Francesco Borromino entre 1637 y 1652. Siguiendo las reglas establecidas, los Filipenses daban mucha importancia a los libros. Por ejemplo, cada almuerzo iba acompañado de la lectura o comentario de un texto sagrado. Si bien en su origen la biblioteca contenía en su mayoría las obras personales de san Felipe Neri, no cesó de crecer a lo largo de los años hasta llegar, en la actualidad, a albergar un total de 130.000 volúmenes aproximadamente, de entre los cuales se encuentran preciados manuscritos, incunables, libros ilustrados y partituras de música. La mayoría de estas obras versan sobre historia y teología pero también sobre filosofía, derecho, botánica, astronomía, arquitectura y medicina; sin contar la excepcional colección de grabados y fotografías.

LA TRAMPILLA DE LA BIBLIOTECA

San Felipe Neri afirmaba que la música era una «pescadora de almas» y la mejor diversión del espíritu. Es por ello que la biblioteca tiene una trampilla que comunica con el oratorio situado debajo de ella, para poder escuchar la música que se estuviera tocando en ese momento y por ende encontrar la inspiración.

LAS SALAS SECRETAS DE SAN FELIPE NERI

Iglesia de Santa María in Vallicella (Chiesa Nuova)
• Piazza della Chiesa Nuova
• Visitas guiadas, previa reserva, los martes, jueves y sábados de 10.00 a 12.00h
Duración: unos 30 minutos
• Email: mauriziobotta@hotmail.com
• Tel.: 06 688 04695

Descubriendo los secretos de un santo distinto a los demás

Tres veces por semana, y previa reserva, es posible acceder a las llamadas «salas secretas de san Felipe Neri». A pesar de que no se trata de las salas donde, históricamente, vivió y rezó el santo, la visita, sin embargo, reviste un gran interés gracias a la personalidad y entusiasmo de Mauricio Botta, padre filipense (de la orden fundada por san Felipe Neri), que guía las visitas. Además permite descubrir ciertos aspectos especialmente impresionantes de este santo, desconocido del gran público. La visita comienza en la sala roja, donde se encuentran expuestas numerosas reliquias del santo así como un hermoso estandarte con la silueta del santo (siglo XVII) que los fieles acarreaban durante el peregrinaje de las siete iglesias. En la reproducción de la capilla del santo, podemos admirar un hermoso cuadro de Guercino, *La visión de san Felipe Neri*.

En la primera planta, se puede admirar en particular, un hermoso fresco de Pietro da Cortona, *El Éxtasis de san Felipe*, y un cuadro de Guido Reni, *San Felipe contemplando a la Virgen*.

¿POR QUÉ ES CÓNCAVA LA FACHADA DEL ORATORIO DE LOS FILIPENSES?

La fachada del convento de los Filipenses (que alberga el Oratorio) fue concebida por Borromini como réplica de la fachada de la iglesia, con la que linda. Su concavidad hace referencia al cuerpo humano, como si se tratara de unos brazos abiertos, como si se tratara de acoger a todos los que cruzan su umbral.

La fachada de la iglesia de Santa María in Vallicella está adornada con las estatuas de san Gregorio a la izquierda y de san Jerónimo a la derecha. Hacen respectivamente referencia al papa Gregorio XIII que cedió la iglesia al santo y al convento de San Girolamo della Carità (véase pág. 115), donde el santo vivió numerosos años.

CONCIERTOS ESPIRITUALES EN LA SACRISTÍA DE LA CHIESA NUOVA

Una vez al mes, entre octubre y junio, se celebran, a las 21.00 horas, unos conciertos espirituales -siguiendo la tradición de san Felipe Neri- en la magnífica sacristía de la Chiesa Nuova. Entrada gratuita y reserva obligatoria: padre. rocco@hotmail.com o musicaperduta@gmail.com. Entrada por la Via di Chiesa Nuova, 3.

SAN FELIPE NERI: UN SANTO CUYO CORAZÓN DUPLICÓ DE VOLUMEN AL RECIBIR EL ESPÍRITU SANTO

Fundador de la Congregación del Oratorio también llamada Congregación de los Filipenses, en recuerdo a su nombre, san Felipe Neri (1515-1594) fue a menudo apodado «el buen Pippo» o «el bufón de Dios» por su carácter jovial.

Inspirándose en las primeras comunidades cristianas, en la vida cotidiana deseaba crear una vida espiritual intensa, la cual estaría basada en la oración (fue uno de los primeros capaz de agrupar a su alrededor a laicos, con los que rezaba), la lectura, la meditación de la palabra de Dios y los elogios al Señor, utilizando, principalmente, el canto y la música. En su opinión, la música era un medio privilegiado para llegar al corazón de los hombres y acercarlos a Dios (sobre este tema véase la trampilla en la Biblioteca Vallicellana, a través de la cual se podía escuchar la música que provenía del Oratorio situado justo debajo, pág. 91). De este modo fue uno de los ardientes defensores del renacimiento de la música sacra. En 1544, mientras rezaba sobre las tumbas de los primeros mártires, en las catacumbas de san Sebastiano, su corazón de repente fue invadido por una inmensa alegría y una luz muy intensa le iluminó. Al levantar la mirada, el santo vio una bola de fuego que se detuvo sobre su boca y penetró en su pecho. Su corazón, al contacto con la llama, se dilató de repente. La violencia del choque le partió dos costillas. El Espíritu Santo había penetrado en el santo, tal y como hizo con los apóstoles durante el Pentecostés. En el siglo XVII, una autopsia científica de su cuerpo confirmó que su corazón tenía un tamaño dos veces más grande que el de cualquier ser humano. Desde ese día, nada volvió a ser lo mismo. El latido de su corazón era tan fuerte que se podía oír a varios metros de distancia, y el calor que le invadía permanentemente, le permitía afrontar los rigores del invierno con solo una camisa. Este episodio ha servido para crear el símbolo de la congregación, utilizado aún en la actualidad: un corazón del que surgen llamas. San Felipe Neri se ocupó de los enfermos de los pobres y de los discapacitados pero también de los jóvenes a los que deseaba alejar del aburrimiento y de la

tristeza. Constantemente, les recordaba que había que vivir en la alegría y los reunía muchas veces a su alrededor. La leyenda cuenta que un día, cuando el griterío se hizo demasiado intenso, el santo dijo: «¡Tranquilícense, amigos míos, si es que pueden!». Dotado de importantes poderes espirituales, llegó, incluso, a resucitar a un joven durante unos breves instantes (véase pág. 91).

SAN FELIPE NERI Y EL PEREGRINAJE DE LAS SIETES IGLESIAS

Retomando la moda de las visitas de los primeros peregrinos de Roma a las tumbas de san Pablo y san Pedro, san Felipe Neri empezó a visitar, con sus fieles, diferentes lugares de culto mayor de Roma. Con el tiempo, estas informales visitas se fueron transformando en un verdadero peregrinaje de las siete principales iglesias de Roma: San Pedro de Roma, San Pablo Extramuros, San Sebastián Extramuros, San Juan de Letrán, Santa Cruz en Jerusalén, San Lorenzo Extramuros y Santa María Mayor. Cada trayecto representa una de las siete etapas de la pasión de Cristo. Este peregrinaje sigue practicándose en la actualidad. Solicite información en la Chiesa Nuova.

EL CUADRO «MOTORIZADO» DE RUBENS ⓫

Iglesia de Santa Maria in Vallicella (Chiesa Nuova)
Piazza della Chiesa Nuova
• Horario: todos los días de 7.30 a 12.00h y de 16.30 a 19.15h en invierno,
(19.30h en verano)
• Misas en invierno a las 8.00, 9.00. 10.00 y 18.30h (8.00, 10.00 y 19.00h
en verano), el domingo a las 10.00, 11.00, 12.00, 12.45 y 18.30h (10.00,
11.00, 12.00 y 19.00h en verano)
• Descenso del cuadro de Rubens al finalizar la última misa del sábado,
ascenso del cuadro el domingo por la tarde después de la misa

Una vez a la semana, después de la misa del sábado por la tarde, los fieles de la Chiesa Nuova pueden asistir a un curioso espectáculo: ayudado por un mando a distancia, el sacristán hace descender un cuadro de Rubens, dejando al descubierto un icono milagroso de la Virgen. El origen de este fenómeno se remonta a principios

> *Un cuadro que desaparece un día a la semana*

del siglo XVI. En esa época, un fresco que representa a la Virgen con el Niño estaba expuesto fuera, sobre la fachada de un baño público, en el lugar que ocupa actualmente el ábside de la iglesia. En 1535, un ateo lanzó una piedra sobre la imagen de la Virgen y esta, de forma milagrosa, empezó a sangrar. Fue puesta a salvo en el interior de la iglesia de la Vallicella. Tras instalarse la Congregación del Oratorio de San Felipe Neri y durante la construcción de la nueva iglesia, colocaron la imagen sagrada en la primera capilla situada

a la derecha. Sin embargo muy rápidamente, las condiciones de conservación de la milagrosa imagen se deterioraron por lo que se decidió, con el fin de salvaguardarla, ponerla detrás del altar. En 1606, se le solicitó a Rubens que pintara un lienzo que pudiera proteger la imagen de la Virgen. Tras un intento fallido, Rubens pintó, en 1608, un cuadro llamado *La Madonna Vallicelliana adorada por ángeles* que tenía la peculiaridad de poseer, en su parte superior, una parte que se podía correr para que apareciera detrás el famoso fresco de la Virgen milagrosa que debía proteger.

UNA FUENTE QUE SE MUDA

Piazza della Chiesa Nuova
• Bus N° 64 – parada Chiesa Nuova

Obra del arquitecto Giacomo della Porta de finales del siglo XVI, la fuente que los romanos llamaban "Terrina" hace unos siglos se encuentra hoy en la Piazza della Chiesa Nuova, frente a la iglesia de Santa María

Una fuente que se muda

in Vallicella. La curiosidad que despierta su singular forma (parece una sopera) aumenta más aún cuando se lee la inscripción, ya prácticamente borrada, grabada sobre el borde de la tapa de travertino: "AMA DIO E NON FALLIRE FA DEL BENE E LASSA DIRE MDCXXII" ("Ama a Dios y no dejes de hacer el bien y déjales que hablen, 1622"). Lo que, a primera vista, parece un proverbio era en realidad un terrible aviso a los que asistían a las ejecuciones capitales (como la de Giordano Bruno) que se celebraban en la Piazza Campo de' Fiori, plaza donde se encontraba la fuente al inicio. Los caños por los que brota el agua se hicieron con forma de rosa, sin duda porque esta flor figuraba en el escudo de armas de la familia Riario, propietaria del Palacio de la Cancillería (Palazzo della Cancilleria), a dos pasos de ahí (1485).

El borde de la pila de mármol estaba decorado con cuatro delfines de bronce, realizados anteriormente para la famosa fuente de la Piazza Mattei (diseñada también por Giacomo della Porta) y que nunca se usaron (el estanque superior de la fuente de la Piazza Mattei no tuvo decoraciones hasta 1658, fecha en la que, tras la restauración ordenada por el papa Alejandro VII, se añadieron las cuatro famosas tortugas). En 1622, desmontaron los delfines de bronce y cubrieron la fuente con una enorme tapa de travertino que le da la apariencia de una sopera. Esta tapa se construyó muy probablemente para evitar que los desperdicios que provenían del mercado tapasen los caños de la fuente. Cuando, en 1889, se construyó el monumento dedicado a Giordano Bruno

en el centro de la plaza, desmontaron la fuente y la dejaron en un almacén municipal, hasta que, en 1924, la reinstalaron en la Piazza della Chiesa Nuova mientras se erigía una nueva fuente, parecida a la del siglo XVI, en el lado oeste de la Piazza Campo de' Fiori.

Curiosamente, la fuente está por debajo del nivel de la plaza: el arquitecto decidió colocarla así porque la presión del acueducto del Aqua Virgo era más bien baja en ese lugar.

PALACIO PAMPHILJ ⓲

Embajada de Brasil - Piazza Navona, 14
• Visitas gratuitas previa inscripción en la web de la Embajada de Brasil
(lista de espera larga)
• www.ambasciatadelbrasile.it • Tel.: 06 683981

> **La gran
> galería de la
> Embajada de Brasil**

Edificadoen el siglo XVII, el palacio Pamphilj es la sede de la Embajada de Brasil desde 1920. Dos veces al mes, los visitantes pueden visitar, previa reserva, los siete magníficos salones del *piano nobile*, donde conviven temas bíblicos y mitológicos, obras de los artistas más famosos de la época: Giacinto Gimignani, Agostino Tassi (pasó a la historia como el agresor de Artemisia Gentileschi), Andrea Camassei, Gaspard Dughet y Giacinto Brandi.

La guinda de la visita es la gran galería, de 30 metros de largo, que da a la plaza Navona. Obra de Borromini, este espacio privilegiado del palacio, decorado (1651-54) por Pietro da Cortona que relató en ella los episodios de la vida de Enea, se concibió para recibir e impresionar a los invitados más prestigiosos de la familia Pamphilj.

Aunque desde el siglo XV los Pamphilj poseían casas de este lado de Piazza Navona, hubo que esperar dos siglos para que la familia conociese su hora de gloria, cuando el cardenal Giovanni Battista ascendió al trono papal en 1644 con el nombre de Inocencio X. Este papa de carácter taciturno y desconfiado fue poco amado por el pueblo, al que sometió a altos impuestos con el fin de satisfacer sus ambiciones arquitectónicas. En cuanto se convirtió en papa, encargó a Girolamo Rainaldi que construyera este espléndido palacio, así como la iglesia de Sant'Agnese in Agone, capilla privada de la familia, dos obras en las que luego trabajó Francesco Borromini.

El palacio permanece también vinculado al apellido de Donna Olimpia Maidalchini, la cuñada del papa y una de las mujeres más poderosas de la época. Figura autoritaria y odiada por el pueblo, le atribuyeron todas las bajezas posibles (gestionaba, se dice, los burdeles de Roma) y su fantasma seguiría acechando la plaza Navona, según la leyenda. Apodada la "Pimpaccia" (diminutivo peyorativo de Olimpia) pero también la "papisa", esta mujer de poder no era sin duda peor que sus contemporáneos masculinos, pero no le perdonaron su papel demasiado influyente con Inocencio X (de quien habría sido la amante).Su avaricia legendaria era conocida y dicen que, cuando el papa murió, habría robado dos cofres llenos de oro que iban a pagar los gastos del entierro. De hecho, Inocencio X fue enterrado sin fastos en la cripta de Sant'Agnese, en esta plaza que mandó construir matando de hambre al pueblo.

VISITA PRIVADA AL PALACIO PATRIZI ⓮

Piazza San Luigi dei Francesi
• Visitas únicamente con cita previa llamando a Corso Patrizi Montoro
• Tel.: 06 6869737 y 347 5476534

> *Adentrarse en los secretos de un palacio*

Si prefiere el encanto secreto de las suntuosas residencias a los museos, no deje de visitar el palacio Patrizi, ubicado en el barrio (*rione*[1]) de Sant'Eustachio. El palacio está edificado sobre un terreno que ocupaba originariamente un sencillo edificio que Giovanni Francesco Aldobrandini adquirió en 1596. Giacomo della Porta es, sin duda, el autor de la fachada actual, que encargó Donna Olimpia Albobrandini y ejecutó Carlo Maderno. En 1642, los marqueses de Patrizi, originarios de Siena pero emparentados con importantes familias romanas, compraron este palacio e introdujeron importantes modificaciones, como la refección de la gran escalera de honor bajo la dirección de Gian Battista Mola y la adjunción del tercer piso, de la cornisa, del ático y de la capilla. Dos de los miembros de la familia, Costanzo Patrizi (1589-1624) y Giovanni Battista Patrizi (1658-1727) fueron tesoreros del papa y unos mecenas apasionados por el arte. A ellos se debe la mayoría de los cuadros de la colección familiar que decoran las salas amuebladas con muebles de los siglos XVII y XVIII, así como el comedor, donde se puede admirar un magnífico servicio en porcelana Meissen. En su época, la colección llegó a ser muy importante con obras de arte como *Amor y Psique* de Gentileschi (en la actualidad en el Museo del Hermitage) o la *Cena de Emaús* de Caravaggio (en la actualidad en el Museo de Brera en Milán). Sin embargo, aún se conservan en el palacio algunas obras importantes.

Acompañados por el propietario del palacio, pueden visitar la segunda planta -residencia histórica de los Patrizi- y seguir las huellas de las vicisitudes familiares en los tiempos de la Roma papal, con la sensación de revivir los fastos pasados de esta lujosa residencia.

ORGANIZAR UNA CENA PARA DOS EN EL PALACIO PATRIZI

La familia Patrizi, que en la actualidad reside en el palacio que lleva su nombre, brinda la oportunidad de poder alquilarlo para una cena romántica.

[1] N. de la T.: Rione (plural: *rioni*) es el nombre que se le da a los distritos barriales de muchas ciudades de Italia.

LA CAPILLA PRIVADA DEL PALACIO MASSIMO ALLE COLONNE

Corso Vittorio Emanuele II, 141
• Horario: abierto una vez al año, el 16 de marzo de 7.00 a 13.00h

> *En recuerdo de un milagro de san Felipe Neri*

L a capilla privada de la familia Massimo, dedicada a san Felipe Neri en recuerdo de un milagro suyo, solo puede visitarse una vez al año, el 16 de marzo.

Paolo Massimo, el joven hijo del príncipe Fabricio, murió el 16 de marzo de 1583. San Felipe, amigo de la familia, corrió, apenas tuvo conocimiento del fallecimiento, para dar la última bendición al joven. Rezó junto a su cuerpo y de tanto llamarlo por su nombre, acabó despertándole y hablando con él. El pequeño Paolo le dijo que era feliz de morir ya que se iba a reunir con su madre y su hermana en el paraíso. San Felipe tocó la cabeza del niño con su mano y le dijo: «Ve, bendito seas, y reza a Dios por mí». Tras estas palabras, Paolo expiró.

La historia se mantuvo secreta hasta 1595, año del proceso de canonización de san Felipe, momento en que el príncipe Fabricio decidió revelarla. El milagro tuvo lugar en la habitación del niño, que posteriormente se transformó en capilla, siendo embellecida a lo largo de los siglos. De forma rectangular y con una bóveda de cañón, contiene ocho columnas de mármol que sostienen un arquitrabe decorado y tres altares en mármol policromado. En el altar mayor podemos ver las reliquias de san Clemente mártir, legadas por Clemente XI. En 1839, en el día del aniversario del milagro, la capilla fue elevada a rango de iglesia por Gregorio XVI y se empezó a abrir al público una vez al año. A lo largo de la mañana de cada 16 de marzo, se puede acceder a la parte del templo donde se encuentra la capilla. Los escasos visitantes matutinos habituales -amigos íntimos o devotos del santo- se van convirtiendo en un flujo continuo de visitantes curiosos, fascinados y emocionados por la misteriosa y recogida atmósfera que caracteriza esta ceremonia, íntima y solemne a la vez.

En el siglo XVI, la familia Massimo era propietaria de tres edificios adyacentes que aún existen. El más antiguo se denomina palacio Massimo Istoriato («historiado») debido a las decoraciones monocromáticas de la escuela de Daniele da Volterra que adornan la fachada que da a la Piazza de' Massimi. El palacio Massimo di Pirro toma su nombre de una estatua erróneamente atribuida al dios Marte. El palacio Massimo alle Colonne es el más conocido, con su magnífica fachada cóncava en el Corso Vittorio, que Baldasserre Peruzzi construyó sobre las ruinas de la cavea del Odeón de Domiciano.

CAPILLA SPADA

San Girolamo della Carità
Via Monserrato, 62
• Entrada por la Piazza S. Caterina della Rota
• Horario: Domingo de 10.30 a 12.30h

> *Un ángel con alas giratorias que descubren una obra maestra desconocida*

Muy cerca de la Piazza Farnese se encuentra la iglesia de San Girolamo della Carità que alberga una insólita y desconocida obra maestra que, durante mucho tiempo, fue atribuida a Borromini.

Entrando por la puerta principal, la capilla Spada es la primera situada a mano derecha. Fue decorada a petición de Virgilio Spada, un influyente Oratoriano* que recurrió sin duda al arquitecto Francesco Righi. Esta capilla, que contiene unos mármoles policromos muy originales, está separada del resto de la iglesia por una curiosa barandilla diseñada por Antonio Giorgetti, un discípulo de Bernini. Se pueden observar dos estatuas de ángeles arrodillados que sujetan una sábana de jaspe. Las alas de los ángeles son de madera y las del ángel de la derecha giran sobre unos goznes, permitiendo así el acceso a la capilla. El interior de la capilla, que contiene pocos elementos arquitectónicos, encandilara a los amantes de los mosaicos. El jaspe veteado y los valiosos mármoles recuerdan a un paño de damasco decorado con motivos florales, con hojas de acanto y de lirio, y con estrellas y espadas, que recubre el suelo y las paredes lisas de la capilla. Los tres últimos motivos (el lirio, las estrellas y las espadas) representan los símbolos de la familia Spada (Espada). A cada lado del altar (un sencillo paralelepípedo decorado con valiosos mosaicos de mármol) y encima de sus respectivas tumbas, se pueden admirar las estatuas yacentes esculpidas de Bernardino Spada (por Ercole Ferrata) y de Giovanni Spada (por Cosimo Fancelli), como si se tratará de suntuosos divanes en mármol negro y amarillo.

Cuenta la tradición que esta iglesia fue construida en el mismo lugar donde se alzó la casa de la Matrona Paula que, en el siglo IV d. C. alojó a san Jerónimo. Esta es la casa que Domenico Castelli reconstruyó a mediados del siglo XVII. Antes de salir de la iglesia, admire la pequeña y hermosa capilla Antamoro, a la izquierda del Altar Mayor, única obra romana de Filippo Juvarra así como la estatua de san Felipe Neri, obra de Pierre Legros.

LA HABITACIÓN DE SAN FELIPE NERI EN SAN GIROLAMO DELLA CARITÀ
San Felipe Neri vivió durante más de treinta años en el convento de San Girolamo della Carità (junto a la iglesia). Su habitación, que ha sido transformada en capilla, aún existe en la actualidad. Para visitarla, infórmese en el 06 6879786.

---

* Miembro de la Congregación del Oratorio de San Felipe Neri.

EL CEMENTERIO HIPOGEO DE LA IGLESIA DE SANTA MARIA DELL'ORAZIONE E MORTE

Via Giulia 262
• Visitas diarias de 16.00 a 18.00h. Domingo de 16.00 a 19.00h
• E-mail: billa.sapia@tiscali.it

> «Hoy a mí, mañana a ti»

La iglesia de Santa Maria dell'Orazione e Morte, sede de la archicofradía del mismo nombre, da a la Via Giulia, en frente del arco Farnese. En la fachada figura una placa que representa a un esqueleto que advierte al transeúnte: *Hodie mihi, cras tibi* («Hoy a mí, mañana a ti»). En el interior, tras observar las decoraciones llenas de símbolos necrológicos, se puede acceder a la cripta pasando por la sacristía que está a la izquierda del altar mayor: se puede visitar lo que queda del antiguo cementerio, que fue destruido en su mayoría hacia 1870 durante la construcción de las murallas a lo largo del Tíber. De hecho, los desbordamientos del río inundaron, más de una vez, las celdillas. Aún se ven dos placas que e señalan los diferentes niveles que el agua alcanzó dentro del cementerio. Entre 1552 y 1896, la cofradía reunió más de 8 000 cuerpos, de los cuales muchos fueron sepultados en esta cripta. Los miembros de la cofradía recuperaban cualquier cadáver sin sepultura -encontrado en el fondo de un barrizal, devuelto por el Tíber o el mar, o bien cubierto de heridas en un matorral- para inhumarlo religiosamente. En la actualidad, estas galerías subterráneas parecen un osario cuyas decoraciones artísticas, cruces, esculturas y lustros han sido hechos con huesos y esqueletos. Sobre algunos cráneos expuestos, están grabados, además, el nombre del difunto, la fecha y, algunas veces, la razón de su fallecimiento y el lugar donde se encontró el cuerpo.

LOS SÍMBOLOS ESOTÉRICOS DEL PALACIO FALCONIERI

Academia de Hungría
Via Giulia, 1
• Visita previa reserva
• Reservas: 06 6889671
• Fax: 06 68805292

A lo largo de la tranquila Via Giulia, al lado de la iglesia de S. Maria dell'Orazione e Morte, las curiosas figuras con cabeza de halcón y busto de mujer son las guardianas del palacio Falconieri, sin duda obra de Francesco Borromini, quien en 1646 realizó el magnífico pórtico de tres arcadas que da al Tíber.

> *Alquimia en el palacio Falconieri*

La cabeza de halcón es una doble alusión al apellido de Orazio Falconieri que mandó reconstruir el palacio en el siglo XVII: el halcón por el apellido de los Falconieri, familia de origen florentino cuyo apellido significa "halconeros" en italiano, pero también por el nombre de la divinidad egipcia Horus (con cabeza de halcón), que recuerda al nombre de Orazio.

La figura del halcón que parece poseer lo que se asemeja a un pecho femenino es también un símbolo alquímico del "agua mercurial" con la que se hace la destilación filosófica gracias a la cual se lava el metal para purificarlo (fase de la sublimación alquímica).

Borromini también dejó su huella en los techos de los cuatro salones de la primera planta, decorados con estucos y elementos simbólicos con una interpretación compleja que se integra en una tradición alquímica. Los estucos, originalmente monocromos, se pintaron con colores en 1781 con motivo de la boda de Costanza Falconieri.

En el salón rojo, se pueden ver tres coronas de laureles cruzadas y atravesadas por los rayos de sol situado en el centro, símbolo de la Trinidad.

En el salón azul, el óvalo central muestra un globo posado sobre la tierra del que sale un cetro (el eje del mundo) cuya extremidad está rematada con un ojo radiante (Dios). Por detrás del globo está el ouroboros (una serpiente que se muerde la cola), símbolo del ciclo eterno de la naturaleza y de la manifestación universal de Dios (véase siguiente página doble) y una corona de laureles mostrando la unión del cielo (Dios) y de la tierra (hombres).

Los dos últimos salones, de color verde, presentan elegantes decoraciones de inspiración vegetal.

Hay que subir a la terraza sin dudarlo: se puede disfrutar de una vista magnífica sobre toda la ciudad y en particular sobre los jardines del palacio Farnese, muy cerca.

Residencia del cardenal Fesch a principios del siglo XIX, el Palazzo Falconieri es la sede de la Academia de Hungría desde 1937.

Véanse dobles páginas siguientes para la figura y la explicación del ouroboros.

EL OUROBOROS: UN SÍMBOLO DE ILUMINACIÓN DIVINA

En la iconología y en la literatura se encuentra a veces la figura de una serpiente en forma de círculo que se muerde la cola.

Este símbolo se llama tradicionalmente ouroboros, palabra adoptada del griego pero procedente del copto y del hebreo, dado que ouro significa 'rey' en copto y ob quiere decir 'serpiente' en hebreo, para dar el sentido de "serpiente real". El reptil que levanta su cabeza por encima de su cuerpo sirve así de símbolo a la iluminación mística: para los orientales, representa el fuego sagrado al que llaman *kundalini*.

El *kundalini* está en el origen de la asociación hecha por la medicina occidental de la Edad Media y del Renacimiento de ese calor corporal que subía del coxis al cráneo con el *venena bibas* ('veneno absorbido', del que habla san Bebito de Nursia) de la serpiente cuya mordedura no se cura con un veneno igual: a semejanza de las técnicas del despertar espiritual orientales del Dzogchen y del Mahamudra que revelan cómo el que medita debe aprender a "morderse la cola como la serpiente", el tema del ourobouros y del veneno absorbido recuerda que la realización espiritual solo puede resultar de una vida de espiritualidad, poniendo su consciencia en un estado mental por encima de las formas habituales, en el que uno busca mirar dentro de sí para conocerse verdaderamente como ser inmortal que somos.

Los griegos popularizaron la palabra ouroboros en su sentido literal de 'serpiente que se muerde la cola'. Tomaron esta representación de los fenicios en contacto con los hebreos quienes a su vez lo habían tomado de Egipto donde el ourobouros ya está presente en una estela que data de 1600 años a. C. Representa al dios Ra (de la luz) que resucita de las tinieblas de la noche, sinónimos de la muerte, lo que remite al tema del eterno retorno, de la vida, de la muerte y del nuevo inicio de la existencia, así como a la reencarnación de las almas en cuerpos humanos sucesivos, hasta que alcanzan su máxima evolución que les habrá hecho perfectas, corporalmente y espiritualmente, un tema importante para los pueblos de Oriente Medio y de Oriente.

Es así como la serpiente que se traga a sí misma también puede ser interpretada como una interrupción del ciclo del desarrollo humano (representado por la serpiente) para entrar en el ciclo de la evolución espiritual (representada por el círculo).

Pitágoras le dio el sentido matemático del infinito, porque la serpiente así dispuesta forma un cero, número abstracto que se usa para designar la eternidad que se concretiza cuando el ouroboros está representado girando sobre sí mismo.

Los cristianos gnósticos lo identificaban con el Espíritu Santo, revelado por su sabiduría como el Creador de todas las cosas visibles e invisibles y cuya máxima expresión sobre la tierra es Cristo. Es por ello que este símbolo se asocia en la literatura gnóstica griega con la frase "Hen to pan", a saber, "El Todo", "El Único" y que fue adoptado popularmente, desde los siglos IV y V, como amuleto protector contra los malos espíritus y las mordeduras venenosas de serpiente. A este amuleto se le llamó Abraxas, del nombre de un dios del panteón gnóstico primitivo que los egipcios identificaban como Serapos, y se convirtió en uno de los famosos talismanes de la Edad Media.

La alquimia griega adoptó muy pronto la figura del ouroboros (también escrito uróboro) que llegó hasta los filósofos herméticos de Alejandría con los que los pensadores árabes aprendieron y difundieron esta imagen en sus escuelas de hermetismo y de alquimia. Estas escuelas se hicieron famosas y los cristianos acudieron a ellas en la Edad Media. Hay incluso pruebas históricas de que los miembros de la orden de los templarios, así como otros místicos cristianos, viajaron al Cairo, a Siria e incluso a Jerusalén para iniciarse en las ciencias herméticas.

LA ILUSIÓN ÓPTICA DE LA FUENTE DE LA PIAZZA CAPODIFERRO

⓳

Piazza Capodiferro
• Tranvía n° 8 – parada Arenula/Ministerio de Justicia

> *La otra ilusión óptica secreta de Borromini*

Aunque la galería en perspectiva de Francesco Borromini (1599-1667), dentro del palacio Spada, es famosa en el mundo entero, la elegante fuente de la Piazza Capodiferro, compuesta de un busto de mujer, un sarcófago antiguo y una pequeña pila, forma parte de una "ilusión" tan espectacular como desconocida, obra del gran arquitecto y escultor tesinés.

Borromini, protagonista supremo del barroco romano, fue contratado por el cardenal Bernardino Spada para llevar a cabo las obras de reforma de su palacio, donde hoy se encuentra la sede del Consejo de Estado. Se encargó tanto del interior del edificio, donde realizó su célebre galería en perspectiva, como del exterior. De hecho, le encargaron que acondicionase también el terreno situado delante del palacio, en bastante mal estado en la época. Fue así como el gran arquitecto inventó su magnífica "ilusión", que no fue descubierta hasta finales del siglo XX. El hallazgo se produjo mientras se restauraba el palacio Ossoli a principios de los años 90: los técnicos se dieron cuenta de que la fachada del edificio anexo al palacio Spada estaba totalmente recubierta de varias capas de pintura que ocultaban un enorme fresco, el cual representaba una falsa fachada hecha de bloques de travertino, lo que se conoce como "almohadillado" (los relieves en cuestión son sillares de piedra). En el centro de esta fachada en trampantojo, Borromini había cavado un (verdadero) nicho donde se colocó la herma, el busto de "una mujer mediante el cual, al presionar sus senos, brota[ba] agua en la pila que se halla[ba] debajo". Se perdió rápidamente la pista de la estatua original. La que la sustituye fue realizada en 1996 por el escultor Giuseppe Ducrot. Para completar su ilusión, Borromini necesitaba un último elemento: un punto de observación privilegiado. Como el palacio Spada también disponía de una entrada en via Giulia, se aseguró de que el camino de acceso al edificio que el visitante recorre coincidiera con el eje óptico que apunta a la fuente exterior del palacio. Esto parece inverosímil pero esta "vista dirigida" atraviesa los patios del palacio, engañando de tal manera al observador que tiene la ilusión de ver dentro del edificio la fuente que, en realidad, está fuera.

LA PLANTA NOBLE DEL PALACIO SPADA

Piazza Capo di Ferro, 13
• Tel.: 06 6832409
• Horario: el primer domingo de mes a las 10.30, 11.30 y 12.30h
• Entrada: € + el coste del billete para la Galleria Spada
• Tranvía: 8

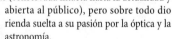

Muchos curiosos se adentran en el patio interior del palacio Spada para admirar la famosa perspectiva óptica de Borromini y muchos apasionados por la

Bellezas ocultas

pintura de los siglos XVII y XVIII han contemplado los cuadros de la Galleria Spada, pero son pocos los visitantes que conocen la suntuosa planta noble del palacio Spada. Sede del Consejo de Estado, normalmente está cerrada al público salvo el primer domingo de mes.

En 1548, el cardenal Girolamo Capodiferro encargó la construcción de este palacio, obra del arquitecto Bartolomeo Baronino. En 1550, el palacio ya albergaba, en la planta noble, extraordinarias pinturas y decoraciones en estuco tanto en la Galería de los Estucos como en la Sala de las Cuatro Estaciones. Encontramos otros ejemplos de decoraciones en estuco en el patio interior y en la fachada (obra de Giulio Mazzoni, Diego di Fiandra, Tommaso del Bosco y Leonardo Sormani).

El cardenal Bernardino Spada adquirió el palacio en 1632 y encargó las obras de remodelación a pintores, escultores y arquitectos. Prolongó el lado izquierdo del palacio sobre el Vicolo dell'Arco y el lado derecho sobre el Vicolo del Polvorone. Además, en cuatro de las salas del ala izquierda de la planta noble creó una galería de pinturas (conservada intacta hasta la actualidad y

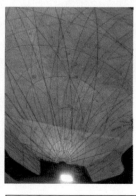

abierta al público), pero sobre todo dio rienda suelta a su pasión por la óptica y la astronomía.

Sobre las paredes del salón de Pompeyo, al lado de la sala de las Cuatro Estaciones, se pintaron falsas perspectivas arquitectónicas. Muy cerca de ahí se creó el pasillo de la meridiana la cual coincide, no con una sombra sino con un punto de luz reflejado por un pequeño espejo. Este reloj de sol catóptrico fue construido por el padre Emmanuel Maignan (véase a continuación) en 1644 ó 1646, dependiendo de las fuentes de información.

Existe otro reloj de sol catóptrico en el convento de la Trinità dei Monti (véase pág. 25 para obtener más información sobre los relojes de sol catóptricos).

LA CAPILLA DEL MONTE DE PIEDAD

Piazza del Monte di Pietà
• Abierto por la mañana para las visitas privadas que se han reservado
con antelación llamando a Giovanni Innocenti en el 06 67078495
• Tranvía: 8

Una joya barroca oculta

Oculta detrás de la verja del patio interior del palacio del Monte de Piedad, la capilla, que está enteramente revestida de mármoles policromos y de adornos en estuco, es una joya arquitectónica barroca prácticamente desconocida.

En 1639, *l'Arciconfraternita del Monte di Pietà* (Archiconfraternidad del Monte de Piedad) encomendó los trabajos de restauración del palacio del Monte de Piedad y la construcción de esta capilla a Francesco Paparelli, un conocido arquitecto romano de la primera mitad del siglo XVII. Giovanni Antonio De' Rossi sucedió a Paparelli, que falleció en 1641, el cual, a su vez, fue sustituido por Carlo Francesco Bizzaccheri quien finalizó las obras en 1730, respetando el proyecto original.

Al entrar en el pequeño vestíbulo cuadrado que da a la capilla, construido entre 1700 y 1702, uno queda deslumbrado por la belleza del relieve de Michele Maglia situado en el centro de la bóveda, así como por el medallón que representa al Padre Eterno en los cielos, rodeado de ángeles y con la guirnalda de flores de estuco dorado, obra de Niccolò Berrettoni, de Giovanni Maria Galli da Bibiena y de Filippo Ferrari.

Desde el vestíbulo, se accede a la capilla ovalada. El dorado de los estucos y los colores tornasolados de los mármoles que revisten las paredes contrastan con la madera de las puertas y el blanco de las estatuas de los nichos y los tres grandes bajorrelieves situados encima del altar.

Las estatuas representan las Virtudes teologales: *la Fe*, *la Esperanza y la Caridad*, obras de Francesco Moderati, Agostino Cornacchini y Giuseppe Mazzuoli respectivamente, así como *La Limosna* de Bernardino Cametti que simboliza la ayuda que ofrece la cofradía a los más desfavorecidos. Asimismo se puede admirar, encima del altar, un extraordinario bajorrelieve, que data de 1676, obra de Domenico Guido y que representa a *la Piedad*.

A cada lado del altar hay otros dos bajorrelieves que representan a *Tobías y el ángel*, obra de Pierre II Legros, y *José en Egipto* de Jean-Baptiste Théodon.

La cúpula fue decorada en 1696, en base al proyecto del arquitecto Carlo Francesco Bizzaccheri, con marcos, conchas y ornamentos vegetales en estuco dorado que se ensamblan con los medallones en estuco blanco realizados por Michele Maglia, Lorenzo Ottoni y Simone Giorgini y que representan los momentos más importantes del nacimiento del Monte de Piedad.

LAS ABEJAS DE LA CASA GRANDE 🐝

En la esquina de la Via dell'Arco del Monte con la Via dei Giubbonari

> *Las abejas Barberini en el primer palacio de la familia*

Desde la calle comercial dei Giubbonari, la Casa Grande, primer palacio de la familia Barberini, pasa prácticamente desapercibida. Su escudo de armas, las tres abejas, solo aparece en la esquina del edificio, a la altura de la segunda planta, para recordar que ahí se erige la primera gran propiedad de la prestigiosa dinastía romana.

La Casa Grande nació de la compra progresiva de las propiedades de alrededor y nunca fue separada de los otros edificios, como el palacio Farnese por ejemplo. Por esta razón, las ventanas de la primera planta y las puertas que dan a la calle tienen distintos tamaños y posiciones. La uniformidad empieza a partir de la planta noble. Los edificios adquiridos uno tras otro no se demolían, sino que se reformaban y se adaptaban a la estructura a la que se adjuntaban. Así, esta residencia muestra perfectamente la acción de "canibalización" de los palacios romanos de su entorno (que sería menos evidente luego).

La presencia de los Barberini se nota también en la entrada principal, plaza del Monte di Pietà, con la presencia de abejas sobre un friso.

EL ABANDONO DE UN GRAN PALACIO

Siendo de una época en que una residencia adquiría prestigio y dignidad si formaba parte de un programa urbano más amplio, a la Casa Grande parece faltarle espacio en las concurridas callecitas del barrio Regola. Un incendio providencial permitió construir la pequeña plaza de las Libreros, y luego se construyó otra delante del Monte de Piedad, pero el gran proyecto de los Barberini era hacer una calle hasta la iglesia de Sant'Andrea della Valle donde la familia poseía una capilla. Lamentablemente, entre las dos se alzaba el teatro de Pompeya, y no se pudo hacer nada. La familia se mudó a la colina del Quirinal, el palacio se vendió y, tras varios propietarios, pasó a manos del Ayuntamiento para albergar hoy oficinas, colegios y la sede histórica del partido comunista italiano en el centro de la ciudad.

EL BAJORRELIEVE DE LOS NIÑOS EXPÓSITOS㉓

Via delle Zoccolette, 22

> **¿Niñas abandonadas destinadas a prostituirse?**

En el número 22 de la Via delle Zoccolette, un asombroso bajorrelieve encastrado en el muro representa a dos niños arropados. Este bajorrelieve recuerda que aquí hubo un orfanato, actualmente desaparecido, que acogía a niños abandonados y les daba una educación. Ubicado a lo largo del Tíber, el palacio de los Cento Preti (Cien Sacerdotes) fue construido en 1576 por Domenico Fontana y estaba regentado por la congregación del mismo nombre que había creado un hospicio para mendigos que habían consagrado su vida a San Francisco. En 1715, la congregación se mudó y el hospicio se convirtió en un hospital eclesiástico. Sin embargo, la parte posterior, la que da a la Via delle Zoccolette, se convirtió en un orfanato. Allí, se enseñaba a las niñas, en particular, a bordar así como otras tareas caseras que podían, si tenían suerte, ayudarles a encontrar marido. El nombre de la calle proviene de este antiguo orfanato: los *zoccolette* significa, en dialecto romano, niños abandonados. Existen dos interpretaciones sobre el origen de este nombre. Según la primera, el nombre de la calle derivaría de los pequeños zuecos (*zoccoli*) que llevaban las huérfanas. Para la segunda, mucho

más extendida, la palabra *zoccolette* designaba a las prostitutas tanto en el dialecto romano como napolitano. El significado de esta palabra se habría aplicado a las niñas abandonadas, muchas de las cuales estaban destinadas a prostituirse, si no encontraban un trabajo o un marido, pero esto más por conmiseración que por malevolencia. Más sencillo aún, el nombre provendría del hecho de que buena parte de los niños abandonados eran hijos de prostitutas.

Para más información sobre los niños abandonados, véase también "El torno del abandono", página 129.

CENTRO SUR

CRIPTA DE LAS ENTRAÑAS DE LOS PAPAS   **❶**

Iglesia de los Santos Vicente y Anastasio
Vicolo dei Modelli, 73
• Horario: todos los días de 9.00 a 20.00h

*Una práctica
que duró
desde 1590
hasta Pio X*

La iglesia Dei Santi Vincenzio e Anastasio, situada casi enfrente de la fuente de Trevi, como iglesia parroquial de la que dependía el palacio pontificio del Quirinal situado muy cerca, tiene el privilegio de conservar las entrañas y los corazones (o con más exactitud el precordio, parte del tórax situada sobre el corazón) extraídos de los cuerpos de los papas durante su embalsamamiento. Se conservan en urnas de pórfido, celosamente

guardadas detrás del ábside, en una capilla subterránea. Pertenecen a veintitrés papas, como lo recuerdan dos placas de mármol colocadas al lado.

En 1590, Sixto V fue el primero en "inaugurar" esta práctica que duró hasta 1903, fecha de la muerte de León XIII. El papa Pío X puso fin a la práctica.

La operación se llevaba a cabo en el palacio del Quirinal en la sala llamada "del balcón", donde también se anunciaba la elección del nuevo soberano pontífice. La misma noche del embalsamamiento, las vísceras eran solemnemente transportadas a la iglesia por el capellán privado del papa y depositadas en la cripta. Solo el papa Inocencio XI pidió que la urna fuese depositada en otro lugar de la iglesia, en la capilla de la Vergine delle Grazie, a la que rendía un culto particular.

UNA PUERTA OCULTA

En el extremo izquierdo de la fachada, detrás de la última columna, hay una pequeña puerta oculta que da, seguramente, a la tienda más pequeña de Roma. Dada la estrechez de la puerta, se entra de perfil y dentro solo cabe una persona. Ahí ejercía antaño un zapatero que, entre otras cosas, se encargaba de cambiar las suelas de las sandalias de los frailes de la iglesia y quien, por esta razón, estaba exento de pagar un alquiler. Su sucesor fue un florista. Hoy, la tienda sirve de almacén a los vendedores ambulantes de la plaza.

UNA MUJER LAICA REPRESENTADA EN LA FACHADA DE UNA IGLESIA

En la fachada de la iglesia Dei Santi Vincenzio e Anastasio, destaca también la presencia de unas estatuas femeninas que, con los brazos levantados, enarbolan el emblema del cardenal Julio Mazarino, quien mandó construir la iglesia. La presencia de estas figuras femeninas, con el pecho al descubierto, no deja de sorprender. El busto femenino, en primer plano, también despierta interés. Parece que, sin que existan pruebas de ello, se trata de una de las sobrinas del cardenal, Maria Mancini, amante del rey Luis XIV, o de su hermana Hortensia, conocida por sus historias de amor. Sea como fuere, es uno de los rarísimos ejemplos de una laica representada en la fachada de una iglesia.

EL CIERVO DE LA IGLESIA DE SANT'EUSTACHIO

Piazza Sant'Eustachio

❷

Al mirar hacia arriba en la Piazza Sant'Eustachio (plaza San Estaquio), el paseante observador descubrirá quizás un curioso detalle: en lugar de la tradicional cruz de Cristo que predomina en todas las iglesias del mundo, la iglesia de Sant'Eustachio

> *Una cabeza de ciervo en lugar de la cruz de Cristo*

está coronada por una cabeza de ciervo sobre la que reposa una cruz. Esta particularidad debe su existencia a la propia vida de san Eustaquio quien se convirtió al cristianismo al ver la cruz de Cristo entre las astas de un ciervo.

SAN EUSTAQUIO

Muerto como mártir en Roma hacia el año 130, san Eustaquio se llamaba anteriormente Plácido. Tras su conversión, recibió el nombre de Eustaquio que significa «constante». Su onomástica se celebra el 20 de septiembre, día de su supuesta muerte. Yendo a cazar al bosque, Plácido, un respetado soldado romano, se encontró un día con una manada de ciervos y uno de ellos le pareció más grande y más hermoso que los demás. Se acercó para matarlo y descubrió que llevaba un crucifijo entre sus astas. El ciervo se dirigió a él diciéndole que venía a salvarle. Ante este milagro, y habiendo tenido su mujer un sueño similar la noche anterior, toda la familia se hizo bautizar. Al regresar al día siguiente al lugar del milagro, Cristo, de nuevo, se apareció a san Eustaquio, anunciándole que le iba a poner a prueba pero que jamás lo abandonaría. Unos días más tarde, la región fue asolada por la peste. San Eustaquio perdió sus rebaños y su casa fue saqueada, por lo que tuvo que marcharse junto con su familia a Egipto. Su mujer quedó retenida en prenda por el propietario del barco en el que viajaron y san Eustaquio tuvo que proseguir su camino con sus dos hijos, los cuales fueron atrapados, uno por un león y el otro por un lobo. Años más tarde, toda la familia se volvió a reunir. Su mujer, finalmente, no había sido deshonrada por el capitán del barco y sus hijos habían sido salvados por unos aldeanos. Negándose a adorar a los ídolos, fueron martirizados por Adriano.

Posteriormente, se ha atribuido el mismo milagro a san Humberto, patrono de los cazadores.

PÉTALOS DE ROSAS EN EL PANTEÓN ❸

Iglesia de Santa Maria dei Martiri (Panteón)
• Misa de Pentecostés

> *Del óculo del Panteón, una lluvia de pétalos rojos*

L a misa de Pentecostés, celebrada en la iglesia del Panteón, reserva un espectáculo sorprendente a los fieles que participan en ella. Al final de la liturgia, una lluvia de miles de pétalos de rosas rojas cae por la abertura central de la bóveda sobre los asistentes. Esta tradición cristiana, poco practicada hoy en día, data en realidad de varios siglos, cuando los primeros cristianos asociaban el Espíritu Santo con la rosa y el color rojo con la sangre derramada por Cristo para la redención de la humanidad. En Pentecostés, cincuenta días después de la Pascua, se arrojaban, desde los techos de las iglesias, los pétalos rojos que simbolizaban el descenso del Espíritu Santo sobre los creyentes. Es por ello que esta festividad también se llamaba "Pascua rosada". La ceremonia, suspendida durante muchos años, se celebra de nuevo en el Panteón desde 1995.

QUÉ VER EN LOS ALREDEDORES:

PLACA CONTRA LAS «INFAMES TABERNAS Y SU ODIOSA FEALDAD» ❹
Piazza del Pantheon

La magnífica plaza del Panteón está repleta de restaurantes. El fenómeno es antiguo y ya el papa Pío VII había intentado poner remedio a este problema. Hoy todavía una larga placa de mármol muestra sus esfuerzos en este sentido. Relata básicamente el siguiente texto: "Pío VII, *pontifex maximus*, en el vigesimotercer año de su pontificado, en la plaza delante del panteón de M. Agrippa, ocupada por infames tabernas, justifica mediante su odiosa fealdad, su providencial demolición". Y prosigue: "y ordena que las vistas sean despejadas". Este explícito mensaje recuerda las intervenciones de recalificación urbanística decididas por Pío VII. Pero, ironía del destino, hoy la placa de mármol está situada encima de uno de los múltiples restaurantes que, de nuevo, han invadido el lugar.

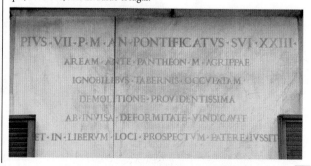

PIVS·VII·P·M·AN·PONTIFICATVS·SVI·XXIII·
AREAM·ANTE·PANTHEON·M·AGRIPPAE
IGNOBILIBVS·TABERNIS·OCCVPATAM
DEMOLITIONE·PROVIDENTISSIMA
AB·INVISA·DEFORMITATE·VINDICAVIT
ET·IN·LIBERVM·LOCI·PROSPECTVM·PATERE·IVSSIT

LA MARCA DE LA ESPADA DE ROLDÁN DE RONCESVALLES

Via della Spada di Orlando

❺

La cicatriz de la columna de mármol

na pequeña calle que da a la plaza Capranica, cerca del panteón, conserva la huella del paso del caballero Roldán (Orlando en italiano) por Roma. De hecho, más que de una huella, se trata realmente de la "cicatriz" que dejó su legendaria espada Durandarte en la columna de mármol.

El paladín de Carlomagno, de visita en la ciudad, se vio sorprendido en una

emboscada de caballeros romanos. Dada la cantidad que eran, Roldán se vio obligado a desenvainar su espada causando la rápida huida de los agresores. Durante la lucha, uno de los golpes asestados chocó contra un bloque de mármol y lo partió en dos. Hoy, aún se puede constatar el poder mágico de Durandarte, o la fuerza de Roldán, pasando por la calle pequeña que, como recuerdo a este episodio, tomó el nombre de "calle de la espada de Roldán".

Este resto de columna de mármol pertenecía a un conjunto más amplio que comprende también el vestigio de un muro antiguo adyacente, perfectamente visible puesto que invade ligeramente la calle con respecto al edificio medieval que está encima. Se trata de los restos del templo de Matidia, construido por el emperador Adriano en 119 d. C. en honor a su suegra. Otras dos columnas de impresionante diámetro (1,7 metro) y altura (17 metros) forman parte de la fachada de la casa situada en el número 17 de la plaza Capranica.

ACADEMIA DE ARMAS MUSUMECI GRECO

Via del Seminario, 87
• Para visitar escribir a: accademia@accademiagreco.it, llamar de lunes a viernes de 16 .00 a 19.00h al 06 6791846 o preguntar en la entrada
• Tranvía: 8; autobús: 64, parada Torre Argentina

> **El templo de la esgrima**

L a primera planta del nº 87 de la Via del Seminario alberga una de las escuelas de armas más antiguas del mundo, lugar de encuentro para los apasionados de la esgrima que van a entrenar. Decenas de recompensas, premios, fotos de época y retratos –como el de Salvatore Greco con camisa roja garibaldina, que llama la atención– están colgados en las paredes. La sala donde los esgrimistas se baten entre sí sobre tres plataformas está decorada con una rica colección de armas blancas; las marcas de estocadas, fondos y ataques en flecha errados pueden verse bien en el revestimiento de madera de las paredes.

Ya sea como espectadores o como alumnos, los personajes más dispares, como D'Annunzio, Mussolini, Trilussa y el presidente Einaudi pasaron por ahí, unidos por el interés que tenían por este arte.

También aquí los actores más célebres de los últimos sesenta años, de Tyrone Power a Errol Flynn, de Gina Lollobrigida a Charlton Heston, de Burt Lancaster a Richard Burton, aprendieron el uso de las armas para las películas más importantes.El maestro de armas actual, Renzo Musumeci Greco, es el representante de la cuarta generación de una familia que ha hecho de la esgrima su razón de vivir. Todo empezó en 1878, cuando el marqués y héroe garibaldino Salvatore Greco dei Chiaramonte decidió abrir una academia de armas en un palacio del siglo XV, a unos pasos del panteón. Sus hijos, Agesilao y Aurelio, siguieron con la actividad y se la transmitieron al hijo de su hermana, Enzo. A finales de los años 1930, este último inventó el papel de maestro de armas para el cine: era el periodo en que se comenzaban a rodar

grandes películas épicas y los actores tenían que aprender las técnicas de base para manejar una espada o un sable. En los años 1970, Renzo tomó las riendas de la escuela fundada por su bisabuelo y desarrolló la actividad extendiéndola al teatro, a las comedias musicales, a la ópera y a las series de televisión.

LA CÚPULA RECTA DE LA IGLESIA DE SAN IGNACIO

Piazza di Sant'Ignazio
• Horario: de lunes a domingo de 7.30 a 12.30h y de 15.00 a 19.30h
• Metro: Spagna

> *Una admirable ilusión óptica*

Fundada en 1626 por el cardenal Ludovisi y construida en sucesivas etapas hasta 1662, la iglesia de San Ignacio posee una peculiaridad que escapa a casi todos los visitantes: debido a problemas técnicos, la cúpula jamás fue construida. El espacio circular, al que estaba destinada, ha permanecido recto. El cura Pozzo utilizó este espacio para pintar, utilizando la técnica del trampantojo, *La Gloria de San Ignacio*. Al entrar en la iglesia, uno tiene una sensación muy curiosa: a medida que avanza hasta el centro de la nave en dirección al altar, mirando la linterna de la cúpula, se va dando cuenta de que la perspectiva pintada pierde credibilidad y finalmente llega a la conclusión de que la cúpula no existe.

QUÉ VER EN LOS ALREDEDORES:

LOS APARTAMENTOS DE SAN LUIS GONZAGA

• Mediante reserva: 066794406 (mínimo 2 € por persona)

Para acceder a las habitaciones de san Luis Gonzaga, hay que subir en el ascensor situado junto a la entrada de la sacristía de la iglesia

de San Ignacio. El recorrido para llegar a ellas es magnífico: un paseo inesperado sobre los tejados de Roma, con vistas al patio del edificio del Colegio Romano, cuya última planta alberga las habitaciones reservadas a los estudiantes jesuitas en la época en que Luis Gonzaga vivió ahí, de 1587 a 1590. La primera gran sala que se visita era la sala de recreo de los estudiantes, decorada hoy con escenas de la vida de san Luis Gonzaga. Luego se pasa a la capilla y a algunas salas donde se pueden ver unos altares, uno de ellos custodia las reliquias del santo dentro de una urna.

LA MONUMENTAL SALA DEL COLEGIO ROMANO

9

Via del Collegio Romano, 27
• Tel.: 06 6797877
• Horario: martes, miércoles y jueves de 9.30 a 13.30h

Una biblioteca excepcional y desconocida

Los apasionados por el arte o la arqueología, así como todos los amantes de libros antiguos y de grandes bibliotecas barrocas, estarán encantados de explorar la espectacular Sala Cruzada del Colegio Romano, e incluso de estudiar en la suntuosa sala de lectura, situada justo al lado.

Tal y como su nombre lo indica, la inmensa Sala Crociera, en forma de cruz, es de una belleza desconcertante. Las paredes que constituyen la travesía de la cruz están completamente recubiertas de libros, la mayoría de los cuales son muy antiguos y únicos. Las magníficas estanterías, donde se alinean los libros, fueron hechas a medida en el siglo XVII, época en la que la sala era la sede de la Biblioteca Principal del Colegio Romano fundado por San Ignacio de Loyola y siguiendo el modelo de la Universidad de París. Esta sala y el gabinete de lectura adyacente formaban parte, hasta hace poco y justo antes de que se trasladara a su actual sede de Castro Pretorio, de la Biblioteca Nacional de Roma. Desde 1989, la Biblioteca de Arqueología e Historia del Arte ocupa estas salas que contienen un gran número de volúmenes provenientes de donaciones de arqueólogos, historiadores de arte o de arquitectura, así como una colección de catálogos de las galerías de arte, secciones reservadas al teatro, a la música, a la heráldica y a las artes orientales, además de una excepcional colección de catálogos de las principales salas de subastas desde el siglo XIX hasta nuestros días.

MUSEO ATHANASIUS KIRCHER

Colegio Romano
Piazza del Collegio romano, 4
• Tél. 06 6792425
• E-mail: rmpc080007@istruzione.it
Visitas guiadas escribiendo al director del Liceo Ennio Quirino Visconti
(hacerlo quince días antes de la fecha de la visita)

Los vestigios de un fantástico gabinete de curiosidades

Construido entre 1582 y 1584 por el arquitecto Bartolomeo Ammannati (aunque para algunos se trata más bien del jesuita G. Valeriani) gracias al papa Gregorio XIII, "padre fundador y protector" del establecimiento, el Colegio Romano fue la sede de una de las mayores universidades de la Roma barroca, producto de la escuela gratuita de gramática y de doctrina cristiana creada en 1551 por Ignacio de Loyola, el fundador de los jesuitas. Hoy, el Liceo Visconti, el Ministerio para los Bienes y las Actividades Culturales y la Unidad de Investigación para la Climatología y la Meteorología comparten el espacio.

Testigo de los debates de Galileo y Segneri, el colegio tuvo entre sus profesores a científicos tales como Clavio, que contribuyó en la definición del calendario gregoriano, o Athanasius Kircher, espíritu enciclopedista y fundador en 1651 de un gabinete de curiosidades famoso en toda Europa.

En el museo de Kircher, las obras de arte conviven con los instrumentos científicos, los especímenes naturales y todo tipo de objetos raros y curiosos, como una piedra de la torre de Babel, de una autenticidad evidentemente dudosa… Desperdigadas al principio con la supresión de la orden de los jesuitas (1773), las colecciones fueron repartidas entre varios museos de Roma en la época fascista. Hoy solo se puede visitar una ínfima parte en el pequeño museo del Colegio, abierto en 1870, enriquecida con adquisiciones de los siglos XVIII y XIX. El aula magna conserva especímenes mineralógicos y naturales (como el esqueleto de un recién nacido), procedentes sobre todo de la colección de Antonio Neviani. En una sala de la última planta, se puede ver una interesante colección de instrumentos científicos, una espermatoteca (¡!) del siglo XVIII y sobre todo los seis obeliscos de madera que Kircher empleó para ilustrar sus lecciones de egiptología. Tres de ellos son fieles copias a escala reducida de los obeliscos de Latran, Flaminio y Medici. El cuarto es un invento de Kircher y lleva una dedicatoria al papa Clemente IX, bajo la cual se encontró una dedicatoria anterior a la reina Cristina de Suecia.

Los dos últimos obeliscos no llevan inscripciones. Gran experto del tema, Kircher colaboró con Bernini en la fuente de los ríos en la Piazza Navona y estaba convencido de haber descubierto el secreto de la interpretación de los jeroglíficos.

BIBLIOTECA CASANATENSE ⑪

Via Sant'Ignazio, 52
- Tel.: 06 69760328 - 06 69760334
- Horario: cerrado los domingos y la segunda y tercera semana de agosto
- Visitas guiadas gratuitas previa petición
- promozione.casanatense@biblioroma.sbn.it

Un suntuoso y monumental salón

Pocas personas saben, salvo los empleados y algunos investigadores, que el público puede acceder a la suntuosa biblioteca Casanatense para ver las exposiciones o asistir a las conferencias, presentaciones y conciertos, que se organizan con regularidad. Tampoco es muy sabido que se puede incluso visitar gratuitamente, previa petición, la biblioteca. Fundada por los dominicanos del convento de Santa María sopra Minerva (Santa María sobre Minerva) por orden del cardenal Girolamo Casanete, la biblioteca fue inaugurada en 1701 en un edificio del claustro de la Minerva especialmente construido, a estos efectos, por el arquitecto A. M. Borioni. A los 25 000 volúmenes que el cardenal donó a la biblioteca se sumaron todos aquellos que los dominicanos compraron a lo largo de los años. Los dominicanos, que entablaron relación con los mercados del libro más importantes de Europa, buscaban volúmenes

antiguos y modernos con objeto de constituir una «biblioteca universal» que reuniera textos de teología, economía y derecho romano, además de obras científicas o dedicadas al arte. En 1884, los dominicanos fueron definitivamente sustituidos por funcionarios, convirtiendo así la biblioteca en una institución pública. En la actualidad depende del Ministerio de Cultura y dispone de más de 350 000 obras. El suntuoso y monumental salón (60,15 m x 15,30 m) contiene alrededor de 55 000 volúmenes ilustrados, que datan del siglo XVI al siglo XVIII, ordenados en magníficos estantes de madera diseñados por el escultor Marchesi y el dorador Cantoni a partir de un dibujo de Borioni. Entrecortada por una sencilla galería a media altura, la biblioteca cubre las paredes, desde el suelo hasta el techo, y está perfecta y homogéneamente iluminada por la luz que entra por las ventanas perforadas en la bóveda. Se puede ver el blasón de la familia Casanate (una torre coronada por una estrella de ocho puntas), cuyo símbolo encontramos de nuevo en las decoraciones de la biblioteca y en el sello con el que se estampan todos los objetos de la colección. La biblioteca guarda entre sus riquezas, dos magníficos globos (terrestre y celeste) del siglo XVIII, dibujados a tinta y pintados sobre papel por el abad Moroncelli -célebre cosmógrafo, geógrafo y topógrafo- así como una antigua esfera armilar de cobre que domina la estatua del cardenal Casanate, realizada en 1708, por el escultor francés Pierre Le Gros.

> Al entrar, a la derecha, podrá ver una serie de obras. No es más que el trampantojo de una puerta, muchas veces abierta, detrás de la cual se esconde una escalera de caracol.

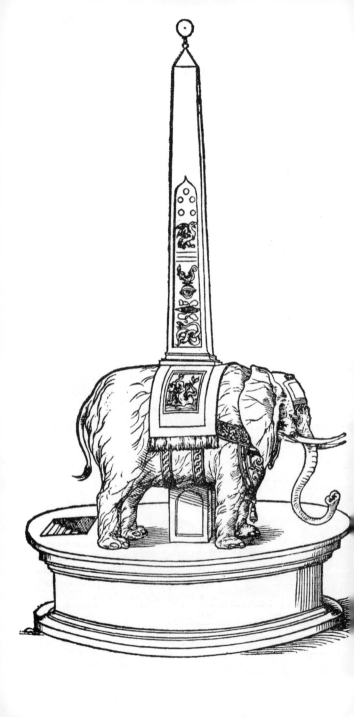

EL SIMBOLISMO ESCONDIDO EN EL OBELISCO DEL ELEFANTE DE BERNINI ⓬

Piazza della Minerva

> *Un símbolo de la resurrección de la carne*

A pesar de que el obelisco del Elefante de Bernini es evidentemente muy conocido en Roma, su explicación simbólica lo es mucho menos: ¿por qué imaginó Bernini una escultura tan peculiar? ¿Cuál es su significado? Bernini sencillamente copió un grabado que se encuentra en la extraordinaria novela en clave del Renacimiento italiano, *Hypnerotomachia Poliphili*, publicada en 1499, en Venecia (véase la siguiente página doble). En Egipto el obelisco simboliza «el rayo de sol divino»; por su parte, el elefante, debido a su enorme peso, simboliza la tierra. Con su trompa aspira el agua (el agua de la lluvia), que se esparce en su interior: de esta forma se alimenta la tierra, y, con la ayuda del sol (obelisco) que atraviesa la tierra, el grano de la tierra es fecundado, puede renacer y germina. En la novela, que sirvió de inspiración a Bernini, se puede entrar en el interior del elefante dentro del cual están representados un hombre y una mujer. Con ello entendemos toda la fuerza de la simbología del obelisco-elefante: más que el grano que renace y es fecundado, el obelisco del Elefante simboliza el principio de la resurrección de la carne, transmitida por los egipcios (en particular en el *Libro de los Muertos*) a los hebreos y a los cristianos, para quienes se ha convertido en un elemento central de la cristiandad. Igual que en la Biblia, Jonás sale del vientre de la ballena; el Hombre, en los

últimos días, dejará la Tierra para resucitar de entre los muertos. Bernini erigió el monumento en 1667 -en el emplazamiento de un antiguo templo dedicado a Isis- a petición de Alejandro VII, quien poseía un ejemplar (con anotaciones manuscritas) de *Hypnerotomachia Poliphili* e hizo inscribir, en el zócalo del elefante, la frase latina que recuerda la inmensa sabiduría procedente del antiguo Egipto*. No olvidemos que para la doctrina cristiana, la resurrección de Cristo anticipa la de los hombres en el último día. Asimismo, observemos, que en la escultura de Bernini figura una estrella de ocho puntas. El 8 es, para los cristianos, el símbolo de la resurrección.

También existe en Catania, Sicilia, otro elefante que porta un obelisco egipcio.

* « Sapientis Ægypti / insculptas obelisco figuras / ab elephanto / belluarum fortissima / gestari quisquis hic vides / documentum intellige / robustae mentis esse / solidam sapientiam sustinere ». («Quienquiera que seas aquí ves los símbolos del sabio Egipto, esculpidos en el obelisco que porta el elefante, el animal más fuerte. Entiende la enseñanza: se necesita una robusta mente para sostener una sólida ciencia»).

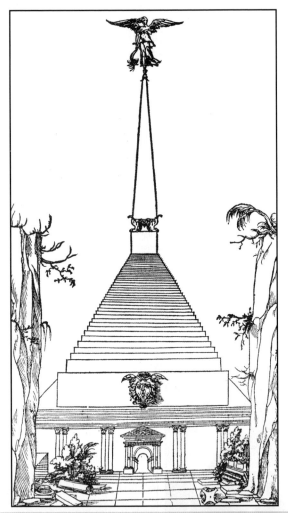

LOS AMORES FRUSTRADOS DE LORENZO DE MEDICI: ¿SIRVIERON DE INSPIRACIÓN PARA POLÍFILO Y SHAKESPEARE?

La relación amorosa frustrada de Lorenzo de Medici con Lucrezia Donati (que se casó a regañadientes con Niccolo Ardinghelli) parecen haber inspirado directamente la búsqueda de Polífilo: mismo nombre, mismas circunstancias desgarradoras, misma época (1462-1464)...

La vida amorosa de Lorenzo el Magnífico también habría sido material de inspiración para Francesco Cei, un poeta cercano a Lorenzo de Medici, para escribir su poema *Giulia e Romeo*, del que Shakespeare se habría inspirado directamente para su famoso *Romeo y Julieta*.

EL SUEÑO DE POLÍFILO: UNA EXTRAORDINARIA NOVELA HUMANISTA QUE SIRVIÓ DE INSPIRACIÓN A LOS JARDINES DE VERSALLES, BÓBOLI (FLORENCIA) Y AL FAMOSO OBELISCO DEL ELEFANTE DE BERNINI EN ROMA

Impresa por Aldo Manuzio en Venecia en 1499, *L'Hypnerotomachia Poliphili* (*El Sueño de Polífilo*) es probablemente la novela enigmática más compleja jamás publicada. Ilustrada con 170 xilografías, está considerada como una de las obras más hermosas jamás impresas. Redactada en un idioma que mezcla el italiano, el latín, el griego, el hebreo, el árabe, el español, el veneciano y algún dilecto adicional, se pensó durante mucho tiempo que su autor era anónimo. Sin embargo, recientes investigaciones llevadas especialmente a cabo por Emanuela Kretzulesco*, señalan a Francesco Colonna como su autor, ya que las iniciales de los 38 capítulos forman la siguiente frase: «*Poliam Frater Franciscus Columna peramavit*» («El hermano Francesco Colonna adoró a Polia»). Sobrino del cardenal Prospero Colonna, Francesco Colonna pertenecía al círculo de eruditos que rodeaban al cardenal Bessarión, al futuro papa Pío II y a Nicolás V, el papa de las luces, por oposición a los sucesivos papas y, en particular, a Alejandro VI Borgia. *El Sueño de Polífilo* sería un libro voluntariamente complejo con objeto de escapar a la censura papal ya que se publicó justo en el momento en que los Borgia deseaban, en contra de la opinión de Pío II y de Nicolás V, dar a los papas no solo el poder espiritual sino además el poder temporal, y coincidió con un periodo particularmente oscuro de los pontificados. En realidad, más que una novela de amor entre Polífilo y Lucrezia, el libro trata de la búsqueda espiritual de un filósofo apasionadamente enamorado de la sabiduría divina (Atenea Polia). Utiliza un lenguaje críptico para desarrollar las ideas humanistas y transmitir el legado espiritual de un grupo de teólogos reunidos alrededor del papa Nicolás V, los cuales, retomando la herencia dejada por el papa Silvestre II (Geberto de Aurillac), habían iniciado, dejando libre albedrío al espíritu, el estudio comparado del conjunto de las tradiciones religiosas, remontando incluso hasta Grecia y Egipto. En sintonía con la academia florentina de los Medici y de Marsilio Ficino, este grupo reunía, entre otros, al arquitecto León Baptista Alberti y Próspero Colonna e inspiró en muchos sentidos a Giovanni Pico della Mirandola, Leonardo da Vinci, Nicolás Copérnico, Giordano Bruno y Galileo Galelei. De esta forma, *El Sueño de Polífilo* desvela que la Naturaleza, creación divina, es el mejor camino para llegar al conocimiento de Dios. Con la ayuda de los códigos guardados en *Hieroglyphica* de Horus Apollo, ilumina también todo el camino espiritual que lleva hasta allí. De un modo absolutamente extraordinario, para quien esté interesado en entender la realidad en la que vive, *El Sueño de Polífilo* permite también entender que los jardines de Versalles o de Bóboli en Florencia así como el famoso obelisco del Elefante de Bernini en Roma se inspiran directamente de los numerosos símbolos que jalonan el recorrido de Polífilo.

¿QUÉ SIGNIFICA *HYPNEROTOMACHIA*?

Desde un punto de vista etimológico, *Hypnerotomachia* se descompone de la siguiente forma: «*Hypnos*», «*Eros*», «*Machia*» es decir: «el combate amoroso en sueños».

---

* *Los jardines del sueño. Polífilo y la mística del Renacimiento.* Ediciones Magma.

PLACAS DE INUNDACIÓN DE LA IGLESIA DE SANTA MARIA SOPRA MINERVA   **⑬**

Piazza della Minerva

> *¿Por qué hay tantas placas de inundación en Santa Maria sopra Minerva?*

A la derecha de la fachada principal de la iglesia de Santa Maria sopra Minerva, el muro, casi en la esquina con la Via Caterina da Siena, está lleno de placas que conmemoran las inundaciones que tuvieron lugar en el barrio. La iglesia se encuentra efectivamente cerca del panteón, uno de los lugares más bajos de la ciudad y donde, por consiguiente, las inundaciones alcanzaban los niveles más altos.

Al no estar el panteón cerca del río, el agua llegaba a menudo hasta la Piazza della Rotonda (Panteón) a través de la Cloaca Máxima, la famosa red de alcantarillado de la antigua Roma (cuyo sistema de canales subterráneos sigue existiendo en la actualidad).

LA PLACA CONMEMORATIVA MÁS ANTIGUA DE UNA INUNDACIÓN EN ROMA

El pequeño arco situado al final de la Via Arco dei Banchi, cerca del río, en la orilla opuesta al castillo de Sant'Angelo, conserva, en su lado izquierdo, lo que puede considerarse como el testimonio más antiguo que existe en Roma sobre una crecida del Tíber. Además del nivel que alcanzó el agua, una placa de mármol informa también sobre la fecha exacta del acontecimiento y su duración: "Hasta aquí llegó el Tíber, pero, agitado, se retiró rápidamente, en el año del Señor 1277 [...], el 7º día del mes de noviembre [...]". La placa estaba colocada anteriormente en la iglesia de los Santos Celso y Juliano.

122 PLACAS CONMEMORATIVAS DE INUNDACIONES

Se estima que, en 1937, Roma tenía 122 placas conmemorativas de inundación, siendo la mayoría de los siglos XVI y XVII. Muchas se perdieron en las obras de urbanización de Roma capital, pero aún se pueden admirar bellos ejemplares en muchos lugares de la ciudad. A veces se resumen a una simple raya y a una fecha (como la de la iglesia de San Bartolomeo en la isla tiberina que data de 1937) pero a veces están más elaboradas, triangulares o rectangulares, presentando el dibujo de una barca con, a veces, una mano que indica el nivel alcanzado (como en la Via Antonio Canova o Via dell'Arancio), la fecha y a veces un breve comentario.

¿POR QUÉ LAS INUNDACIONES ERAN TAN FRECUENTES?

En la época de lluvias, y debido a la ausencia de murallas protegiendo la ciudad, los desbordamientos del río causaban normalmente inundaciones en la ciudad, sobre todo porque la anchura del río no era la misma a lo largo de su paso por Roma: era más estrecho en dos lugares en particular.

El primero estaba cerca del castillo Sant'Angelo, delante del cual el papa Alejandro VI mandó erigir una gruesa torre a finales del siglo XV que fue demolida en 1628. Debido a esta transformación en la orilla occidental, se formó un pequeño terraplén y se taparon dos arcadas del puente. Además, la corriente era especialmente fuerte en este lugar a causa de las dos ensenadas del río, pero, aunque su estructura no varió desde que se construyó en el siglo II, el puente Sant'Angelo resistió porque había sido construido siguiendo las reglas del arte.

El segundo se situaba cerca de la villa Farnesina, gran propiedad de los Farnese en Trastevere, cuyos jardines se fueron ampliando a lo largo del tiempo, estrechando así el curso del río.

Numerosas embarcaciones estaban además amarradas a lo largo de las orillas del Tíber. Durante las inundaciones era frecuente que algunas se soltasen y se empotrasen en el puente más cercano: al impedir que el agua fluyera libremente por debajo del puente, la subida de las aguas aumentaba.

Fue después de la última serie de inundaciones de 1870 (relatada por numerosas placas) cuando se decidió edificar los *muraglioni*, unas murallas de unos 12 metros de alto cuya construcción se inició en 1876.

El hidrómetro del Largo San Rocco (véase pág. 39) y las columnas del antiguo puerto de Ripetta (véase pág. 41) también tienen marcas de las inundaciones.

SIMBOLISMO OCULTO DE LA TUMBA DE ANDREA BREGNO

Iglesia de Santa Maria sopra Minerva

14

> **¿Una tumba "masónica" en una iglesia católica?**

Andrea Bregno fue el representante más importante de la escultura lombarda en el siglo XV: su epitafio –sin duda obra del artista Luigi Capponi (1506)– lo compara con el escultor griego Policleto de Argos (460-410 a. C.), demostrando así la gran reputación que adquirió. Su tumba, en la iglesia de Santa Maria sopra Minerva (nave lateral izquierda, cerca del altar) está llena de símbolos sorprendentes: a la izquierda de su busto, sobre una escuadra tumbada, hay un compás de pie del que pende un hilo de plomo que, primero, atraviesa un rombo que contiene una estrella de seis puntas y, luego, el cuadrado central de un conjunto de tres cuadrados. Simbólicamente, el compás representa el espíritu, o la condición espiritual suprema, y el hilo es el que alinea el

mundo espiritual con el mundo físico. El hexagrama (formado por dos triángulos entrelazados) simboliza el mundo del alma o el equilibrio entre los dos estados del espíritu y de la materia. Por último, el triple cuadrado es la imagen primitiva clásica del paraíso terrenal vinculado a la Jerusalén celeste (o al mundo espiritual) marcado por el compás.

Así, el mensaje de este conjunto alegórico parece significar que Andrea Bregno, tras haber vivido en la belleza del paraíso terrenal (como lo demuestran numerosas obras artísticas de muy alto nivel), regresó a la Jerusalén celeste. A la derecha del busto de Bregno, el compás (en su forma medieval) colocado sobre una escuadra y una regla, todo ello unido de nuevo por un hilo de plomo y un nivel, representa la perfección del trabajo realizado por Bregno, equilibrado y ausente de errores y disonancias.

En los frisos laterales, ambos idénticos, el hilo de plomo se repite en la posición vertical, traspasando varias herramientas del arte del escultor (mazo, regla, martillo, tijera de esculpir, etc.): una bella alegoría que recuerda que Bregno fue un excelente escultor y arquitecto y que su obra será siempre marca de precisión y perfección.

Si hoy todos estos símbolos recuerdan a los símbolos masónicos clásicos actuales, estos fueron también y sobre todo, en la época de Bregno, los símbolos de los maestros masones activos de finales de la Edad Media, que más tarde crearon la masonería actual.

EL SANTUARIO DE LA MADONNA DELL'ARCHETTO

Via di San Marcello
• Horario: de lunes a sábado de 18.00 a 20.00h para rezar el rosario.
Domingo a las 11.00h y 19.00h para la misa

Los ojos de la Virgen

A escasos metros de la Fontana de Trevi se encuentra el santuario marial más pequeño de la ciudad, la capilla dedicada a la Madonna dell'Archetto. El pequeño callejón que unía la Via di San Marcello con la Via dell'Archetto disimulaba una imagen de la Virgen pintada para la marquesa Savorelli Papazzurri, en 1690, por el pintor boloñés Domenico Muratori, alumno de Caravaggio. En 1696, la Virgen habría movido milagrosamente los ojos y la propietaria decidió exponerla debajo del «archetto» (pequeño arco) del callejón para que la gente pudiera venerarla. En 1751, decidieron cerrar ambos lados del callejón con verjas para así proteger los preciados ex-voto que se habrían acumulando hasta entonces. En 1796, el milagro se volvió a reproducir: los testigos fueron numerosos y la Iglesia lo reconoció como un auténtico milagro. A mediados del siglo XIX, cerraron el callejón y lo

transformaron en capilla. La familia Savorelli Papazzurri encargó al arquitecto Virginio Vespignani la construcción del pequeño santuario, una joya del arte neorenacentista, que fue solemnemente inaugurado el 31 de mayo de 1851.

Sin embargo, este pequeño monumento clasificado no es muy conocido. Alberga esculturas de Luigi Simonetti y cuadros de Costantino Brumidi quien pintó también los frescos del Capitolio de Washington. Se le ha denominado incluso el «Miguel Ángel de Estados Unidos».

EL MENSAJE OCULTO DE LA BASÍLICA DE LOS **⑯** SANTOS APÓSTOLES

Basílica Dei Santi XII Apostoli
Piazza dei Santi Apostoli

Un homenaje discreto para escapar a la susceptibilidad del papa...

La muy antigua basílica de los Santos Apóstoles fue reformada, incluso reconstruida, varias veces, y el papa Sixto IV mandó que se añadiera el imponente pórtico que da a la plaza. Hoy está coronado por las 13 estatuas de Jesús y sus apóstoles. En el pedestal de cada una hay una letra grabada, formando el conjunto un grupo bastante curioso de 13 letras, considerando que estas letras no retoman las abreviaturas tradicionales que podemos encontrar en los monumentos antiguos y que, a priori, nada las vincula con el santo que tienen encima.

Esta serie de letras (F.L.D.L.C.S.O.T.C.E.C.V.B.) representa en realidad un "homenaje" al cardenal Lorenzo Brancati di Lauria, tutor del monasterio de los Santos Apóstoles, que regaló estas esculturas.

Este teólogo, cercano al papa Alejandro VII y consejero de la Congregación de la visita apostólica, fue bibliotecario de la biblioteca vaticana y fue por lo tanto quien encargó las estatuas y las pagó. Aunque el regalo haya sido quizás desinteresado, el donador deseaba ser recordado en la posteridad e imaginó pues este pequeño acertijo que evitaba herir la susceptibilidad del papa con una inscripción demasiado elogiosa y vistosa. Helo aquí *in extenso*: Frater Laurentius De Laureolo Consultor Sancti Officii Theologus Cardinalis Episcopus Custos Vaticanae Bibliothecae (Hermano Lorenzo de Laureolo, consejero, teólogo del Santo Oficio, cardenal, obispo, bibliotecario de la biblioteca del Vaticano).

Miguel Ángel descansó un tiempo en esta basílica antes de que trasladasen su tumba a la basílica de Santa Croce de Florencia, una especie de panteón erigido para las "glorias de Italia".

LOS APARTAMENTOS DE LA PRINCESA ISABEL

Galería Colonna
Piazza SS. Apostoli, 66
• Tel.: 06 6784350 - 06 6794362
• La Galería Colonna está abierta todos los sábados por la mañana de 9.00 a 13.00h • Entrada: 7 €
• Los apartamentos están abiertos durante las visitas guiadas, todos los días del año, salvo el mes de agosto, para un mínimo garantizado de 10 personas. Guías especializados disponibles previa petición
• Metro: Spagna o Colosseo

Una visita privada excepcional

L a galería del palacio Colonna es sin lugar a dudas una de las mayores colecciones de arte privadas de Italia y son muy pocos los que saben que, desde 1946, la galería está abierta a los visitantes una vez por semana, los sábados por la mañana. Además, si se pone en contacto con la administración del palacio y reserva con antelación, podrá visitar las salas que normalmente están cerradas al público: la Galería, una serie de estancias y los apartamentos de la princesa Isabel Sursock Colonna, que residió en este palacio hasta finales de los años 80.

No se pierda la oportunidad de hacer esta visita privada excepcional: las habitaciones de los apartamentos que dan al jardín interior albergan obras muy importantes como los frescos del célebre pintor Bernardino di Betto, Il Pinturicchio. Además hay una magnífica colección de cuadros de pintores flamencos, entre los que destacan los extraordinarios óleos sobre cobre de Jan Bruegel de Velours, la rica colección de paisajes de Gaspard Van Wittel (Vanvitelli en Italia) y las decoraciones de Gaspard Dughet (llamado Guaspre o Gaspard Poussin) así como las de Crescenzio Onofri, Pieter Mulier, Giacinto Gimignani y Carlo Cesi.

LA BALA DE CAÑÓN DEL PALACIO COLONNA

En la gran escalera que separa las dos plantas de la galería del palacio Colonna, sigue estando visible la sorprendente bala de cañón que fue disparada en 1849 desde el monte Janículo durante los enfrentamientos entre las tropas francesas y los soldados de Garibaldi que defendían la República romana. El proyectil hizo pedazos una de las grandes vidrieras y cruzó toda la galería antes de empotrarse en los escalones, donde los propietarios del palacio lo han dejado como recuerdo de aquel suceso.

EL ROSTRO SAGRADO DE CRISTO DE SANTO ⑱ STEFANO DEL CACCO

Iglesia de Santo Stefano del Cacco
Via Santo Stefano del Cacco, 26
• Tel.: 338 3478858
• Horario: primer martes de mes a las 16.30h para venerar el Rostro Sagrado y el domingo a las 11.30h para la misa

> *Una imagen sagrada depositada en la Luna en 1969*

Cada primer martes de mes, a las 16.30h, se celebra una sorprendente ceremonia durante la cual se venera el llamado icono del Rostro Sagrado de Cristo, que se encuentra en la primera capilla a la izquierda, en la iglesia.

El icono, propiamente dicho, fue pintado en 1945 por Gertrude Mariani (hermana Zeffirina del Sagrado Corazón) a partir de una visión milagrosa que habría tenido la hermana Pierina de Micheli.

Milán, 31 de mayo de 1938, la hermana Pierina de Micheli estaba en adoración cuando la Virgen María se le apareció resplandeciente sujetando en su mano una medalla con el rostro de Cristo impreso. A continuación, la Virgen le dijo que esta medalla permitiría, a cualquiera que la llevara y viniera cada martes a rezar ante el santo sacramento, protegerse del mal y beneficiarse de la misericordia de Jesús.

En realidad, Jesús ya se le había aparecido a la hermana Pierina de Micheli en 1932 y en 1937, el cual le pidió que rezara contemplando su rostro.

El culto de la medalla con el rostro sagrado fue aprobado en agosto de 1940 por el arzobispo de Milán y difundido, entre otros, por el abad Ildebrando Gregori, monje benedictino silvestrino, quien, desde 1940, era el padre espiritual de Pierina de Micheli. En 1969, y con la bendición del papa Pablo VI, la medalla del Rostro Sagrado fue depositada en la Luna por los astronautas norteamericanos.

En realidad esta hermosa iglesia se llama Santo Stefano de Pinea pero la llaman Santo Stefano del Cacco debido al «macacco» (macaco), apodo dado a la estatua cinocéfala (con cabeza de perro) del dios egipcio Thot que descubrieron en el barrio (en la actualidad está expuesta en los Museos del Vaticano). En la cima del campanario podemos ver una piña que hace referencia al nombre del barrio.

La iglesia, que dataría del siglo IX, ha conservado su planta basilical con tres naves separadas por dos filas de columnas y contiene, en su sótano, numerosas lápidas muy interesantes. Entregada por el papa Pío IV a los monjes silvestrinos, en 1563, la iglesia debe su aspecto actual a la restauración de 1607.

EL RELOJ DE AGUA DEL PALACIO BERARDI ⑲

Palacio Berardi
Via del Gesù, 62

Un mecanismo curioso

B asta con detenerse delante del portal abierto del palacio Berardi, en el barrio de la Pigna, para divisar, al fondo del patio, un espléndido y magnífico reloj de agua. Fue instalado en 1870 por el fraile dominico y erudito Giovan Battista Embriaco, superior del muy cercano convento de la Minerva. No se trataba de su primer reloj de agua, dado que ya había presentado, con éxito, dos prototipos en la Exposición Universal de París de 1867. Este curioso mecanismo, que siempre está en funcionamiento, ocupa el centro de una pila en forma de concha rodeada de cuatro cariátides que sostienen dos bustos de mármol. El conjunto hace las veces de fuente y la pila recuerda la temática del agua.

Hay otro reloj de agua en el Pincio (véase pág. 19).

LA ASIMÉTRICA FACHADA DEL PALACIO ALTIERI

㉕

Palacio Altieri
Piazza del Gesù y via del Plebiscito

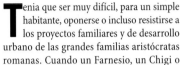

*"Mi casa,
¡no!"*

Tenía que ser muy difícil, para un simple habitante, oponerse o incluso resistirse a los proyectos familiares y de desarrollo urbano de las grandes familias aristócratas romanas. Cuando un Farnesio, un Chigi o un Colonna decidía agrandar un palacio, crear una calle nueva, edificar una iglesia para la mayor gloria de Dios, y de paso la suya también, los títulos de los pequeños propietarios vecinos no importaban mucho y era mejor vender que sufrir la violencia de los medios de persuasión, no siempre legales. Con estos proyectos de expansión, que coincidían generalmente con la elección de un miembro de la familia al trono de san Pedro, se hacía difícil encontrar un oído complaciente preparado para registrar las quejas. Se cuenta sin embargo la historia de una mujer que frustró los proyectos de una de las familias más poderosas de la época, con motivo de la construcción del palacio Altieri, que da a la plaza del Gesù y a la Via del Plebiscito.

La familia Altieri vivía en el barrio desde el siglo XIV y residía en un imponente edificio que fue demolido cuando el cardenal Giovambattista Altieri comenzó la construcción de su nuevo palacio. La elección papal de Emilio Altieri, con el nombre de Clemente X, cambió la situación y quedó como uno de los ejemplos de nepotismo más escandalosos de la historia: este transfirió de las arcas pontificias a las de sus familiares la enorme suma de 1 200 000 escudos, de los cuales una parte sirvió para ampliar considerablemente el palacio recién construido. El sobrino cardenal, preocupado por terminar las obras antes de la posible muerte de su tío, en mal estado de salud, hacía trabajar a los obreros 24 horas sobre 24 a la luz de las antorchas. La nueva ala del palacio se terminó con rapidez, en seis años.

Una curiosidad llama la atención. La perfecta alineación de las ventanas con la estrella del escudo de los Altieri se interrumpe y prosigue más adelante. Es porque justo en esa parte vivía una anciana que se negó a vender su modesta casa y rechazó todas las ofertas, muy superiores al valor real de la casa. Hasta

el papa en persona fue a verla, pero en vano. ¿Acaso la memoria popular ha idealizado la resistencia de esta mujer del pueblo? ¿O será que el escándalo de las obras tan costosas hizo el resto? Los Altieri no insistieron más, las obras continuaron y la casa se vio englobada en el nuevo edificio: en esa parte, la fachada presenta una curva insólita: una modesta ventana y una puerta, totalmente desfasadas del resto, quedaron en medio de las magníficas entradas de la planta baja. No se modificaron nunca más.

LA VENTANA TAPIADA DEL PALACIO MATTEI ㉑

Palazzo Mattei
Piazza Mattei, 19

> **¿Por qué está tapiada la ventana del palacio Mattei?**

uenta una curiosa leyenda que, un día, el duque Mattei perdió gran parte de su fortuna. Al conocer la noticia, su futuro suegro le negó la mano de su hija. El duque decidió, entonces, enseñarle que no había perdido nada de su poder y nobleza e hizo construir, delante de su palacio y en una sola noche, la célebre fuente de las Tortugas.

El palacio formaba parte del denominado islote Mattei y su fachada representa, aún en la actualidad, uno de los lados de la hermosa y pequeña plaza que lleva el mismo nombre que el palacio. Al día siguiente, invitó a su bella prometida y a su padre a su palacio, para aclarar las cosas. Les pidió que se inclinaran por una pequeña ventana desde donde se podía admirar la suntuosa fuente y declaró: « ¡He aquí, lo que el desafortunado duque Mattei puede hacer en unas horas!». El padre de la joven le pidió disculpas y le dio finalmente su consentimiento para que se casara con su hija. En recuerdo de este memorable día, el duque hizo tapiar la ventana para que nadie pudiera volver a utilizarla. Es así como la vemos en la actualidad.

La fuente fue realizada en 1585 por el florentino Taddeo Landini sobre un plano de Giacomo della Porta. Parece ser que en el esbozo original los efebos tenían que empujar unos delfines dentro de la pila superior en lugar de las tortugas de bronce que han dado su nombre a la fuente. Atribuidas a Bernini, estás fueron añadidas con posterioridad pero desde entonces han sido reemplazadas por copias y los originales se conservan en el museo del Capitolio.

¿POR QUÉ SOPLA CON FRECUENCIA EL VIENTO EN LA PLAZA DEL GESÙ?

Cuenta la tradición popular que el viento sopla con frecuencia en la plaza que está delante de la iglesia jesuita de Gesù. Según un relato escrito por Stendhal, un día, el Viento que estaba de paseo con el Diablo, llegó delante de la iglesia de los Jesuitas. El Diablo, que debía de cumplir con una obligación, le pidió al Viento que le esperara un momento y entró en la iglesia. El Viento aceptó con mucho gusto y esperó un día, y otro más, y otro… Según la leyenda, sigue esperando…

EL *PIANO NOBILE* DEL PALACIO MATTEI DI GIOVE

- Tel.: 06 68801613
- Acceso libre al patio
- Se pueden visitar la galería y los interiores previa petición al Centro Italiano de Estudios Americanos
- info@centrostudiamericani.org
- Tranvía: 8, parada Torre Argentina; autobús: 40, 64, 119, 492, 780, parada Botteghe Oscure

Tesoros ocultos

Nada en la sobria fachada del palacio Mattei deja vislumbrar que el edificio oculta dos tesoros espectaculares: une magnífica colección de piezas antiguas en el patio y una serie de frescos de gran calidad en el interior.

La familia Mattei fue una de las más ricas de Roma en los siglos XVI y XVII, lo que no les impidió vivir de forma austera, salvo por dos pasiones: la colección de vestigios de la antigua Roma y la decoración del palacio con importantes pinturas. Los frescos más bellos se pueden ver en el *piano nobile*, que alberga desde 1932 el Centro Italiano de Estudios Americanos. Se accede por un hermoso pórtico, protegido con una elegante verja. Desde ahí la vista de los dos espectaculares patios es única: los muros que los delimitan acogen una colección de bustos, estatuas, sarcófagos, inscripciones y piezas romanas que son la envidia de los museos más importantes de la ciudad, aunque muchas de estas piezas son reproducciones que datan de la época del Renacimiento.

Entrando en la biblioteca y paseando por las salas repletas de libros, se pueden admirar los techos decorados por grandes maestros del siglo XVII: según la voluntad de los mecenas, todos realizaron solo frescos de temas bíblicos. Domenichino, Francesco Albani, Giovanni Lanfranco trabajaron aquí, así como el joven Pedrode Cortone, que decoró la galería con frescos sobre las historias de Salomón, realizando así su primera obra romana. Pomarancio también pintó una pequeña capilla.

El palacio Mattei, diseñado por el arquitecto Carlo Maderno y construido en veinte años a partir de 1958 por deseo de Asdrubale Mattei, esposo de Constance Gonzague e hijo de Alessandro Mattei, duque de Monte Giove, pasó a ser propiedad del Estado italiano en 1938. Hoy alberga, además del Centro Italiano de Estudios Americanos, el Instituto Italiano de Historia de la época moderna y contemporánea, su biblioteca y el Instituto Central para los Bienes Sonoros y Audiovisuales.

En 1822, el célebre poeta Giacomo Leopardo residió aquí. En aquella ocasión escribió una carta a su hermano hablándole de "el horrible desorden, la confusión, mediocridad, insoportable mezquindad, indecible negligencia y otras espantosas condiciones que reinan en esta casa". Al admirar hoy el edificio, solo se puede pensar que todo es cuestión de gustos…

INSTITUTO DE LA ENCICLOPEDIA ITALIANA

Palacio Mattei di Paganica
Piazza dell'Enciclopedia Italiana, 4
Horario de la biblioteca: de lunes a viernes de 9.30 a 18.00 h
• Visita de la Sala Igea y de la Sala Rossa a través de una de las numerosas asociaciones culturales, como Roma Sotterranea (www.romasotterranea.it)
• Tranvía: 8, parada Torre Argentina; autobús: 0, 64, 119, 492 et 780, parada Botteghe Oscure

Maravillas ocultas

Desde 1928 la sede del Instituto de la Enciclopedia Italiana ocupa el palacio Mattei di Paganica, del cual es propietario. Durante la semana, la preciosa biblioteca del instituto abre sus puertas al público. Las otras salas del palacio, todas espléndidas, se pueden visitar por medio de una asociación cultural.

Al cruzar la gran puerta de entrada del número 4 de la plaza que antaño llevaba el nombre de la Via Paganica, se accede, al final de un estrecho pasaje, a un gigantesco claustro cuyos pórticos son de dos estilos diferentes. En la planta baja está la Sala Igea (sala Higía), protegida por grandes ventanales, con las bóvedas recubiertas de grotescos de temática mitológica.

En la planta noble (*piano nobile*), las salas están pintadas al fresco: se descubren en ellas episodios de las vidas de Josué y David, así como escenas de la *Jerusalén liberada* de Tasso, realizadas entre 1593 y 1596 por Giovanni de'Vecchi. Además, la Sala Rossa (sala roja) alberga el bajorrelieve que inspiró el logo del instituto: un águila con las alas desplegadas, obra de Alberto Gerardi (1929). Techos con casetones y marcos poligonales de mediados del siglo XVI, adornados con decoraciones pictóricas del siglo XVII, coronan el pórtico interior y la sala principal. En esta última sala, iluminada por una lámpara de araña original, se encuentra el magnífico gabinete de lectura de la biblioteca del instituto, que contiene unos 100 000 volúmenes.

El palacio fue construido en 1540 por encargo de Ludovico Mattei, duque de Paganica, según un proyecto de Nanni di Baccio Bigio. El edificio descansa en parte sobre la estructura del teatro de Balbo: se pueden ver todavía algunas paredes radiales de la cávea, en opus *reticulatum* et *quadratum*, en los sótanos.

En 1640, se amplió el palacio del lado de la Via delle Botteghe Oscure. En 1927, lo compró Giovanni Treccani, fundador del Instituto de la Enciclopedia Italiana. Ahí estableció la sede del instituto que ha permanecido aquí casi siempre. La ocupación de Roma por los alemanes y la instauración de la República social causaron el cierre del instituto, el despido de los trabajadores y el traslado a Bérgamo de una gran parte de los archivos, de los clichés fotográficos y de los manuscritos. No obstante, el palacio Paganica retomó paulatinamente su actividad a partir de finales de 1944.

EL ANTIGUO PERÍMETRO DE LA FUENTE DEL GUETO

Piazza Giudia – Piazza delle Cinque Scole
• Tranvía: 8, parada Via Arenula; autobús: 64, parada Largo Argentina

El largo traslado de una fuente

No fue hasta 1930, tras un largo traslado, cuando la fuente realizada en 1593 por el célebre arquitecto y escultor romano Giacomo della Porta llegó a la Piazza delle Cinque Scole. Antes estaba en la Piazza Giudia, a unos cien metros de su emplazamiento actual, en pleno corazón del barrio judío, el gueto. Aún hoy, una bonita marca de mármol reproduce en el suelo de la plaza el antiguo perímetro de la fuente.

En 1555, el papa Pablo VI estableció, mediante la bula *Cum nimis absurdum*, que los judíos romanos no debían disfrutar de los mismos derechos que el resto de los ciudadanos. "La insolencia de estos judíos es tal que se otorgan el derecho de no solo vivir entre los cristianos y cerca de sus iglesias sin ninguna ropa que permita identificarles, sino que además residen también en las casas, calles y plazas más nobles, negocian y poseen bienes inmuebles, empleando incluso a nodrizas y sirvientas cristianas".

Los judíos se vieron obligados a vestir de manera que se les reconociera y a vivir en un mismo barrio: el gueto de Roma estaba delimitado por el Tíber, el teatro de Marcelo, el pórtico de Octavia y la Piazza Giudia.

Construida con el mármol del templo de Serapis, situado en el Quirinal, la fuente quedó terminada en 1593 y fue instalada a unos metros del cadalso donde se ahorcaban a los judíos culpables de delitos. La pila superior está sostenida por un pilar y decorada con cuatro cabezas de gorgona, de cuyas bocas brota el agua, mientras que la pila principal está decorada con armas de los magistrados al cargo en el año 1593.

En 1880, el gueto fue desmantelado y el barrio entero sufrió profundas transformaciones con las creaciones de avenidas, como la Via Arenula, que alteraron por completo el desarrollo urbano anterior. A la espera de un nuevo lugar, la fuente permaneció muchos años en los almacenes municipales. En 1924, colocaron la pila superior y su pilar en una fuente situada enfrente de la iglesia de S. Onofrio sul Gianicolo. Fue en 1930, al fin, cuando armaron de nuevo la fuente y la colocaron en su ubicación actual.

LA INSCRIPCIÓN DEL PALACIO MANILI ㉕

Via del Portico d'Ottavia, 1-2
• Autobús: 8, 46, 64, parada Largo Argentina

El sueño
imposible de
Lorenzo Manili

El palacio Manili, un complejo único que engloba varios edificios del Renacimiento, da a la Piazza Giudia, uno de los lugares simbólicos de Roma, donde todavía se puede respirar y observar el curso de la historia: el circo Flaminio, el teatro de Marcelo, el pórtico de Octavia, el tempo de Apolo, el barrio medieval, el mercado del pescado, el gueto, las ejecuciones capitales, las deportaciones nazis.

En 1468, Lorenzo Manili adquirió varios edificios con la intención, probablemente, de unirlos. No tuvo éxito en esta empresa, tal vez a causa de problemas económicos, pero quiso dejar una huella de su desmedido amor por Roma, cubriendo las fachadas de los edificios que compró con una gran inscripción en letras capitales, similares a las de la Antigüedad:

URBE ROMA IN PRISTINAM FORMA (M R)ENASCENTE LAUR, MANLIUS
KARITATE ERGA PATRI (AM) (A) EDIS SUO NOMINE MANLIANAS PRO FORT

(UN)AR (UM) MEDIOCRITATE AD FOR (UM) IUDEOR (UM) SIBI POSTERISQ
(UE) SUIS A FOND(AMENTIS) P (OSUIT). AB URB (E) CON (DITA) M. M. CCXXI
L AN (NO) M(ENSE) III D(IE) II P (OSUIT) XI CAL (ENDAS) AUG (USTAS)

La traducción es más o menos así: "Estando la ciudad de Roma
renaciendo en su antiguo esplendor, Lorenzo Manili, por amor a su patria,
en los alrededores del foro de los judíos, construyó desde sus cimientos,
para sí mismo y para sus descendientes, dentro de sus posibilidades
económicas, esta casa que lleva el nombre de Manliana. 2 221 años después
de la fundación de Roma, con 50 años de edad, 3 meses y 2 días, edificó esta
casa el onceavo día previo a las calendas de agosto".

Manili también mandó colocar en las fachadas de los edificios
fragmentos de relieves. En algunas ventanas de la parte izquierda del
complejo, la que da a la piazza Costaguti, mandó esculpir el lema "AVE
ROMA" (que estés bien, Roma).

La iniciativa de Manili –rara en apariencia– es importante porque
demuestra, como no podría hacerlo ningún libro, el clima cultural que se
respiraba en Roma en pleno humanismo, cuando se redescubrió el idioma,
la literatura, la historia y los valores del mundo clásico, un mundo que
debía parecer a los contemporáneos de Manili una especie de edad de oro.

Si Manili hubiese podido, quizás habría construido el nuevo Coliseo:
nos dejó sin embargo una inscripción memorable, testigo de su sueño
maravilloso e imposible.

LA PUERTA TAPIADA DEL PALACIO COSTAGUTI ㉖

Via della Reginella, 29 y Piazza Mattei

> *¿Por qué está tapiada la puerta del palacio Costaguti?*

La estructura original del palacio Costaguti daba a la Via della Reginella y a la plaza que más tarde tomó el nombre de los segundos y actuales propietarios (Costaguti). Ahí se abría la antigua puerta de entrada que hoy vemos tapiada. Fue la ampliación y la añadidura de la calle en el gueto lo que causó la reforma del

palacio: para no sufrir las restricciones vinculadas al barrio reservado a los judíos, en particular el cierre de las puertas de acceso al caer la noche, los propietarios tapiaron la antigua puerta de entrada y abrieron otra en la pequeña plaza Mattei. Estas obras, realizadas en una segunda etapa, explican la ubicación original de la entrada, encajada en una esquina y situada en una de las fachadas más estrechas del edificio (solo dos ventanas). Es también por esta razón que los salones más bonitos dan al otro lado, a la Via della Reginella.

UN PALACIO DE UNA RIQUEZA INSOSPECHADA

El palacio Costaguti, al que se accede por una magnífica escalera helicoidal que conduce a la planta noble, decorada por los mejores artistas de la época, es uno de los más ricos de Roma. Los hermanos Taddeo y Federico Zuccari, el Caballero de Arpino, Domenichino, Guercino, Gaspard Dughet, entre otros, participaron en la decoración del palacio. Es una propiedad privada; pertenece a don Diego Afan de Rivera Costaguti, quien ocupa una parte. El resto está alquilado. Está cerrado a las visitas, solo se puede admirar desde fuera, salvo si se mira por algunas de sus pocas aberturas parciales.

UNA PLACA DE MÁRMOL PARA DETERMINAR ㉗ EL TAMAÑO DE LOS PESCADOS

Iglesia de Sant'Angelo in Pescheria (pórtico de Octavia)

Un curioso privilegio

Desde la Edad Media hasta principios del siglo XIX, el pórtico de Octavia y sus alrededores albergaban el gran mercado del pescado de Roma. El pilar de la derecha del arco guarda aún un testimonio singular. Una inscripción grabada en mármol recuerda el tamaño máximo de los pescados a la venta y establece un curioso privilegio: enuncia el derecho de los administradores civiles de la ciudad (los "conservadores") a quedarse con la cabeza (hasta las primeras aletas) de todo pescado que supere cierta medida. Añade que no se puede alegar ni buena fe ni ignorancia en la aplicación de esta regla. En otros términos, es válida para todos. La medida en cuestión está indicada bajo la placa. Los administradores se aseguraban así la cabeza de los pescados que medían más de 13 centímetros. Este privilegio tuvo larga vida puesto que no fue abolido hasta 1799.

VESTIGIOS DEL ANTIGUO MERCADO DEL PESCADO

El barrio conserva numerosas huellas de este pasado, al fin y al cabo no tan lejano. Primero su nombre: Sant'Angelo in Pescheria o incluso Sant'Angelo dei Pescivendoli (vendedores de pescado). Iglesia, capillas y oratorio cerca del arco romano retoman este tema. Los textos más antiguos hablan del barrio in *foro piscium*. Su emblema es un ángel que sostiene una balanza en una mano y una espada en la otra. Más que justicia, podría tratarse, de un modo más prosaico, del pesaje y del despiece del pescado. En el número 25 de la calle Sant'Angelo in Pescheria, una placa recuerda que justo ahí había un puesto.

EL MONASTERIO DE SANTA FRANCISCA ROMANA DE LA TOR DE SPECCHI

Via del Teatro di Marcello, 32
• Tel.: 06 6793565
• Abierto únicamente el 9 de marzo de 8.00 a 11.45h y de 15.00 a 17.00h
• Entrada gratuita

> *Un convento abierto una vez al año*

Ubicada a los pies del Capitolio, la antigua residencia que Santa Francisca Romana eligió para establecer su congregación, sigue albergando un monasterio que esconde numerosos tesoros apenas conocidos por el público. Se puede visitar este monasterio una vez al año, lo que permite descubrir su maravilloso claustro y sus frescos antiguos.

Se accede a una sala, que antaño servía de establo, a través de un pórtico en piedra, sobre el cual se puede admirar un fresco del siglo XVII. Tomando la Scala Santa (la escalera santa) llegamos a un pequeño oratorio del siglo XV, cuyas paredes están decoradas con una sorprendente serie de frescos realizados en 1468 y atribuidos a Venoso Gozzoli (hay también quien insinúa que son obra de Antoniazzo Romano o de un discípulo de Piero della Francesca). De todas las escenas que ilustran la vida de Santa Francisca, fíjese en el bello panel donde la Virgen figura entre Santa Francisca, el ángel y San Benito, así como en la extraña representación del infierno dibujado dentro de un nicho.

A continuación, se visita una gran sala -que debió de servir de refectorio- donde otra serie de frescos monocromáticos recubre una pared entera y una pequeña sala de la torre medieval degli Specchi, donde Francisca se recluía para rezar y meditar y en la cual hoy se conservan, en un relicario, sus hábitos y sus reliquias.

Por otra entrada, situada en la Via del Teatro di Marcello, se accede a la parte del monasterio que data del siglo XVII. Tras atravesar las dos primeras salas pintadas al fresco, que otrora sirvieron de «locutorio», entramos en un magnífico claustro, inimaginable desde el exterior y que es seguramente obra del arquitecto Maderno. Adornado con arcadas a los tres lados, tiene un pozo octogonal en travertino, unos hermosos limoneros en jardineras, piedras sepulcrales y piezas arqueológicas encastradas en los muros que evocan el monasterio y a la santa. Habida cuenta del número creciente de religiosas, los edificios situados alrededor del claustro fueron construidos en los primeros años del siglo XVII con el fin de aumentar el número de celdas.

Después del claustro, siempre en la planta baja, se puede visitar una sala y una capilla, y finalmente, subiendo por la escalera, descubrimos otra sala pintada al fresco así como el coro de la SS. Annunziata.

LAS JAULAS DE LA LOBA Y DEL ÁGUILA

Via del Teatro Marcello
• Autobús: 63, 81, 83, 170, 715, 716

Animales enjaulados

Desde siempre, la loba y el águila han sido los dos símbolos de Roma. La primera se refiere al mito de la fundación de la ciudad, como madre putativa de los gemelos Rómulo y Remo, mientras que el águila imperial, atributo sagrado de Júpiter, era el emblema del Imperio romano. Era representada con las alas desplegadas sobre los estandartes llevados en la guerra y durante las campañas de conquista.

El 28 de agosto de 1872, el consejo municipal que llevaba a cabo una operación de un fuerte valor simbólico destinada a reafirmar la grandeza, la supremacía y la tradición milenaria de Roma, decidió meter en el jardín del Capitolio, en una jaula especial, una loba viva como emblema de la ciudad.

Poco tiempo después trajeron al águila que colocaron primero a la izquierda de la escalera, donde hoy se alza el monumento a Cola di Renzo. Luego la llevaron a la roca que da a la Via del Teatro de Marcelo, donde también estaba la loba.

Hoy se pueden ver aún las dos jaulas oxidadas. Acogieron muchos ejemplares de ambos animales, no sin polémica, hasta los años 1970. Cuando la enésima loba murió el 28 de junio de 1954, las protestas de algunos defensores de los animales se dejaron oír por primera vez en 80 años, con el fin de evitar que reintrodujeran un nuevo ejemplar. A pesar de las violentas polémicas y de los artículos incendiarios de los periódicos, defendiendo tanto una visión como la otra, el 15 de noviembre enjaularon de nuevo a un joven macho procedente de un zoo de la ciudad. Aunque los animales estaban cuidados desde la posguerra por un guarda llamado Luparo, que se encargaba de alimentarlos y de limpiar sus jaulas, las polémicas no cesaron.

En agosto de 1970, la tradición desapareció definitivamente: por decisión del alcalde Clelio Darida, trasladaron el lobo al zoo, oficialmente solo durante el tiempo necesario para ejecutar unas obras de readecuación de la jaula y ofrecer "una visión más cómoda del animal". Pero el lobo no volvió nunca más.

El águila, que aparentemente llamaba mucho menos la atención de los defensores de los animales, murió en 1973 y nunca fue sustituida.

El recuerdo de la presencia del lobo, que daba vueltas en círculo sin parar dentro de su jaula, sigue vivo en una expresión idiomática típicamente romana "Me pari 'a lupa der Campidojo" ('Te pareces a la loba del Capitolio'), que se usa para reprender a una persona agitada e impaciente, incapaz de quedarse quieta.

EL AGUJERO DE LA FACHADA DE LA BASÍLICA DE SANTA MARIA IN ARACOELI

Iglesia de Santa Maria dell'Aracoeli

> *Un vestigio del primer reloj público*

Cuando en el siglo XV las grandes ciudades europeas ya conocían los relojes públicos desde largo tiempo (la torre del Reloj en París albergó el primer reloj público de París en 1370), en Roma, curiosamente, no había aún: hubo que esperar a 1412.

Fabricado por el maestro relojero Ludovico de Florencia, quien terminó el mecanismo, y por el maestro Pietro de Milán que la dotó de una campana *pro horis pulsandis*, el primer reloj público de Roma ocupó su lugar en la fachada de la basílica de Santa Maria in Aracoeli y empezó a funcionar el 27 de diciembre.

Con motivo de tan importante acontecimiento se estableció un servicio, los *moderatores horologii*, cuyos primeros miembros se eligieron de entre la nobleza, quienes se encargaban en particular del funcionamiento y mantenimiento del reloj.

En 1806, trasladaron el reloj a la torre del palacio de los Senadores, en la plaza del Capitolio. El agujero en la fachada de la iglesia es pues el último y sorprendente vestigio de la antigua ubicación de este reloj.

Además del reloj, la fachada de la basílica de Santa Maria in Aracoeli también estaba recubierta de mosaicos y de frescos lamentablemente desaparecidos. Las tres puertas están rematadas por tres rosetones. El del centro, que reproduce la cruz de Jerusalén, se retiró (y se perdió) por orden del papa Urbano VIII para sustituirla por una ventana con vidrios coloreados decorada, evidentemente, con las famosas abejas, símbolo de la familia Barberini a la que pertenecía el papa.

LOS TESOROS ESCONDIDOS DE LOS BANCOS ROMANOS

UniCredit Banca di Roma • Via del Corso 374
Banca Finnat Euramerica, ABI (Associazione Bancaria Italiana) y Banco Popolare: Palazzo Altieri • Piazza del Gesù
BNL • Via Veneto 111 y 119
Banco di Sicilia. Palazzo Mancini • Via del Corso 270-272
Banca Antonveneta. Palazzo Rondinini • Via del Corso 518
Mediocredito Centrale. Villino Casati • Via Piemonte 51
• Horario: el primer sábado de octubre
• Entrada gratuita

Muchos italianos (y sobre todo los turistas) ignoran que, desde hace algunos años, se puede visitar, en varias ciudades de Italia, una serie de palacios, hoy ocupados por bancos. Sin embargo, estos palacios solo abren al público una vez al año, con ocasión del *Invito a Palazzo* (Invitación a palacio), un evento que organiza la ABI (Asociación Bancaria Italiana). Los bancos que participan en esta iniciativa forman parte de un circuito de visitas guiadas que permiten a los amantes de tesoros artísticos escondidos acceder gratuitamente a las espléndidas salas de los palacios históricos, a las villas y a los jardines cuyo acceso está, normalmente, prohibido al público. La sede de Unicredito Banca di Roma (Via del Corso) tiene una curiosa escalera helicoidal de planta oval que erigió el famoso Alessandro Specchi -arquitecto del palacio y heredero espiritual de Borromini- en 1713 para el marqués De Carolis. En cuanto a los frescos y cuadros que decoran el primer piso, son obra de artistas como Giuseppe Bartolomeo Chiari, Sebastiano Conca o Andrea Procaccini. En la Piazza del Gesù, el palacio Altieri -obra del famoso arquitecto Giovanni Antonio De Rossi-, esconde también numerosas obras maestras: el techo de la sede de la Banca Finnat Euramerica está adornado con un magnífico fresco de Canuti, *La Apoteosis de Rómulo*; la sede de la ABI, muestra un fresco de Maratta, *La Alegoría de la Clemencia*; mientras que la sala de representación del Banco Popolare, en el segundo piso, está decorada con esculturas, tapicerías, muebles de gran valor y una importante colección de pinturas sacras, de paisajes y de escenas de género.

En la Via Veneto, el edificio de la Dirección General de la BNL, realizado en los años 30 por el arquitecto Piacentini, incluye en sus salas estatuas antiguas y una colección de cuadros que abarca desde obras maestras de Lotto y Canaletto hasta lienzos más modernos de Corot o Morandi. No se olvide de visitar también los otros bancos, como la capilla del Monte de Piedad (véase pág. 109), la sede del Banco di Sicilia en el palacio Mancini, la de la Banca Antonveneta en el palacio Rondinini y la del Mediocredito Centrale en el pabellón Casati, residencia de la muy mundana marquesa Casati Stampa, famosa por la relación sentimental e intelectual que mantuvo con el escritor Gabriele D'Annunzio.

VATICANO
& ALREDEDORES

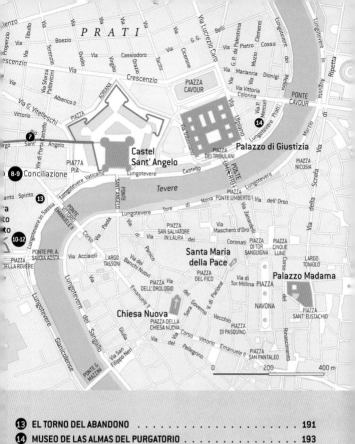

LA RED FERROVIARA DEL PAPA ❶

Via della Stazione Vaticana
• Acceso libre

> *La red
> ferroviaria
> internacional más
> pequeña del mundo*

1 270 metros: es lo que mide de largo la red ferroviaria del Vaticano que se construyó, según los Pactos de Letrán del 11 de febrero de 1929, para conectar la Santa Sede con la red ferroviaria italiana desde la estación vecina de Roma San Pietro.

Las obras, terminadas en 1932, incluían la construcción del viaducto llamado Del Gelsomino (del jazmín), de 143 metros de largo, hecho de piedra y recubierto de travertino y de ladrillos. El ferrocarril pasa por debajo de una gran arcada rematada con el escudo de armas del papa Pío XI, cruza las murallas del Vaticano (la muralla leonina) para adentrarse en el territorio del Estado de la Ciudad del Vaticano. Un majestuoso portón de dos hojas correderas –que pesa más de 35 toneladas– cierra este paso. Solo abre en ocasiones especiales para que entre un tren. Más allá de la puerta, a unas decenas de metros, se alza el edificio de la estación vaticana, inaugurada en 1933 y que hoy acoge un centro comercial.

El recorrido del ferrocarril sigue un centenar de metros y termina

en un túnel sin salida de 80 metros de largo, con dos vías paralelas que se usan para las maniobras.

Cuando se realizaron las obras para el jubileo del año 2000 en la estación de Roma San Pietro, una de las dos vías a lo largo del viaducto fue suprimida y sustituida por un agradable paseo peatonal: desde ahí se puede admirar el portón y disfrutar además de unas vistas insólitas de Er Cuppolone, la inmensa cúpula de San Pedro.

SANCTVS
LONGINVS
MARTYR

LA LANZA DE LONGINOS EN SAN PEDRO DE ROMA

Basílica de San Pedro de Roma
• Horario: de abril a octubre, todos los días de 7.00 a 19.00h. El resto del año de 7.00 a 18.00h

Una misteriosa lanza muy controvertida

Al lado de la estatua de Verónica (véase pág. 137), delante del baldaquín de Bernini, a la izquierda viniendo desde la entrada de la iglesia, una estatua, también de Bernini, representa a san Longinos atravesando con su lanza el costado de Cristo en la cruz. Si bien el tesoro de la iglesia posee un fragmento de esta lanza, el lugar donde se conserva la parte principal, según parece, es un secreto celosamente guardado.

LA LANZA QUE ATRAVESÓ EL COSTADO DE CRISTO EN LA CRUZ: UNA RELIQUIA MUY CONTROVERTIDA

Según el Evangelio de san Juan, estando Jesús en la cruz, un soldado le atravesó el costado con una lanza para cerciorarse de que estaba muerto. Al instante brotó sangre, símbolo de su sacrificio, y agua, símbolo de su fecundidad. Para algunos esta escena simboliza el nacimiento de la Iglesia del costado de Cristo, como Eva, que nació de una costilla de Adán.

El evangelio apócrifo de Nicodemo añade un detalle: el nombre del soldado habría sido Longinos, tal y como aparece en una miniatura de la biblioteca Laurenciana de Florencia, aunque algunos piensan que el nombre griego (ΑΟΓΙΝΟС) provenía únicamente de la palabra «lanza». Según la tradición, Longinos, casi ciego, habría recibido asimismo una gota de sangre y de agua de Cristo y se habría curado inmediatamente.

La recuperación de esta lanza, de la que no hablan los demás evangelios, ha sido objeto de intensas luchas para convertirla en una reliquia importante. Aparentemente, fue trasladada a Constantinopla en 615 para escapar del saqueo de Jerusalén por parte de los persas, donde habría permanecido hasta el año 1244, fecha en la que san Luis se la compró al rey Balduino II, al mismo tiempo que la corona de espigas, que se conserva aún en París, en la catedral de Notre Dame de París (consultar la guía de la misma editorial, *París desconocida*). A continuación, y durante la Revolución Francesa, la lanza fue trasladada a la Biblioteca Nacional de París, de donde desapareció. Cabe señalar que, paralelamente, fueron apareciendo varias copias: una habría sido vista en Jerusalén, otra en Constantinopla y otras en Cracovia, Viena, Budapest y en Etchmiadzin (Armenia). La lanza de Armenia habría sido recuperada durante la primera cruzada: en 1098, un denominado Pedro Bartolomé tuvo una visión en la que san Andrés le decía que la lanza se encontraba en la iglesia de San Pedro en Antioquia. Tras descubrirla en ese mismo lugar, tal y como se indicó, los cruzados capturaron Antioquia y se llevaron la lanza a Armenia.

EL VELO DE VERÓNICA EN SAN PEDRO DE ROMA

Basílica de San Pedro de Roma
• Horario: todos los días de 7.00 a 19.00h de abril a octubre y de 7.00 a 18.00h el resto del año

Una ínfima parte de los visitantes de la basílica de San Pedro observa con detenimiento las estatuas que rodean el baldaquín de Bernini. Detrás de este, a la izquierda viniendo desde la entrada de la iglesia, está la estatua de Verónica, cuya

¿Un rival desconocido del Santo Sudario de Turín?

extraordinaria historia es totalmente desconocida. Encima de la estatua, se conservaría el velo original de Verónica (ver el recuadro de abajo).

LA EXTRAORDINARIA EPOPEYA DEL VELO DE VERÓNICA

En numerosas iglesias existen representaciones -a menudo muy discretas para quien no conoce la leyenda- de un velo con el rostro de Cristo impreso. El origen de esta imagen se encuentra en los Evangelios según san Marcos (5, 25-34), san Mateo (9, 20-22) y san Lucas (8, 43-48) que nos relatan la historia de una hemorroísa (mujer que padece flujo de sangre) que fue curada por Jesús. En torno al año 400, el arzobispo de Lidia la llamó Berenike, poco antes de que el evangelio apócrifo de Nicodemo le diera, finalmente, el nombre de Verónica. Si bien Verónica parece provenir de «vero» e «icona», que significa «icono verdadero», el personaje de Verónica se fue inventando progresivamente hasta que, poco a poco, quedó distanciado del personaje de la hemorroísa. En el siglo VII, otro texto apócrifo, Muerte de Pilatos, habla de Verónica como de una confidente de Jesús, el cual le habría entregado el velo con su rostro impreso.

Hacia 1160, Petrus Mallius, canónigo de San Pedro de Roma, formuló la hipótesis de que esta leyenda había nacido cuando, de camino a Gólgota, una mujer se habría quitado el velo para secarle el rostro a Cristo, quedando la imagen de este impresa de forma milagrosa. Esta hipótesis se fue afianzando hasta que, con el tiempo, terminó imponiéndose como la verdadera historia de esta extraña y misteriosa imagen acheiropoieta (véase pág. 141). Según esta leyenda, el velo de Verónica habría sido ubicado en San Pedro de Roma en 1287, aunque el papa Clemente III (1191-1198) ya hablaba de un sudario que podría ser el de Verónica. El velo habría sido vendido, en 1527, durante el saqueo de Roma pero, como frecuentemente ocurre con las reliquias, reapareció rápidamente y, en el siglo XVIII, se localiza en la zona de las reliquias, a pesar de que algunos pretendieron que el rostro impreso sobre el velo era el de un campesino llamado Manopello. Otras iglesias de Milán o Jaén (España) pretenden asimismo tener el verdadero velo de Verónica.

LA INCREÍBLE EPOPEYA DEL CULTO A LAS RELIQUIAS CRISTIANAS

Aunque en la actualidad han caído un poco en desuso y su culto ha disminuido considerablemente, las reliquias de los santos fueron, a partir de la Edad Media, objeto de una extraordinaria epopeya. Su presencia en numerosas iglesias de Europa, recuerda estos acontecimientos poco corrientes.

El origen del culto a las reliquias se remonta al principio del cristianismo con la muerte de los primeros mártires y de los primeros santos. Su función era triple: eran un testimonio concreto del ejemplo de una vida recta y virtuosa a imitar o seguir, poseían un poder espiritual y energético capaz de provocar milagros (se creía que el poder de los santos milagrosos se mantenía a través de sus reliquias), y, con el transcurso del tiempo y la creación del dudoso fenómeno de las indulgencias, procuraban indulgencias a quien las poseía (véase pág. 145).

Rápidamente, debido a la demanda creciente de reliquias, intermediarios poco escrupulosos se pusieron a inventar reliquias, ayudados por la Iglesia que, por razones políticas, canonizó a numerosas personas que no lo merecían (véase a continuación). Esto creó situaciones absurdas: si consideramos que todas las reliquias son verdaderas, María Magdalena tendría seis cuerpos y San Biagio (san Blas) unos cien brazos.

Estos excesos produjeron evidentemente una desconfianza hacia

las reliquias y, poco a poco, su culto cayó en el olvido aunque se siga practicando en la actualidad: aún hoy, muchos son los que creen que la verdadera reliquia de un santo tiene poderes energéticos y espirituales. ¿Qué podemos decir del peregrinaje que sigue los pasos del Padre Pío en Italia? Existen unas 50 000 reliquias diseminadas por toda Europa que provienen de unos 5 000 santos. Observarán que la mayoría de las demás religiones del planeta veneran o han venerado reliquias.

¡21 441 RELIQUIAS POR 39 924 120 AÑOS DE INDULGENCIAS!

El mayor coleccionista de reliquias fue Federico III de Sajonia (1463-1525) quien se procuró un total de 21 441 reliquias. Con esta colección, única en el mundo, Federico III calculó que se había merecido un total de ¡39 924 120 años y 220 días de indulgencias! Sin embargo, influenciado por Lutero, abandonó el culto a las reliquias en 1523.

CUANDO LOS SANTOS NO SON TAN SANTOS O CUANDO LA IGLESIA RETIRA DEL CALENDARIO A SAN JORGE, A SAN CRISTÓBAL O A SANTA FILOMENA...

Con la Edad Media, la caza de reliquias se acentuó y con ella la invención de reliquias. Pero lo que resultó aún más increíble es que además de inventarse reliquias, se inventaron descaradamente santos.

Recientemente -hecho que ha pasado desapercibido- la Iglesia ha retirado del calendario a san Jorge, a san Cristóbal y a santa Filomena, cuya existencia era incluso muy dudosa.

Con objeto de aumentar el número potencial de posibles reliquias, también se canonizó de forma absolutamente abusiva a ciertos personajes para que se siguiera abasteciendo el mercado de reliquias de santos.

Por razones diplomáticas, relacionadas con el periodo de la reforma del siglo XVI, numerosas canonizaciones se hicieron en base a criterios políticos en vez de criterios religiosos o morales: en un extraordinario arranque de «Realpolitik», la inmensa mayoría de los soberanos de la época fueron así santificados con objeto de garantizar su fidelidad a la Iglesia católica, que sufría los asaltos de los protestantes. San Estanislao de Polonia, san Casimiro de Lituania, santa Brígida de Suecia, saint Estéfano de Hungría, santa Margarita de Escocia, santa Isabel de Portugal, san Venceslao de Bohemia... la lista es larga.

¡LAS RELIQUIAS DE LAS PLUMAS DEL ARCÁNGEL SAN MIGUEL, EL SOPLO DE JESÚS O LA ESTELA DE LA ESTRELLA QUE GUIÓ A LOS REYES MAGOS!

Sin renunciar a nada para enriquecerse a costa de los creyentes más ingenuos, los mercaderes de reliquias demostraron tener una capacidad de imaginación sin límite cuando iban en busca de reliquias y consiguieron inventarse algunas reliquias sencillamente fascinantes: mencionemos en particular los cuernos de Moisés o las plumas del arcángel san Miguel (tenemos constancia de su venta en el monte Saint Michel en 1784). Las reliquias más preciadas eran, obviamente, las de Cristo. Desafortunadamente para los cazadores de reliquias, Cristo había subido al cielo en la Ascensión por lo que su cuerpo ya no estaba, por definición, en la tierra. Dieron pruebas de imaginación inventando la reliquia, absolutamente extraordinaria, del soplo de Jesús que, al parecer, se conserva en la catedral de Wittenberg, Alemania, en un relicario de cristal; la reliquia del prepucio de Cristo que recuperaron, después de su circuncisión, 7 días después de su nacimiento o la de su ombligo que se conservarían en el Sancta Sanctorum de San Juan de Letrán en Roma, o el pan de la última cena, cuya reliquia estaría en Gaming, Austria. Algunos textos medievales, hoy desaparecidos, mencionaron incluso la reliquia de las estelas de la estrella que guió a los Reyes Magos, que se conservaría en San Juan de Letrán en Roma.

LAS OBRAS DE ARTE ACHEIROPOIETOS

En la religión cristiana se designa con el término acheiropoietos a las obras de arte «no hechas por la mano del hombre». Dichas obras son relativamente escasas; sin embargo existen algunas, varias de las cuales se encuentran en el famoso y misterioso monte Athos en Grecia.

Esta monarquía teocrática, aislada en una península al noreste de Grecia y cuyo acceso está prohibido para las mujeres desde el siglo IX, esconde dos iconos acheiropoietos. Uno está en el monasterio de la Gran Laura y el otro en el monasterio de Iviron. En Francia, la iglesia de Nuestra Señora de los Milagros en Saint-Maur, cerca de París, también posee uno (consultar la guía *Las afueras de París, insólitas y secretas*, de la misma editorial).

De la misma manera, la Santa Faz de la iglesia de San Bartolomé de Génova, habría sido pintada por Cristo él mismo (véase foto adyacente).

La pintura de Cristo que se conserva en el *Santa Sanctorum* de San Juan de Letrán en Roma habría sido pintada por el propio san Lucas y terminada por unos ángeles. Según la tradición, el velo de Verónica guardado en San Pedro de Roma, está considerado, por algunos, como un acheiropoieto.

El famoso Volto Santo de Lucca en la Toscana, habría sido esculpido por Nicodemo, que asistió a la crucifixión de Cristo junto a José de Arimatea, siendo concluida por los ángeles (véase también *Toscana, insólita y secreta*, de la misma editorial).

Existen, en Venecia, dos esculturas de carácter acheiropoieto: una en la iglesia de Santa Geremia e Lucia y, otra, en la iglesia de San Marziale, las dos en el barrio de Cannaregio.

También existiría en el pueblo de Manopello, en la región de los Abruzos, Italia, un *Volto Santo*.

LAS INDULGENCIAS. «TAN PRONTO COMO LA MONEDA EN EL COFRE RESUENA, EL ALMA AL CIELO BRINCA SIN PENA. »

En la doctrina católica, el sacramento de la confesión borra el pecado. Pero este sacramento no expía la pena del purgatorio, del cual se espera salir lo antes posible. La indulgencia puede acortar, incluso anular, el tiempo de estancia en el purgatorio. La indulgencia es parcial o plenaria según libere, en parte o totalmente, de la pena temporal debida por el pecado. La indulgencia se consigue mediante obras de piedad (peregrinaciones, oraciones, mortificaciones) realizadas en este sentido con espíritu de arrepentimiento. Tradicionalmente, las indulgencias parciales se calculaban en días, meses o años. Contrariamente a lo que podríamos creer, las indulgencias no significaban directamente una reducción de tiempo en el purgatorio sino que indicaban la disminución de la pena del purgatorio cuando se practicaba la correspondiente penitencia. Su práctica, heredada del derecho canónico, remonta al siglo III, época en la que era importante integrar en el seno de la Iglesia a los cristianos que habían renegado de su religión durante las persecuciones. La simonía es una desviación de la indulgencia: los fieles negocian con el cura un acto de caridad que, la mayoría de las veces, consistía en una donación de dinero contante y sonante. Un famoso ejemplo data de 1515: ese año, el dominico Johann Tetzel se encargó de vender indulgencias en nombre del arzobispo de Maguncia, Alberto de Brandeburgo, quien retenía el 50% de los importes para pagar sus gastos de manutención. Para colmo del cinismo, la divisa que el monje perceptor pronunciaba, a golpe de tambor, para atraer a las masas, era: «Tan pronto como la moneda en el cofre resuena, el alma al cielo brinca sin pena.» Es en este clima de escándalo cuando Lutero interviene el 31 de octubre de 1517, víspera de todos los santos, publicando 95 tesis que denunciaban la práctica de las indulgencias. La querella de las indulgencias será una de las causas del cisma entre protestantes y católicos.

En 1967, Pablo VI suprimió toda referencia al número de días o años determinados, pero la indulgencia, en sí misma, a pesar de ser menos común que antes, sigue existiendo como práctica: durante el jubileo del año 2000, el papa Juan Pablo II concedió indulgencias. Los protestantes se opusieron en vano. 500 años después, la historia continúa...

La **simonía** es, para los cristianos, la compra y venta de bienes espirituales. Su nombre se debe a Simón el Mago, un personaje que quiso comprarle a san Pedro su poder para realizar milagros (Hechos, VIII.9-21) lo que le valió la condena del apóstol: «¡Tu dinero perezca contigo, porque has pensado que el don de Dios se obtiene con dinero!».

LAS ALMAS DEL PURGATORIO

Si es posible acortar la estancia de uno en el purgatorio (ver más arriba), es igualmente posible reducir la estancia en el purgatorio de las almas que ya están allí: es lo que llamamos la Comunión de los Santos. Cuando un cristiano vivo reza por un alma ya presente en el purgatorio, esta ve disminuir su estancia. Paralelamente, el alma del purgatorio interviene igualmente a su favor.

LOS SÍMBOLOS DE LA MATERNIDAD EN EL ALTAR DE LA BASÍLICA DE SAN PEDRO

Columnas salomónicas del baldaquino
Basílica de San Pedro
• Horario: del 1 de octubre al 31 de marzo de 7.00 a 18.30h y del 1 de abril al 30 de septiembre de 7.00 a 19.00h

> *Un recuerdo del difícil parto de una sobrina del papa Urbano VIII*

El embellecimiento por orden de los papas de la basílica de San Pedro, aunque siempre tuviese como objetivo afirmar la grandeza de la Iglesia, encontraba a veces su razón de ser en motivos más personales. Hoy en día resulta difícil imaginar que este majestuoso baldaquino situado sobre el altar mayor de la basílica se debe a un deseo, particular, del papa Urbano VIII Barberini.

Una sobrina predilecta del papa, probablemente Anna Colonna, esposa de su sobrino, vivía un embarazo tan riesgoso que se temía tanto por su vida como por la del niño. Urbano VIII prometió entonces erigir un majestuoso altar a san Pedro si el parto salía bien. Cosa que sucedió.

El papa encargó pues el proyecto al mejor escultor de su época, Bernini. Este decidió plasmar de un modo u otro los hechos que llevaron al papa a donar esta monumental obra a la iglesia. Lo hizo en 3 de sus 4 bases de mármol que sostienen las columnas salomónicas del baldaquino. El escudo de armas del donante, las tres abejas de la familia Barberini, está grabado en ellas de manera que representan las distintas fases del embarazo.

El cuerpo del primer escudo, que rodea las abejas, es normal, incluso un poco estrecho y recuerda el vientre materno. Rematada con la cabeza sonriente de una mujer, la parte inferior, estilizada, representa los órganos de reproducción femeninos.

El escudo, en la segunda base, no duda, sin embargo, en resaltar los cambios que el embarazo provoca en la joven. Su rostro se deforma por el dolor, el cuerpo (del escudo, pero por extensión de la mujer) y los órganos son más gordos.

Por último, el tercer escudo recupera la cintura estrecha y aparece el rostro de un bebé sonriendo. Las esculturas alusivas de Bernini son evidentemente discretas sin embargo reproducen fielmente esta historia.

SIMBOLISMO DE LA FUENTE DE LAS TRES TIARAS

❺

Largo del Colonnato

> *Una triple tiara para un triple símbolo*

Diseñada por el arquitecto romano Pietro Lombardi en 1927, la fuente de las Tres Tiaras se alza sobre una base circular ligeramente realzada que descansa sobre un trébol en medio del cual se eleva un grueso pilar con tres pilas del que mana agua. El conjunto está coronado con tres tiaras papales dispuestas en triángulo. Debajo de cada una hay un par de llaves pontificias.

Las tres tiaras que aparecen en esta fuente son el equivalente de la triple tiara o *triregnum*, la corona papal en forma de colmena que los papas reciben en la ceremonia de coronación que marca el principio de su pontificado. Los papas pueden llevar la tiara de sus predecesores o bien mandar hacer unas nuevas. Es un adorno no litúrgico (el papa, como los obispos, lleva una mitra pontificia en sus funciones litúrgicas, vinculadas al culto) que solo se usa durante las procesiones papales y los actos solemnes de jurisdicción.

Las primeras menciones del uso del *triregnum* se remontan al siglo VIII, aunque sus adornos y su forma fueron evolucionando hasta mediados del siglo XIV. El último papa en llevar el *triregnum* fue Pablo VI, en 1963. Desde entonces y hasta hoy, los papas rara vez lo llevan, pero se ha mantenido, con las llaves atadas con un cordón, como un emblema destacado del papado.

Antes del siglo VIII, los orígenes de la tiara pontificia vendrían del papa Silvestre I (314-335) que habría recibido la tiara del emperador Constantino en señal de libertad y de paz en la Iglesia, el principio de la *pax romana*. Según otra fuente, fue Clodoveo I quien ofreció la tiara papal al papa Símaco, en la iglesia de san Martín de Tours, en Francia, en el siglo V.

De las tres coronas de la triple tiara, la que está situada más abajo aparecía en la base del sombrero blanco tradicional de los papas en el siglo IX, cuando asumieron efectivamente el poder temporal de los Estados pontificios. La corona de base estaba decorada con pedrería para parecerse a las coronas de los reyes y príncipes. Se menciona por primera vez el término 'tiara' en 1118, en la biografía del papa Pascual II, el *Liber Pontificalis*.

Se añadió una segunda corona a la primera en 1128, bajo el pontificado de Bonifacio VIII, en la época del conflicto con el rey de Francia, Felipe IV el Hermoso, con el fin de mostrar la superioridad de su autoridad espiritual sobre el poder real y la tiara tomó el nombre de *biregnum*.

La tercera corona, añadida luego y con la que la tiara tomó el nombre de *triregnum*, apareció por primera vez bajo el pontificado de Juan XXII (1316-1334). Se han otorgado los siguientes atributos papales a las tres coronas de la tiara: pastor universal (corona superior), supremacía de la autoridad espiritual (corona del medio) y dominación del poder temporal (corona inferior) pero también emperador de los cuerpos, las almas y los espíritus que tienen una soberanía absoluta sobre el infierno, la tierra y el cielo, atributos que derivan de la triple dimensión de Cristo: sacerdote, profeta y rey.

El cordón pontificio une estos tres mundos entre ellos, cuyas llaves permiten la entrada.

¿POR QUÉ LAS LLAVES SON UN SÍMBOLO PAPAL?

Fue el propio Jesucristo quien otorgó a san Pedro, el primer papa, la autoridad de jefe supremo de la Iglesia en el Evangelio de san Mateo (capítulo 16, versículo 19): "Y a ti te daré las llaves del Reino de los cielos".

Las llaves son dos, una de oro (celestial) y la otra de plata (terrenal), y simbolizan la capacidad de abrir y cerrar las puertas del Paraíso.

LA MERIDIANA DE LA PLAZA DE SAN PEDRO ❻

Piazza San Pietro

> *Un gigantesco cuadrante solar olvidado*

Desde 1817, el famoso obelisco de la plaza de San Pedro -un monolito de granito rojo de más de 25 metros de altura que alcanza los 40 metros de altura si incluimos la peana y la cruz- sirve de gnomon a una de las meridianas más grandes del mundo (consultar también la meridiana de la plaza de la Concordia en la guía de la misma editorial, *París desconocida*). En efecto, sobre el empedrado de la plaza, una línea de granito une, en línea recta, un punto situado a la derecha de la base del obelisco con otro punto situado más allá de la fuente de Maderno. En los extremos de esta línea, dos discos en mármol indican los puntos, donde al mediodía, se proyecta la sombra de la cruz durante los dos días del solsticio de verano (en el signo de Cáncer) y de invierno (en el signo de Capricornio). Además, otros cinco discos indican el paso del sol por los demás signos del zodiaco agrupados por parejas: Leo-Géminis, Virgo-Tauro, Libra-Aries, Escorpio-Piscis y Sagitario-Acuario. El obelisco fue erigido en Heliópolis durante el reinado de la XII dinastía (siglos XX-XVIII a. de Cristo). En el año 37 d. C., Calígula lo trajo a Roma para decorar su circo privado situado sobre la colina del Vaticano, antes de que se convirtiera en el circo de Nerón. Varios Papas lo transformaron y embellecieron a su gusto. Por ejemplo, Sixto V decidió adornar la peana con cuatro leones en clara referencia al blasón de su familia, los Peretti, y ofreció a la municipalidad de Roma el globo de bronce que decoraba la punta y que, según dicen, contenía

las cenizas de César. Alejandro VII coronó el obelisco con la cresta de bronce de la familia Chigi (una estrella sobre unos pequeños montes) e Inocencio XIII añadió las águilas de bronce y los emblemas heráldicos de la familia Conti.

El obelisco de la plaza de San Pedro es el único obelisco de Roma que nunca se ha desplomado. Incluso ha permanecido en su lugar de origen, al lado de la Basílica, hasta 1586, fecha en que Sixto V le pidió a Domenico Fontana que lo trasladara al lugar que ocupa en la actualidad.

LAS ARCADAS DEL MURO DEL PASSETTO ❼

Borgo Sant'Angelo
• Autobús: 23, parada via della Traspontina

> *Los vestigios de un proyecto realmente extraordinario*

A lo largo de la calle Borgo Sant'Angelo, detrás de la iglesia de Santa Maria in Traspontina, el muro del Passetto consta de tres arcadas rematadas con el escudo de armas de papa Clemente VIII (1592-1605). Estas aberturas, que hoy comunican Borgo Sant'Angelo y Borgo Pio, parecen totalmente normales y, sin embargo, el origen de su existencia está ligada a un proyecto realmente extraordinario, cuyo promotor fue nada más y nada menos que Julio César.

La historia de Roma comienza probablemente en el siglo X a. C., gracias a un vado en el Tíber –la isla Tiberina– que permitía pasar de una orilla a otra, lo que facilitaba el comercio. Las crecidas invernales, no obstante, solían ser a menudo sinónimo de destrucción y devastación.

Julio César constató que la causa del problema residía en la excesiva

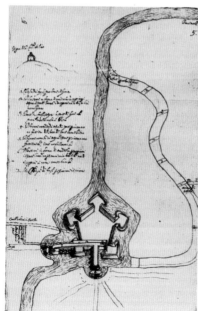

cantidad de meandros que tenía el río en su tramo urbano y que la solución residía por consiguiente en "enderezar" el curso del río. Ideó un nuevo lecho perfectamente recto que, a la altura de Monte Mario, abandonaba el antiguo río para unirse de nuevo él a la altura del Trastevere.

Si bien en la época imperial, el problema estuvo controlado gracias a una magistratura que se encargaba exclusivamente del mantenimiento del río, en la Edad Media, la consolidación de los antiguos puentes romanos supuso un obstáculo adicional a la corriente del agua hasta el 25 de diciembre de 1598, fecha en la que una crecida de proporciones inéditas provocó un auténtico desastre en la ciudad: el Tíber subió casi veinte metros.

Clemente VIII retomó el antiguo proyecto de César y en 1599 decidió cavar un lecho nuevo: el río, a la altura de Monte Mario, debía ser canalizado dentro de un "foso" hasta el hospital Santo Spirito, donde debía juntarse con el antiguo curso del río. El único obstáculo era el Passetto di Borgo, razón por la que Clemente VIII mandó abrir las tres arcadas en el muro. Aún así el proyecto quedó en papel mojado: los consejeros del papa, preocupados por la proximidad del río y por la recién construida iglesia de Santa Maria in Traspontina, propusieron meterlo en el foso del castillo Sant'Angelo, para que volviera a salir directamente al antiguo lecho. Ese proyecto tampoco vio la luz. La solución no llegó hasta después de la enésima crecida destructiva (1870), con la construcción de los muelles del Tíber y el final de un sueño.

LA SEDE DE LA ORDEN DE CABALLERÍA DEL SANTO SEPULCRO DE JERUSALÉN ❽

Palazzo della Rovere - Via della Conciliazione, 33
• Para concertar una visita guiada de la sede de representación de la Orden, llamar al 06 0877347

> **Un palacio tan hermoso que Carlos VIII prefirió alojarse en él que en el Vaticano...**

Desde 1950, el hotel Columbus ocupa un ala del Palazzo della Rovere, una magnífica residencia perteneciente a la Orden de Caballería del Santo Sepulcro de Jerusalén que oculta tesoros desconocidos. Los cinco suntuosos salones del *piano nobile* (planta noble) están ocupados por las oficinas de representación de la Orden, pero se pueden visitar, previa reserva y acompañados por un guía. Entre 1480 y 1490, el cardenal Domenico della Rovere, sobrino del papa Sixto IV, ordenó a Baccio Pontelli que construyera este prodigioso edificio sobre una estrecha carretera que iba de la basílica de San Pedro al Castel Sant'Angelo. Las decoraciones fueron realizadas por los artistas más notables de la época. Se cuenta que su belleza era tal, que Carlos VIII prefirió alojarse en el palacio que en el Vaticano. Varios cardenales lo escogieron, sucesivamente, como residencia hasta 1655, año en el que el palacio fue adquirido por la Orden de los Penitentes (religiosos encargados de confesar a los peregrinos que se dirigían a la Basílica), permaneciendo en él durante 300 años. A ambos lados del antiguo portón, destacan dos fuentecillas del siglo XVII, una adornada con un águila y la otra luciendo el dragón de la familia Borghese. Se sabe que, en otros tiempos, la fachada fue recubierta con dibujos esgrafiados, del siglo XVI, que el paso del tiempo ha borrado. El *piano nobile* se abre sobre una sucesión de cinco salones decorados por Pinturicchio y otros pintores de su misma escuela: la sala del Gran Maestro, la sala de las Estaciones o del Zodiaco, la de los Profetas y los Apóstoles y, finalmente, la sala de los Semidioses, perfectamente conservada, con un espléndido artesonado en madera decorado con figuras pintadas al temple sobre hojas de papel pegadas a los artesones. En el centro y en las cuatro esquinas del artesonado, destaca el blasón de los della Rovere: unos faisanes que picotean espigas de trigo bajo la encina. El cardenal Aldosi añadió la capilla en 1505. Está provista de una bóveda de artesones, decorados con el águila y la encina, cuyas figuras se repiten junto al siguiente lema: «Gozad, ¡oh mortales!, de los días ociosos, regocijaos con la comida y la sombra de la encina». En la segunda planta, del lado del hotel, se encuentran dos estancias cuyos techos han sido pintados al fresco por Francesco Salviati, por encargo del Cardenal Giovanni Salviati.

¿DÓNDE CENAR EN LOS ALREDEDORES?

RESTAURANTE LA V...RANDA ❾
Via Borgo di Santo Spirito • Tel.: 06 6872973
Para disfrutar del Palazzo della Rovere, sin necesidad de dormir en el hotel Columbus ni de visitarlo, es posible cenar o tomar una copa en el restaurante *La Veranda*, propiedad del hotel. Por la noche, tanto en el jardín como bajo las bóvedas pintadas al fresco del restaurante, la atmósfera es especialmente romántica.

MUSEO HISTÓRICO NACIONAL DE ARTE SANITARIO

Lungotevere in Sassia, 3
• Tel.: 06 68352353
• Horario: de septiembre a junio: lunes, miércoles y viernes de 10.00 a 12.00h

Un pequeño museo de los horrores

C oncebido después de la Primera Guerra Mundial con el fin de reunir el material médico almacenado para la Exposición Universal de 1911, este museo fue finalmente inaugurado en 1933. No existe, en Italia, otro museo tan rico en objetos relacionados con la historia sanitaria.

La visita se inicia en la planta baja, en la Sala Alessandrina, donde se exponen las mesas anatómicas pintadas a mano en los siglos XVII y XVIII.

En la Sala Flaiani podemos admirar lo que queda de uno de los museos más importantes de anatomía de Europa, el Museo di Santo Spirito, fundado en el siglo XVIII por el gran cirujano Flaiani. Gracias a técnicas de conservación muy elaboradas, numerosas preparaciones anatómicas han permanecido intactas a lo largo de los siglos: alteraciones de esqueletos, restos de anatomía patológica, fetos con malformaciones, cráneos y miembros afectados por la sífilis o cabezas momificadas. En el centro de la sala, se observa una muela de molino de madera en forma de templo que servía para triturar la quina.

En la Sala Capparoni se conserva una serie de exvotos romanos y etruscos increíblemente realistas y otros más modernos en cera. También podemos encontrar una colección de instrumentos quirúrgicos de la antigua Roma, de la Edad Media, del Renacimiento y del siglo XIX así como un frasco de aceite de escorpión contra la mordedura de animales venenosos. También hay algunas lenguas de serpientes, una corona para curar los dolores de cabeza, farmacias portátiles del Renacimiento, una colección de recipientes de vidrio y cerámica utilizados para conservar los medicamentos y un aparato de electroterapia del siglo XIX.

La Sala Carbonelli alberga objetos e instrumentos más macabros: una colección de trépanos, sierras para amputar miembros que datan del siglo XVI al XIX, espéculos anales y vaginales, microscopios y gafas de diferentes formas y épocas, dos ampollas utilizadas por Avogadro para demostrar la ley de compresión de los gases y la mano de una niña pequeña metalizada gracias a un proceso aún desconocido en la actualidad…

Esta sala alberga también dos magníficas reconstrucciones de una antigua farmacia y del laboratorio de un alquimista del siglo XVII.

Encontramos asimismo una biblioteca de nogal del siglo XVI con más de diez mil libros, estampas y revistas relacionados con la historia del arte sanitario que rebosan las estanterías.

EL COMPLEJO MONUMENTAL DE SANTO SPIRITO IN SASSIA

⓫

Via Borgo di Santo Spirito, 1-2-3
• Visitas guiadas individuales los lunes de 10.00 a 15.30h
• Para grupos, reservar un guía oficial en el 06 68352433
o en el 06 68210854

**La visita
olvidada
de un antiguo
hospital**

L a «*Schola Saxonum*» fue creada en el siglo VIII por iniciativa del rey de Sajonia con el fin de acoger a los peregrinos sajones que venían a Roma a visitar la tumba del apóstol san Pedro. A finales del siglo XII, los edificios, que habían sido saqueados e incendiados, fueron reconstruidos por orden de Inocencio III, quien mandó que fueran destinados al auxilio de los enfermos, indigentes y niños abandonados. El establecimiento tomó el nombre de Santo Spirito en Sassia y se convirtió en el hospicio más vanguardista de la época. La gran galería rectangular podía acoger hasta un millar de personas.

La visita se inicia en la Corsia Sistina, una galería que el papa Sixto IV hizo construir dos siglos más tarde sobre los restos de este hospicio. La galería, de 120 metros de largo por 13 metros de alto, está dividida en dos partes por un majestuosos *tiburium*[1] en el centro del cual se alza un magnífico altar, única obra de Palladio en Roma. Delicadamente cincelado en el mármol, el pórtico interior, atribuido a Andrea Bregno, tiene por nombre Porta del Paradiso. Al lado de esta entrada se encuentra un «torno de los expósitos» (véase pág. 129). Sixto IV mandó que pintaran al fresco, a la altura de las ventanas, las paredes de esta galería para festejar la construcción del hospicio y alabar los méritos de Inocencio III así como su propia existencia. Sixto IV también ordenó la construcción de dos edificios alrededor de unos magníficos claustros, reservados respectivamente a los religiosos y religiosas que trabajaban en la institución (por ahora solo se puede visitar el de los sacerdotes).

Hacia 1570, Monseñor Cirillo, entonces comendador de la orden, amplió el hospicio cuando mandó construir alrededor de un suntuoso patio el Palazzo del Commendatore. Una gran escalera conduce a la galería superior donde unos frescos, obra de Ercole Perillo, recubren enteramente la parte más elevada de las paredes. Desde la galería, se accede a la biblioteca Lancisiana (del siglo XVIII y actualmente en restauración) y al antiguo aposento del comendador, decorado con esculturas, tapices, muebles de época y frescos de Jacopo y Francesco Zucchi que relatan la historia del hospicio.

---

[1] N. de la T.: Elemento arquitectónico que consiste en un baldaquín que corona un altar o tabernáculo, especialmente en los primeros templos cristianos.

EL RELOJ «A LA ROMANA» DEL PALACIO DEL COMENDADOR

⑫

Via Borgo di Santo Spirito, 3

Un reloj que solo cuenta seis horas

Desde la cornisa del Palazzo del Commendatore (como se denominaba antaño al presidente de la institución caritativa de Santo Spirito), un insólito y gran reloj domina uno de los patios del antiguo conjunto de edificios de Santo Spirito. Este curioso reloj barroco se remonta a 1828 y cuenta con la peculiaridad de tener un cuadrante «a la romana», dividido en seis partes (ver más abajo). Una serpiente que se muerde la cola rodea el cuadrante y una lagartija de bronce (símbolo de muerte y renacimiento) hace las veces de aguja.

¿CUÁL ES EL ORIGEN DE LOS RELOJES «A LA ROMANA»?

La división del día en horas se remonta a la Antigüedad y la debemos, sin duda, a los caldeos. Mientras que los babilonios y los chinos medían el tiempo en horas dobles, doce berus al día para los primeros y doce schiden para los segundos, los griegos y los romanos dividían el día en dos partes iguales, de doce horas cada una. Según las estaciones, el día era más largo que la noche y viceversa, por lo que la duración de las horas variaba. En invierno la hora diurna era más corta que la hora nocturna. La rigurosa disciplina de las órdenes monásticas, en particular la de los benedictinos, trajo un cambio radical en la manera de medir el tiempo. Se empezaron a utilizar los cuadrantes solares, los cuales en vez de indicar la hora, indicaban el oficio religioso que había que realizar durante los diversos momentos del día y de la noche (maitines, vísperas, etc.). A finales del siglo XIII, aparecieron en Europa los relojes mecánicos. Fue una verdadera revolución, ya que a partir de ese momento la hora tuvo una duración fija, de tal forma que a finales del siglo XIV, la inmensa mayoría de las ciudades abandonaron la hora solar establecida por los gnomones para ajustarse a las horas que tocaban las campanas de las iglesias. El día comenzaba con el crepúsculo y estaba dividido en veinticuatro horas: los cuadrantes estaban, por consiguiente, graduados del I al XXIV. Sin embargo, se cansaron muy rápidamente de contar veinticuatro golpes de campana, sin mencionar las numerosas equivocaciones que se cometían al contar. A partir del siglo XV se modificó el sistema, de tal manera que solo se tocaban las campanas seis veces al día en vez de veinticuatro. No tardaron en utilizar esta simplificación para leer la hora y así es como aparecieron los cuadrantes numerados del I al VI, como el del castillo San Niccolò. Durante las campañas napoleónicas, la hora «itálica» fue reemplazada por la hora «francesa». De este modo, los cuadrantes fueron numerados del I al XII y el inicio del día comenzaba a medianoche.

EL TORNO DEL ABANDONO

Antiguo hospital Santo Spirito in Sassia
Via Borgo di Santo Spirito
• Visitas guiadas los lunes de 10.00 a 15.00h

Para abandonar a su hijo con toda tranquilidad

Aún hoy se puede ver, pegada al muro derecho del complejo Santo Spirito in Sassia, una pequeña casa en ruinas con una verja a través de la cual el curioso transeúnte puede distinguir el torno de los expósitos donde se depositaban anónimamente a los recién nacidos que eran abandonados (ver más abajo).

Antes de que estos tornos existieran, la oblación era la práctica más común y no era considerada como un abandono ya que los padres «ofrecían» a su hijo a un convento, el cual no solo le acogía sino que además le preparaba para la vida monástica. En 1198, el papa Inocencio III instituyó el primer torno en Italia dentro de este hospital. Si bien en la segunda mitad del siglo XIX, existían cerca de 1 200 tornos de este tipo, estos fueron abolidos en Italia a partir de 1867 hasta que terminaron por desaparecer definitivamente en 1923.

LOS TORNOS DEL ABANDONO

Dateo, cura de Milán, habría colocado desde 787 un capazo en el exterior de su iglesia con el fin de acoger a los recién nacidos abandonados. Posteriormente, a partir de 1188, las primeras iniciativas para acoger a los niños abandonados tuvieron lugar en el hospicio de Chanoines en Marsella. Sin embargo fue el papa Inocencio III (1160-1216, papa desde 1198 hasta su muerte) quien institucionalizó esta práctica. Testigo del terrible espectáculo de cadáveres de niños abandonados flotando sobre el Tíber en Roma, decidió poner en marcha un procedimiento para salvarlos. Colocados en las puertas de los conventos y diseñados para preservar el anonimato de los padres que se veían obligados a llegar a esta situación extrema, los «tornos de los inocentes» tenían una cuna giratoria accesible desde el exterior. Depositaban al niño y tocaban una campanilla para avisar a las monjas, las cuales, ya prevenidas, accionaban el torno para poner al niño a buen recaudo en el convento. Hay que tener en cuenta que el acceso al torno estaba protegido por una verja que tenía las medidas justas para que solo pudieran caber los recién nacidos más pequeños... El papa Gregorio VII y Gengis Kan forman parte de los bebés abandonados más famosos. Desde hace aproximadamente veinte años, este sistema, abandonado a partir del siglo XIX, ha tenido que volver a utilizarse más o menos por toda Europa, a causa del fuerte aumento de niños abandonados. Existen torres históricas, donde se abandonaban a los recién nacidos, en el Vaticano, en Pisa y en Florencia (consulte la guía de la misma editorial, *Toscana insólita y secreta*), en Bayona y en Barcelona (consulte la guía *Barcelona insólita y secreta* del mismo editor).

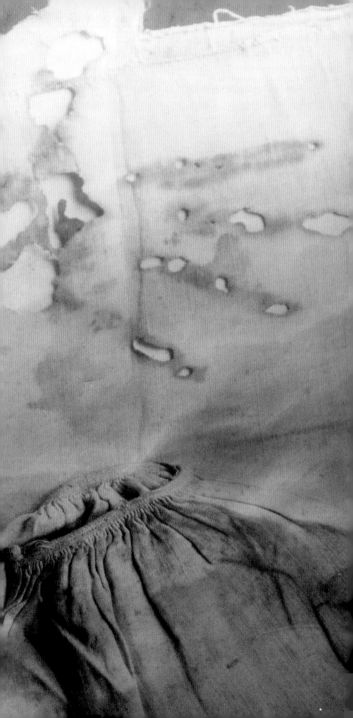

MUSEO DE LAS ALMAS DEL PURGATORIO

Lungotevere Prati, 12
• Tel.: 06 68806517
• Horario: de 7.30 a 11.00h y de 16.00 a 19.00h
• Entrada gratuita

*Huellas
del más allá*

L a iglesia del Sacro Cuore del Suffragio fue construida por deseo del padre de origen marsellés, Víctor Jouet, quien, en 1893, adquirió un gran terreno a lo largo del Lungotevere Prati. La peculiaridad de este edificio, obra de Giuseppe Gualandi, es su construcción, de estilo gótico flamante en su totalidad. Algunos incluso la denominan «el pequeño duomo de Milán». En 1897, estalló un incendio en una capilla, hoy desaparecida, dedicada a la Virgen del Rosario. Cuando el incendio fue finalmente controlado, los fieles observaron que, sobre la pared del altar, había quedado impresa la imagen de un rostro que, según dicen, pertenecía a un alma del purgatorio. Este sorprendente descubrimiento incitó al padre Jouet a buscar otros testimonios sobre las almas del purgatorio. El fruto de su investigación se conserva en la actualidad en una vitrina que cuelga de la pared de un pequeño pasillo que conduce a la sacristía.

Una decena de inquietantes reliquias, tablillas, telas, libros y fotografías dan fe de los supuestos contactos entre los vivos y las almas del purgatorio y de las señales dejadas por las almas de los difuntos para pedir oraciones e indulgencias. Las reliquias aquí presentes son bastante enigmáticas: la huella de tres dedos dejada, en 1871, por la difunta Palmira Rastelli en el libro de plegarias de María Zaganti para pedir la celebración de Santas Misas; la fotografía de una huella dejada por la difunta señora Leleux sobre la manga de la camisa de su hijo Joseph cuando se le apareció en 1789 en Wodecq-Mos (Bélgica); la impronta de fuego de un dedo de sor María de San Luis Gonzaga que se apareció a sor María del Sagrado Corazón en 1894; o por último, la huella en el libro de Margarita Demmerlé, feligresa de la parroquia de Ellinghen, dejada por su suegra, la cual se le apareció en 1815, 30 años después de su muerte.

EL PALAZZETTO BIANCO

Via di San Fabiano, 28
• Autobús: 916, parada Gregorio VII/S. Damaso

Un "barco metropolitano»

En una calle transversal a la Via Gregorio VII, entre el Vaticano y la Piazza Pio XI, oculto entre edificios anónimos, se vislumbra un edificio blanco de líneas modernas y formas inusuales, fruto de una arquitectura de vanguardia. Este pequeño edificio residencial se construyó considerando el estrecho espacio triangular del que disponía, inferior a 900 m².

El proyecto data de 1990 y es fruto de un trabajo conjunto del célebre psiquiatra y artista Massimo Fagioli y de la arquitecta Paola Rossi: una asociación original donde el primero hizo de diseñador y dibujante y la segunda, de intérprete y ejecutora. Por motivos administrativos y urbanísticos, el edificio no se construyó hasta 2004-2005.

Sus dos fachadas no podrían ser más distintas: la que da a la calle, cual himno a la verticalidad que adopta el trazado de la calle, es un muro alto que se alza siguiendo una línea incurvada cuyas cinco plantas están salpicadas, a intervalos regulares, de doce pequeñas ventanas cuadradas que iluminan la "zona noche" de los apartamentos. En la planta baja, un "corte" en el muro indica la entrada del edificio.

La parte trasera del edificio, con vistas a la colina, consta de unas terrazas sucesivas en voladizo que se van ensanchando a medida que se sube de planta. Detrás de sus amplios ventanales, albergan la "zona día" de los apartamentos –dos por planta–. Este pequeño edificio, guste o no, llama claramente la atención de los (escasos) transeúntes y se ven cada vez más jóvenes estudiantes de arquitectura admirando, con la vista hacia arriba, la vela blanca de la Via S. Fabiano.

QUÉ VER EN LOS ALREDEDORES

LA ILUSIÓN ÓPTICA DE LA VIA PICCOLOMINI
Via Piccolomini • Autobús: 982

Regresando de un paseo por la Villa Pamphili, es altamente aconsejable que tome la Via Piccolomini. Desde ahí, la vista de la cúpula de San Pedro es espléndida y curiosamente mucho mejor que la que se puede admirar frente a la entrada de la Basílica. La transformación de la planta de San Pedro de Roma (la planta de cruz latina diseñada por Maderno sustituyó la planta de cruz griega inicialmente deseada por Miguel Ángel) supuso, en efecto, un aumento de la fachada. Este fue tan importante que la fachada tapa gran parte de la cúpula cuando se la mira desde la Via della Conciliazione.

La Via Piccolomini ofrece, por el contrario, una vista completa de la joya de Miguel Ángel y un curioso efecto óptico. Viniendo de la Villa Pamphili, la cúpula, visible al final de la calle, parece inmensa y ocupa todo el campo visual. Si recorre la calle en coche o en taxi, se dará cuenta de que la cúpula, al contrario de lo que lógicamente tendría que suceder, disminuye de forma sorprendente hasta volverse minúscula.

JANÍCULO

IL BOSCO PARRASIO

Via di Porta San Pancrazio, 32
• Tel.: 06 4872607
• Para las visitas póngase en contacto con la Accademia dell'Arcadia, en Piazza Sant'Agostini, 8
• Email: giovannarak@gmail.com
• Autobús: 115 y 870

Un jardín para la Arcadia

Antigua sede de la Accademia dell'Arcadia (Academia de la Arcadia), el Bosco Parrasio es un magnífico jardín atribuido a Francesco de Sanctis, también autor de la escalera de la Trinidad de los Montes. Su construcción fue llevada a cabo por Antonio Canevari. Lo primero que hizo fue resolver, de una manera muy ingeniosa, el problema de la inclinación del terreno: lo dividió en tres niveles, unidos entre ellos por escaleras cóncavas y convexas. En el nivel superior se erige un teatro, equipado con tres filas de asientos y un pupitre en mármol donde los poetas declamaban sus versos. Como tela de fondo está el Serbatoio (la Reserva), un edificio que albergaba los archivos y el secretariado de la Academia. En 1838, Giovanni Azzuri lo reorganizó, dotándolo con una fachada en forma de hemiciclo sobre la que se fijaron las tablas de la ley así como la inscripción «Deo nato sacrum», que recuerda que el jardín está dedicado al Niño Jesús. En el nivel intermedio, podemos ver una falsa gruta y, en el nivel inferior, destaca

un gran edículo en mármol con la fecha 1726 grabada, y que corresponde con el año en que el rey de Portugal realizó la donación que permitió construir el jardín. Este jardín conoció una época gloriosa gracias a la presencia, entre sus académicos, de hombres ilustres como el poeta Pietro Metastasio o el filósofo Giambattista Vico. A finales del siglo XVIII, coincidiendo con el declive de la Academia, el jardín quedó abandonado, antes de ser restaurado y remodelado en 1839. Hoy en día, el jardín sigue siendo propiedad de la Academia.

El nombre de Parrasio proviene de la zona meridional de la Arcadia, la Parresia.

LA ACADEMIA DE LA ARCADIA

En 1690, intelectuales italianos que pertenecieron al círculo de la reina Cristina de Suecia, horrorizados por el estado decadente de la literatura, a causa del Barroco, decidieron fundar -con la intención de volver a la pureza de los textos clásicos- la Accademia dell'Arcadia, en homenaje a *La Arcadia*, una novela pastoril de Jacopo Sannazoro (1501), y a la región griega de la Arcadia. El presidente de la Academia tomó el nombre de Custodio o Gran Guardián, y los asociados se denominaron Pequeños Pastores o Pequeñas Pastoras de la Arcadia. El Niño Jesús, nacido entre los pastores, fue declarado protector de la Arcadia. Durante años, los Arcades se reunieron en diferentes jardines hasta que en 1726, y gracias a la generosidad del rey Juan V de Portugal, lograron establecerse definitivamente en el Janículo en un lugar conocido como el Bosco Parrasio, a lo largo de los jardines del palacio Corsini.

LA ARCADIA: ¿SABOR A PARAÍSO ESOTÉRICO?

La Arcadia es una región griega situada en el centro y centro-este del Peloponeso. En la Antigüedad fue considerada como un lugar primitivo e idílico poblado de pastores que vivían en armonía con la naturaleza. En este sentido, ha simbolizado, en numerosas obras literarias y artísticas, una edad de oro: Virgilio la mencionó en *Las Bucólicas* y Ovidio en *Los Fastos*.

Redescubierta durante el Renacimiento y en el siglo XVII, la Arcadia recuperó su papel como símbolo de lo ideal, a pesar de que para muchos eruditos representa mucho más que eso. En el siglo XVII, la antigua región se hizo famosa gracias al pintor Poussin y a su cuadro *Los Pastores de Arcadia*, que en la actualidad se conserva en el Museo del Louvre, y que incluye un mensaje esotérico oculto. Para más información sobre este tema, véase pág. 28, La Tumba de Poussin.

Geográficamente, el río Alfeo atraviesa la Arcadia antes de sumergirse en la tierra para resurgir en Sicilia, donde se mezclaría con las aguas de la fuente de Aretusa. Alfeo es un dios-río sagrado. Según la mitología es hijo de Océano y de su hermana Tetis, y las aguas subterráneas simbolizan la tradición subterránea del saber esotérico. Este saber, que habría sido transmitido a ciertos artistas, se encontraría de esta forma en ciertas obras de Leonardo da Vinci, Botticelli y Poussin, entre otros.

El nombre de Arcadia proviene de Arcas, el cual deriva del griego antiguo Arktos, que significa «oso». En la mitología griega, Arcas, rey de Arcadia, era el hijo de Zeus y de la ninfa Calisto. Cuenta la leyenda que Calisto ofendió a Artemisa, diosa de la caza, quien la transformó en osa durante una partida de caza. Elevada al cielo por Zeus, Calisto se convirtió en la actual constelación de la Osa Mayor, mientras que su hijo Arcas, a su muerte, fue transformado en la constelación de la Osa Menor.

QUÉ VER EN LOS ALREDEDORES

¿EL LUGAR DE LA CRUCIFIXIÓN DE SAN PEDRO EN EL JANÍCULO?

Tempietto di Bramante • Piazza San Pietro in Montorio, 2 • Abierto de abril a septiembre de 9.30 a 12.30h y de 16.00 a 18.00h (de 14.00 a 16.00h de octubre a marzo). Lunes cerrado

Cuenta la tradición, que no sigue la versión oficial de la Crucifixión del Apóstol en el Vaticano, que san Pedro fue, en realidad, crucificado en el Janículo, en el mismo lugar donde actualmente se encuentra el Tempietto de Bramante. En efecto, en aquella época, los criminales y los esclavos eran crucificados en el Janículo. San Pedro, que había erradicado las prácticas de magia de Simón el Mago (véase página 215), estaba directamente implicado en la muerte de dicho personaje. Por ello, fue considerado por algunos como un asesino, por lo que habría sido crucificado en el lugar exacto donde se encuentran los pozos, justo detrás del monumento de Bramante. Incluso los bajorrelieves que se pueden admirar nos recuerdan que san Pedro solicitó ser crucificado con la cabeza hacia abajo, ya que creía que no era digno de ser crucificado como Cristo.

LAS LETRINAS ROMANAS DE LA VIA GARIBALDI

Via G. Garibaldi (cerca de la Piazza S. Pietro in Montorio)
• Visitas previa solicitud ante la dirección municipal de Bellas Artes (Sovraintendenza Comunale) en el 06 0608 o a través de las numerosas asociaciones culturales como Roma Sotterranea (www. romasotterranea.it)

En 1963, el derrumbamiento de un muro de contención contiguo a la iglesia de S. Pietro in Montorio dejó al descubierto un insólito edificio público: unas letrinas romanas de finales del siglo II d. C. Para llegar a ellas hay que abrirse camino a través de la vegetación hasta una pequeña puerta. En el interior, los muros están decorados con frescos con tiras y marcos rectangulares pintados en verde y rojo. Podemos admirar vegetales colgados de hilos así como un íbice. No hay rastro de la presencia de asientos de piedra agujereados, por lo que se supone que el dispositivo era de madera. Debajo, se ha cavado un canal para poder evacuar las aguas hacia las alcantarillas. Debajo de las baldosas, se puede ver otro canal, más pequeño que el anterior, en el que, sin duda, corrían las aguas limpias que se utilizaban para limpiar con esponjas las letrinas. Solo se ha preservado una pequeña parte de las baldosas negras y blancas con motivos geométricos que recubrían el suelo.

LA ESCALERA DE BORROMINI

Cripta del monasterio de Santa Maria dei Sette Dolori
Hotel Donna Camilla Savelli • Via Garibaldi, 27 • Tel.: 06 588861

A los pies del Janículo se erige el antiguo monasterio de Santa Maria dei Sette Dolori, con su iglesia adjunta, cuya fachada está inacabada por falta de medios. Los subterráneos del monasterio, transformados en la actualidad en un elegante hotel, disimulan sólidas paredes de la edad antigua y medieval que hacen las veces de cimientos de la iglesia. En el siglo XVII, de forma anónima, Borromini añadió una gran escalera que nos proyecta a otra dimensión entre los muros de albañilería bruta, el suelo de tierra batida y una hilera de vigas sobre las que descansaban toneles. Lo más seguro es que en un futuro se pueda visitar la cripta ya que existe un proyecto para habilitarla, sin cambiar nada, en un espacio para la degustación de vinos.

MINISTERO PER I BENI CULTURALI E AMBIENTALI

SOPRINTENDENZA PER I BENI AMBIENTALI ED ARCHITETTONICI DI ROMA

PROIETTILE DI CANNONE DA 140
DELL'ARTIGLIERIA FRANCESE
– MEMORIA BELLICA –
DEI BOMBARDAMENTI
DEL GIUGNO 1849 –
QUI' TROVATO E RIPOSTO
IN RICORDO
DELL'EROICA RESISTENZA DELLA REPUBBLICA ROMANA
E DEI GRAVI DANNI ALLORA SOFFERTI
DA QUESTA INSIGNE CAPPELLA
– ORA NUOVAMENTE RESTAURATA –
OPERA DI CARLO MADERNO

A. D. MDCCCCXCV

LA BALA DE CAÑÓN DE SAN PIETRO IN MONTORIO

Fachada exterior de la iglesia de San Pietro in Montorio
Via Garibaldi

Un insólito recuerdo de las batallas que tuvieron lugar en el monte Janículo en 1849

Al mirar la fachada izquierda de la iglesia de San Pietro in Montorio, observamos una curiosa placa de la que cuelga una esfera. Al aproximarse para leer la inscripción, descubrirá que se trata, en realidad, de una bala de cañón de la artillería francesa. Fue descubierta en ese mismo lugar y conmemora las batallas de 1849 en las que la República romana se defendió heroicamente. 1849 fue un año decisivo para el Risorgimento (Resurgimiento), el movimiento ideológico y político a favor de la unificación de Italia. El régimen pontificio de Roma se desplomó tras los levantamientos populares a favor de la democracia y el papa tuvo que abandonar la ciudad. La República Romana se proclamó el 9 de febrero. Mientras los gobiernos conservadores europeos ofrecían su ayuda para restablecer el poder temporal del papa, Garibaldi y sus voluntarios desembarcaban en Roma para defender la nueva república. Garibaldi se vio encargado de defender el monte Janículo, el punto más expuesto a las ofensivas de la armada francesa.

GARIBALDI: EL SALVADOR DE LA CAMPANA DE TASSO

En 1595 la campana más pequeña de la iglesia de S. Onofrio al Gianicolo recibió el nombre de «campana de Tasso». En efecto, el 25 de abril de ese mismo año, sus toques melancólicos acompañaron la agonía y anunciaron la muerte del célebre poeta Torquato Tasso -de tan solo 51 años de edad-, quien se hospedaba en el convento vecino.

Durante la primavera de 1849, esta campana estuvo a punto de ser destruida durante las revueltas revolucionarias ocurridas en la capital. Se confiscaron todas las campanas para poder fabricar cañones. La iglesia de S. Onofrio, que se encontraba muy cerca del campo de batalla, fue de las primeras que los militares requisaron. Cuentan que, a pesar de las súplicas del prior del convento para que no se llevaran la pequeña campana, el responsable del requisamiento se mantuvo inflexible hasta la llegada de Garibaldi, poco antes de que fuera demasiado tarde. Desesperado, el prior se dirigió directamente al general. No se sabe muy bien si quedó conmovido por las súplicas del cura o por la triste y precoz muerte del gran poeta, pero Garibaldi ordenó que dejaran la campana de Tasso.

En la actualidad se puede ver la campana, así como la tumba y la celda del convento donde murió el malogrado autor de la inmortal *Jerusalén liberada*.

LA ACADEMIA AMERICANA DE ROMA

Via Angelo Masina, 5
• Tel.: 06 58461
• info@aarome.org
• Horario: abierto únicamente durante las exposiciones, conciertos, lecturas públicas...
• Programa a su disposición en www.aarome.org

> **Talleres de artistas inspirados en los pabellones de la Exposición Universal de Chicago de 1893**

Más secreta aún que las otras academias de Roma, la Academia Americana acoge cada año a una treintena de artistas e investigadores, y a unas cuarenta personas que realizan estancias más cortas.

El proyecto de crear una Academia Americana en Roma nació tras la Exposición Universal de Chicago de 1893, por iniciativa de un grupo formado, ente otros, por dos arquitectos: Charles Follen McKim, responsable de la construcción de algunos de los edificios de la Universidad de Columbia (1893) así como de la Pierpont Morgan Library (1903) de Nueva York; y Daniel Burnham, a quien debemos el Flatiron Building de Nueva York (1902). Estos arquitectos concedían mucha importancia a la cultura clásica y a Europa por lo que convencieron a los más reputados financieros neoyorquinos del momento (J.P. Morgan, John D. Rockefeller y Henry Clay Frick) para que donaran sumas considerables con el fin de fundar la Academia Americana de Roma en 1894. Hoy en día, los talleres de artistas situados delante de la fachada exterior evocan los pabellones de la Exposición de 1893, y el edificio principal de la Academia, construido por McKim, Mead y White e inspirado en las villas del Renacimiento, contiene un *piano nobile* (planta noble) y un patio decorado con vestigios de antiguas esculturas. En los terrenos de la Academia, se encuentra la hermosa Villa Aurelia, construida por el cardenal Girolamo Farnese en 1650. En 1849, Garibaldi estableció en ella su cuartel general para defender la República Romana frente a la armada francesa, cuya artillería destruyó, en poco tiempo, la mayor parte de la Villa y de sus jardines. Tras importantes restauraciones, Villa Aurelia fue legada a la Academia Americana en 1909. Es en esta villa donde, regularmente, se celebran conciertos y conferencias. En los jardines de la Academia, la Casa Rustica está emplazada sobre el lugar que ocupó, en el siglo XVI, el Casino del cardenal Malvasia. El 14 de abril de 1611, la Academia dei Lincei celebró una gran recepción en honor a Galileo Galilei durante la cual se observó el cielo usando su recién inventado telescopio. El Casino quedó destruido en 1849 y fue reemplazado por la Casa Rustica, en cuyo interior podemos ver cartas realizadas por la NASA que representan el cielo tal y como era el 14 de abril de 1611. El lugar estuvo ocupado por una taberna (todavía se lee la inscripción «VINO») hasta los años 1920, fecha en que fue comprada por la Academia.

LA FACHADA DE LA LLAMADA « CASA DE MIGUEL ÁNGEL »

❼

Passeggiata del Gianicolo

> *Una fachada que se ha trasladado tres veces*

Caminando por la Passeggiata del Gianicolo (Paseo del Gianicolo), justo enfrente de la estatua de Ciceruacchio (Angelo Brunetti, el "rechoncho"), podemos ver una preciosa fachada del siglo XVI con una placa que reza la siguiente inscripción:

« QUESTA FACCIATA DELLA CASA DETTA DI MICHELANGELO GIÀ IN VIA DELLE TRE PILE DEMOLITA NELL'ANNO MCMXXX FU RICOSTRUITA AD ORNAMENTO DELLA PASSEGGIATA PUBBLICA XXI APRILE MCMXLI[1]. »

La llamada "casa de Miguel Ángel" estaba cerca de la primera curva de la Via delle Tre Pile, la calle que sube a la derecha de la Cordonata del Capitolio (escalera construida por Miguel Ángel que lleva a la plaza de Aracoeli).

En 1872, el edificio fue demolido, pero el arquitecto Domenico Jannetti compró los elementos arquitectónicos de la fachada y los reutilizó en un nuevo edificio situado también en la Via delle Tre Pile. En 1930, con motivo de las excavaciones de la colina Capitolina, se derribó también la construcción de Jannetti, pero salvaron de nuevo la fachada. Tras desmontarla y guardarla en un almacén municipal, la recuperaron en 1941 para ocultar de la mirada de los romanos un gran depósito de agua situado casi al final de la Passeggiata del Gianicolo.

Es sorprendente que se haya atribuido esta fachada a Miguel Ángel ya que él vivía en otro sitio, en el barrio de Macel de' Corvi, como lo demuestra la placa que figura en la esquina que forman la Piazza Venezia y la Via dei Fornari, y que se traduce por: "Aquí estaba la casa consagrada por la morada y la muerte del divino Miguel Ángel".

Efectivamente, Miguel Ángel vivió en Macel de' Corvi hasta su muerte, el 18 de febrero de 1564. La casa fue comprada por Daniele da Volterra, alumno de Miguel Ángel, apodado *'braghettone'* ("el rey de la braguera"), ya que en pleno auge de la Contrarreforma fue él el encargado de tapar la desnudez de algunos personajes (pintados por su maestro) que figuraban en el *Juicio final* de la Capilla Sixtina. Entre finales del siglo XIX y principios del XX, demolieron la parte sur y la parte este de la Piazza Venezia para construir el monumento a Víctor Manuel II (en cuyo centro se alza el Altar de la Patria). La realización de esta obra tuvo como consecuencia principal la destrucción del barrio medieval donde estaba la casa de Miguel Ángel. Sin embargo, el recuerdo de esas perspectivas de tan singular encanto sobrevivió gracias a algunos grabados y a fotografías muy antiguas.

---

[1] « Esta fachada de la llamada casa de Miguel Ángel antaño en la Via delle Tre Pile y derribada en 1930 fue reconstruida para decorar el paseo público. 21 de abril de 1941. »

UNA ESTATUA VOLTEADA POR INDICACIÓN DEL VATICANO

Paseando por el monte Gianicolo, en una de las plazas desde donde se mejor se disfruta de las vistas de Roma, se alza, en lo alto de un pedestal de mármol, la estatua ecuestre de Garibaldi, dominando la ciudad que se extiende a sus pies. Este monumento de bronce del artista Enrico Gallori, inaugurado en 1895, conoció algunos cambios. Durante la dictadura mussoliniana, la estatua fue sustituida por símbolos fascistas y no recuperó su lugar hasta 1943, pero en una posición diferente, dando lugar a una serie de interpretaciones políticas.

Tras su inauguración, el "héroe de los dos mundos" miraba, de una manera provocadora, hacia el Vaticano. En aquella época las relaciones entre el jovencísimo Estado italiano y la Santa Sede eran extremadamente tensas y para la Iglesia la Unidad italiana se había llevado a cabo en su perjuicio. Con la firma de los Pactos de Letrán en 1929 y el establecimiento de relaciones pacíficas entre ambos estados, la Santa Sede solicitó y logró que girasen la estatua hacia la ciudad. El pueblo romano se divirtió mucho pensando que ¡ahora le tocaba al caballo enseñarle el trasero al Vaticano!

La corona colocada en las escaleras de la estatua, a la derecha del pedestal, recuerda que el republicano Garibaldi fue el primer gran maestre de la masonería italiana.

VILLA LANTE

8

Passeggiata del Gianicolo, 10
• Tel.: 06 68801674
• Email: info@irfrome.org
• Visitas previa petición: de lunes a viernes de 9.00 a 12.00h
• Asociación «Amici di Villa Lante al Gianicolo»: suscripción anual
de 25 € que permite recibir las invitaciones para las conferencias,
los conciertos y las exposiciones
• Autobús: 115, 870

Una vista impenetrable

L a Villa Lante, en el Janículo, es una de las villas romanas mejor conservadas del siglo XVI. Valioso ejemplo de la obra de la escuela de Rafael en Roma, la villa ofrece una vista excepcional, posiblemente la más bella de la ciudad.

Adornada con tres arcadas, cuatro columnas antiguas de mármol violeta y una bóveda decorada con estucos, la villa es, sin embargo, una gran desconocida para el gran público ya que no es visible desde la calle.

La construcción de la villa remonta a la época en la que el datario de León X, Baldassarre Turini, compró cerca de dos hectáreas de terreno sobre la colina del Janículo, entonces cubierta de viñedos y jardines, con objeto de edificar una residencia de verano donde podría recibir a funcionarios y hombres de letras.

El arquitecto Julio Romano, discípulo preferido de Rafael, colaboró junto a otros artistas de la escuela de Rafael en la decoración pictórica. En los años 70 se descubrió y restauró, en una parte de las paredes, la decoración original, que imita mármoles y piedras preciosas, dejando las otras paredes con una decoración de estilo neoclásico, obra del famoso arquitecto Valadier. En el salón, aún podemos admirar el famoso fresco *A di 6 maggio 1527 fo la presa di Roma* que representa el saqueo de Roma.

En 1551, la propiedad pasó a la familia Lante que hasta entonces residía en un palacio de la Piazza Sant'Eustachio. En 1640, redujeron las dimensiones del gran jardín de la villa cuando Urbano VIII ordenó que las murallas de defensa del Janículo pasaran por allí. Como contrapartida, le regaló a la familia Lante la villa Bagnaia, cerca de Viterbo, con su espectacular parque sembrado de fuentes.

A principios del siglo XIX, la familia Lante vendió una parte de sus propiedades y la villa pasó a ser propiedad del príncipe Camilo Borghese, esposo de Paulina, hermana de Napoleón, quien, años más tarde, la vendió a la congregación de las religiosas del Sagrado Corazón de Jesús. Los frescos del salón, que no estaban incluidos en la venta, fueron retirados del techo y se encuentran en la actualidad en el palacio Zuccari. A finales del siglo XIX, las religiosas alquilaron la villa al arqueólogo Wolfgang Helbig y a su esposa, la rusa Nadine Schahawskoy, quienes la transformaron en un concurridísimo salón literario.

QUÉ VER EN LOS ALREDEDORES

LA SEDE RELIGIOSA DE LA ORDEN DEL SANTO SEPULCRO

Monasterio de Sant'Onofrio - Piazza Sant'Onofrio, 2

La puerta de entrada al monasterio de Sant'Onofrio está marcada con una inhabitual cruz roja. En efecto, el monasterio alberga entre sus paredes la sede religiosa de la Orden del Santo Sepulcro de Jerusalén. Lejos de ser una orden esotérica, se trata, en realidad, de una de las últimas órdenes de caballería católica que hayan sobrevivido en la actualidad (véase a continuación). Su característica cruz recuerda las cincos heridas de Cristo sobre la cruz (véase pág. 152).

LA CRUZ DE LA ORDEN DE CABALLERÍA DEL SANTO SEPULCRO DE JERUSALÉN

La insignia de la Orden es la cruz potenciada roja, cantonada de cuatro cruces idénticas de menor tamaño, una en cada brazo de la mayor. Estas cinco cruces recuerdan, en la actualidad, las cincos heridas de Cristo sobre la cruz, pero originariamente significaban que la cruz de Cristo se esparcía por el mundo entero. También simboliza la resurrección. El color rojo, símbolo de la vida, de la fuerza y de la sangre, fue elegida en honor a las heridas sufridas por Cristo. En Oriente, la cruz es de color dorado, que simboliza el enorme valor de la Pasión de Cristo.

LA ORDEN DEL SANTO SEPULCRO DE JERUSALÉN

La Orden de Caballería del Santo Sepulcro de Jerusalén es una orden de caballería militar y religiosa. En principio, su fundación se atribuye a Godofredo de Bouillon, vencedor de la primera cruzada a Jerusalén en 1099, pero otras fuentes señalan a Carlomagno (en 808). Su sede religiosa (la sede oficial está en el palazzo della Rovere – véase pág. 131) se encuentra en Roma, en el convento de San Onofre, en el Janículo, y comprende 35 delegaciones repartidas por todo el mundo. Los aproximadamente 18.000 caballeros y damas del Santo Sepulcro, que están bajo la autoridad del Papa, tienen como objetivo principal propiciar y propagar la fe en Tierra Santa. Su nombre se debe al Santo Sepulcro de Jerusalén, es decir, al santuario edificado alrededor del supuesto lugar donde Cristo fue crucificado, donde habría sido enterado y habría resucitado. En la actualidad, la orden regenta, en la región de Jerusalén, 44 escuelas católicas que agrupan a unos 15.000 alumnos cristianos y musulmanes. En Francia, la orden es la guardiana de la corona de espinas de Cristo (véase la guía *París, desconocido*, de la misma editorial).

QUÉ VER EN LOS ALREDEDORES

EL CAMPANARIO DE LA IGLESIA SAN GIACOMO ALLA LUNGARA

Lungotevere della Farnesina, 12

Deambulando por la Via della Lungara en dirección a la Porta Settimiana, justo en la esquina de la calle Buon Pastore, se erige la pequeña iglesia de San Giacomo así como el convento adyacente. Construida en el siglo IX, posee un pequeño y precioso campanil adornado con medallones de mármol engastados entre dos hileras de ladrillos dispuestas en diente de sierra. Arrinconada entre dos edificios más recientes, la iglesia es visible solo desde el Lungotevere y posee la particularidad de tener el único campanario románico en hora que ha sobrevivido en Roma. El campanil, edificado en el siglo XIII cuando el papa Inocencio IV confió la iglesia a los monjes silvestrinos, presenta en su estructura partes de pared con ladrillos tal vez recuperados de una torre más antigua y que estuvo presente en este lugar.

LOS FRESCOS HERMÉTICOS DE LA VILLA FARNESINA ⑪

Via della Lungara, 230
• Horario: abierto todos los días, salvo domingos y festivos, de 9 a 13 h (último acceso a las 12.40h)
• Entrada de pago

> ### La "buena estrella" de Agostini Chigi

Construida entre 1508 et 1511 par Baldassare Peruzzi pour le banquier siennois, Agostino Chigi (1466-1520), qui fut en son temps l'homme le plus riche de Rome, la villa Farnesina fut ensuite vendue aux Farnese qui lui donnèrent son nom (voir p. 217 pour l'historique de la villa).

Interesado en los temas mitológicos y esotéricos, que causaban verdadero entusiasmo en aquella época del Renacimiento italiano, Chigi pidió a Baldassarre Perruzzi (1466-1520) que pintase un fresco de su horóscopo siguiendo una inspiración mitológica y astrológica. El resultado es una obra única que hoy en día se puede seguir admirando.

Consciente de haber nacido "bajo una buena estrella", Agostino Chigi quiso que su feliz destino estuviese representado en su residencia con las

conjunciones favorables de los astros el día que nació. En una obra que data probablemente del 1 de diciembre de 1466, en el techo abovedado de la sala que ocupa la planta baja de la villa (hoy llamada Sala de Galatea), Baldassarre Peruzzi dibujó pues el ciclo completo de las constelaciones zodiacales y los planetas alineados según un esquema astrológico muy preciso, representados con figuras mitológicas clásicas sobre un fondo azul cielo intenso. Así pues, para ilustrar el momento del nacimiento de Agostino Chigi, pintó la constelación de la Osa Mayor alineada con las de Pegaso y Leo y, en el centro de la gran bóveda, la figura alada revoloteando de la Fama. Perseo agarra y corta la cabeza de Gorgona, y de su sangre nace Pegaso, el caballo alado mítico de la constelación con el mismo nombre. Cerca de él, un carro tirado por unos magníficos toros transporta a una joven al cielo: Calisto, una ninfa amada por Júpiter y a la que transformó en la constelación de la Osa Mayor (el Carro Mayor) para salvarla de la ira de Juno que, celosa, la había convertido en osa. En el hexágono de al lado, Hércules lucha contra el león de Nemea, evocando la constelación de Leo.

Raptada por Zeus, Europa, con forma de toro, y la representación simbólica del carnero indican que en el momento en que nacía Agostino Chigi el planeta Júpiter (Zeus) estaba en tránsito por el signo de Aries.

El Sol en el signo de Sagitario está representado por Apolo cerca de un centauro preparado para lanzarle la flecha. El tránsito del planeta Venus en la constelación de Capricornio está ilustrado por la diosa, en el centro de una concha rodeada de palomas y acompañada del unicornio.

El artista prosigue el relato mitológico a través de los signos del Zodiaco ligados a Chigi: Géminis está representado por la fábula del amor de Zeus, con forma de cisne, y de Leda, la reina de Esparta. De esta unión nacieron los Dioscuros o gemelos "Géminis" Cástor y Pólux. Se ve a Hércules, mordido por un escorpión, luchando contra la Hidra, para el signo de Escorpio; el águila de Júpiter atrapa a Ganimedes y le lleva al Olimpo para ser el copero de los dioses, simbolizando el signo de Acuario. La sucesión tradicional de los signos del Zodiaco termina en Piscis en el que Eros y Psique se transforman, según el mito, para escapar del monstruoso Tifón.

Más que una simple decoración, el hecho de pintar al fresco un acontecimiento favorable en el techo tenía un objetivo hermético real: según la tradición egipcia del hermetismo, redescubierta en el Renacimiento (véase siguiente página doble), la energía positiva representada por el fresco debía inundar la sala y la casa en la que había sido pintada, así como a sus habitantes.

HERMES TRISMEGISTO Y EL HERMETISMO: ATRAER A LA TIERRA LAS ENERGÍAS CELESTES REPRODUCIENDO AQUÍ ABAJO EL ORDEN CÓSMICO

Hermès Trismégiste o *Trimegistus,* quique en griego significa "Hermes, tres veces grande", es el nombre con el que los neoplatónicos, alquimistas y hermetistas llamaban al dios egipcio Thot, y el dios Hermes para los griegos. En el Antiguo Testamento, también se le identifica con el patriarca Enoc. Los tres eran considerados en sus respectivas culturas como los creadores de la escritura fonética, de la magia teúrgica y del profetismo mesiánico.

Thot estaba vinculado a los ciclos lunares cuyas fases reflejaban la armonía del universo. Las escrituras egipcias se refieren a él como "dos veces grande" porque era el dios del Verbo y de la Sabiduría. Entre los sincretistas del Imperio romano, el dios griego Hermes recibe el apelativo del dios egipcio Thot, pero esta vez "tres veces grande" (trismegisto) por el Verbo, la Sabiduría y su función como mensajero de todos los dioses del Eliseo o del Olimpo. Los romanos lo asociaron con Mercurio, el planeta mediador entre la tierra y el sol, una función que los judíos cabalistas llamaron *metatrón*, "medida perpendicular entre la tierra y el sol".

En el Egipto helenístico, Hermes era "escriba y mensajero de los dioses" y se le consideraba el autor de un conjunto de textos sagrados, llamados herméticos, que contenían enseñanzas sobre el arte, la ciencia, la religión y la filosofía —el *Corpus Hermeticum*— cuyo objetivo era la deificación de la humanidad a través del conocimiento de Dios. Estos textos, probablemente escritos por un grupo de personas que componían la Escuela Hermética del antiguo Egipto, expresan así el saber acumulado a lo largo del tiempo atribuyéndolo al dios de la sabiduría, en todos los aspectos parecido al dios Ganesh del panteón hindú.

El *Corpus Hermeticum*, que data probablemente de los siglos I a III d. C., fue la fuente de inspiración del pensamiento hermético y neoplatónico del Renacimiento. Aunque el erudito suizo Casaubon había demostrado

aparentemente lo contrario en el siglo XVII, se siguió creyendo en efecto que el texto se remontaba a la antigüedad egipcia anterior a Moisés y que también contenía el advenimiento del cristianismo.

Según Clemente de Alejandría, se componía de 42 libros divididos en seis conjuntos. El primero trataba de la educación de los sacerdotes; el segundo, de los ritos del templo; el tercero, de geología, geografía, botánica y agricultura; el cuarto, de astronomía y astrología, matemáticas y arquitectura; el quinto contenía los himnos a la gloria de los dioses y una guía de acción política para los reyes; el sexto era un texto médico.

Por lo general se cree que Hermes Trismegisto inventó un juego de cartas lleno símbolos esotéricos, cuyas 22 primeras cartas estaban hechas de láminas de oro y las otras 56, de láminas de plata. Es el *Tarot* o *Libro de Toth*. También se le atribuye a Hermes la escritura del Libro de los Muertos o "Libro para salir al día", así como el célebre texto alquímico *La Tabla Esmeralda*, que ejerció una fuerte influencia en la alquimia y la magia practicadas en la Europa medieval.

En la Europa medieval, sobre todo entre los siglos V y XIV, el hermetismo también fue una escuela hermenéutica que interpretada algunos poemas de la Antigüedad, los distintos mitos y obras de arte enigmáticos, tales como unos tratados alegóricos de alquimia o de ciencia hermética. Es por ello que hoy en día el término hermetismo todavía designa el carácter esotérico de un texto, de una obra, de una palabra, de una acción, indicando que poseen un significado oculto que exige una hermenéutica, es decir, una ciencia filosófica que interpreta correctamente el sentido oculto del objeto presentado.

Los Colegium Fabrorum romanos, asociaciones de arquitectos de construcciones civiles, militares y religiosas adoptaron y aplicaron los principios herméticos. Estos conocimientos se transmitieron en el siglo XII a los monjes constructores cristianos, constructores de grandes edificios romanos y góticos de Europa, que realizaban sus obras según los principios de la arquitectura sagrada, conforme al modelo de la geometría sagrada. Es el legado directo de los conjuntos tres y cuatro del *Corpus Hermeticum*, según los cuales las ciudades y los edificios se construían tomando en cuenta los planetas y determinadas constelaciones, para que el orden en el cielo se reprodujera en la tierra, favoreciendo así las energías cósmicas o siderales. Todo ello con el objetivo de cumplir con el principio hermético según el cual "como es arriba es abajo, como es abajo es arriba".

Durante el Renacimiento europeo (siglos XVI y XVII), el humanismo sustituyó al hermetismo. Se racionalizaron las formas y se ignoró lo trascendental; era el final de la sociedad tradicional y el principio de la sociedad profana, barroca y premodernista, abriendo el camino a la llegada del materialismo y del ateísmo que dominan el mundo moderno. Sin embargo, hubo excepciones a la regla predominante en Europa: en Portugal, en el siglo XVI, los maestros constructores, herederos de los monjes constructores, crearon el estilo manuelino según las reglas herméticas de la arquitectura sagrada.

EL ROSTRO DE LA VILLA FARNESINA

Via della Lungara, 230
• Horario: abierto todos los días, salvo domingos y festivos, de 9 a 13 h
(último acceso a las 12.40h)
• Entrada de pago

> *El supuesto regalo de Miguel Ángel a Rafael*

El banquero Agostino Chigi encargó la decoración de su residencia romana situada al otro lado del Tíber a los artistas más renombrados de la época: Peruzzi, también arquitecto de la villa, Sebastiano del Piombo, El Sodoma y Rafael; el único ausente, Miguel Ángel, estaba ocupado a tiempo completo con los proyectos pontificios. En la sala de Galatea, pintada por Rafael, hay un magnífico rostro al carboncillo, que durante mucho tiempo fue atribuido a Miguel Ángel. Dicen que Miguel Ángel sentía mucha curiosidad por el desarrollo de las obras, pero Rafael no permitía que nadie entrase en la sala que estaba pintando. Para burlar la vigilancia de los guardas, Miguel Ángel se disfrazó de vendedor ambulante y entró en la sala estando Rafael ausente. Contempló el trabajo de su rival y, sin resistir la tentación, cogió un trozo de carbón y dibujó en una esquina aún virgen de pintura un magnífico e imponente rostro. Cuando Rafael volvió y vio el dibujo, comprendió que solo la mano de Miguel Ángel podía haber creado semejante obra maestra. Aunque furioso por la intrusión, no tuvo la fuerza de borrar el dibujo y ordenó incluso que se dejase tal cual. Otra versión cuenta que Miguel Ángel visitó a su pupilo Daniele da Volterra que trabajaba entonces en la obra de la Farnesina. Al no encontrarle, dibujó el rostro en cuestión como prueba de que había estado allí. Hoy sabemos que fue Baldassare Peruzzi, arquitecto de la villa, quien dibujó el rostro… pero la anécdota invita a imaginar la rivalidad que reinaba en la Roma del siglo XVI entre todos estos artistas incomparables.

La villa de Agostino Chigi "el magnífico" era conocida por su belleza, pero duró poco. Ocupada y destrozada en el saqueo de Roma, los herederos de Chigi, endeudados, la vendieron en 1581 a los Farnese, quienes la bautizaron con su apellido. Los jardines estaban abandonados y el pórtico que da al río, en ruinas. Los nuevos propietarios acabaron perdiendo el interés por la villa, al igual que los Borbones de Nápoles que la heredaron. El embajador de España la compró en 1870 y reformó algunas salas, pero el golpe más duro vino del Estado italiano. Expropió el 40 % del terreno que separaba la villa del Tíber para los nuevos proyectos de readecuación del río. Sumida en un lamentable estado de abandono, esta joya estaba abocada a desaparecer cuando el Estado terminó comprándola en 1927. Magníficamente restaurado, es uno de los pocos ejemplos que podemos admirar hoy en Roma de un palacio privado renacentista.

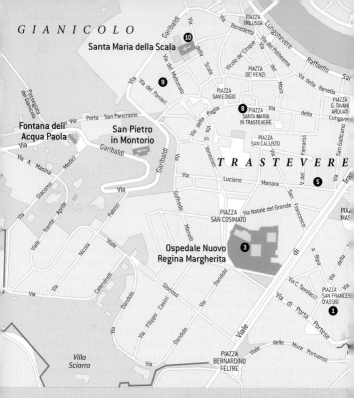

TRASTEVERE

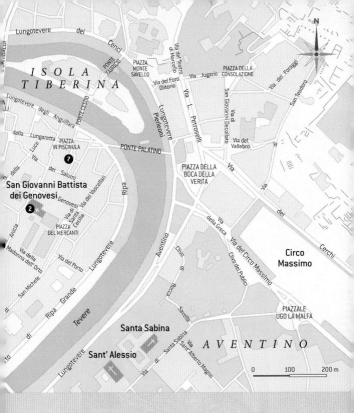

EL MECANISMO DEL RELICARIO DE LA CELDA DE SAN FRANCISCO ❶

San Francesco d'Assisi a Ripa Grande
Piazza San Francesco d'Assisi
• Tel.: 06 5819020
• Horario: de 9.00 a 12.00h y de 16.30 a 19.30h

> **Unas reliquias escondidas en un mueble de gran valor**

San Francisco de Asís y sus compañeros se alojaron en una celda contigua a esta iglesia que pertenecía a los monjes benedictinos antes de llamarse San Francesco d'Assisi a Ripa Grande. Por una bula de 1229, el papa Gregorio IX ordenó a los benedictinos que cedieran la iglesia y el hospicio anexo a los Hermanos Menores. Generalmente se ignora que esta celda, que posteriormente fue transformada en capilla, encierra una curiosa obra maestra barroca: entre 1698 y 1708, el hermano franciscano Bernardino da Jesi esculpió un asombroso altar en una raíz de nogal, adornado posteriormente con pinturas antiguas. En el centro destaca un magnífico retablo del siglo XIII donde figura un retrato de san Francisco atribuido a Margaritone d'Arezzo. El retablo está flanqueado por dos cuadros del siglo XIV que representan a san Antonio de Padua y san Ludovico de Tolosa, mientras que en los laterales del altar figuran *La Virgen y La Anunciación*, obras de finales del siglo XVII realizadas por un artista de la escuela de Carlo Maratta. Fue el cardenal Ranuccio Pallavicini quien encargó este curioso mueble para regalárselo a la iglesia junto con su prodigiosa colección de reliquias. El mueble, en realidad, disimula un ingenioso mecanismo: las reliquias están conservadas dentro del altar, en preciosos relicarios

de plata. Cuando el mecanismo se pone en marcha, todos los elementos aparentes del mueble pivotan con el fin de exponer los tesoros que encierra y de transformar así el altar en un suntuoso relicario.

Al lado del altar, en un nicho cerrado por una verja, se conserva también una piedra que, según dicen, san Francisco usaba como almohada.

EL CLAUSTRO DE SAN GIOVANNI BATTISTA ❷
DEI GENOVESI

Via Anicia, 12
• Horario: martes y jueves de 14.00 a 16.00h en invierno y de 15.00 a
17.00h en verano

*Una
maravilla
desconocida
del siglo XV*

La sede de la Cofradía de San Juan Bautista, ubicada en el laberíntico barrio del Trastevere, esconde uno de los claustros más hermosos de Roma. Se accede al claustro, invisible desde la calle, por una pequeña puerta situada en la fachada izquierda de la iglesia. Ya dentro, uno se encuentra en un remanso de paz y de silencio en el que, súbitamente, nos llama la atención la belleza de las arcadas de la planta baja que se apoyan sobre pilares octogonales, los arquitrabes de la planta superior y el gran contraste entre las sombras que estos proyectan y el sol que inunda las plantas verdes y exuberantes. En el centro del claustro hay un pozo en travertino del siglo XIV adornado con dos columnas antiguas de estilo iónico. Debajo de las arcadas, encontrará fragmentos de mármol antiguo esparcidos aquí y allá. La iglesia y la mayoría de los edificios han sido remodelados tantas veces entre los siglos XV y XIX que han perdido su aspecto original. Solo se salvan el viejo hospicio y el claustro, construido en 1481 y atribuido a Baccio Pontelli, el arquitecto de la capilla Sixtina.

Una inscripción en una estela funeraria indica que, antiguamente, había una muralla en el interior del claustro que fue demolida a finales del siglo XVIII, mientras que otra inscripción latina en una columna nos cuenta que un clérigo de Savona plantó en el claustro la primera palmera importada a Roma a finales del siglo XVI.

Durante la restauración del conjunto en los años 70, se descubrieron, debajo de una espesa capa de yeso pintada con cal, un ciclo de frescos que remontarían a principios del siglo XVII y que se atribuyen a Guido Signorini y a Gerolamo Margotti.

La Cofradía se instituyó en 1533, sin embargo, la iglesia dedicada a San Juan Bautista (santo patrón de la ciudad de Génova) y el hospicio contiguo (fundado por Sixto IV y financiado por el embajador de Génova para venir en ayuda de los marinos) ya existían.

¿POR QUÉ SAN JUAN BAUTISTA ES EL PATRÓN DE GÉNOVA?

Alrededor del año 1100, unas galeras genovesas, que regresaban a Génova tras las cruzadas, se detuvieron en las costas de Licia (suroeste de la actual Turquía) y encontraron en un convento, no muy lejos de la ciudad de Myra (actual ciudad de Demre), las cenizas de San Juan Bautista. Tras este suceso la ciudad adoptó al santo como Santo Patrón.

LOS CLAUSTROS DEL HOSPITAL NUEVO REGINA MARGHERITA ❸

Piazza San Cosimato
• Tranvía: 8

Claustros escondidos

El antiguo monasterio de San Cosme y San Damián in Mica Aurea, denominado así porque fue construido sobre los costados del Janículo cuya arena era ligeramente dorada, fue conocido más tarde con el nombre de San Cosimato. En la actualidad este monasterio forma parte del nuevo conjunto hospitalario Regina Margherita inaugurado en 1970.

Si se excluye el personal hospitalario, los pacientes, sus familiares y algún que otro paseante, pocos son los que saben que el hospital alberga dos claustros espectaculares: el claustro medieval, que remonta a principios del siglo XII y el claustro renacentista, construido durante la restauración que pidió Sixto IV.

El primero, uno de los más grandes de la Roma medieval, es el más impresionante. Guarnecido por soportales en los cuatro costados, adornado con pequeñas columnas emparejadas que sostienen pequeños arcos estrechos en ladrillo, el claustro contiene numerosos fragmentos con inscripciones antiguas. Tiene numerosas columnas y sarcófagos esparcidos por el césped o entre los árboles del jardín.

Unos peldaños conducen, a continuación, al segundo claustro. De forma cuadrada y más pequeño que el primero, está adornado con soportales sostenidos por pilastras octogonales de travertino y coronados con bellos capiteles decorados con motivos vegetales. En el jardín interior, hay un depósito que data de mediados del siglo XIX.

San Cosimato, cuya historia arquitectónica compleja comprende dos fases medievales y una fase renacentista, fue durante siglos uno de los monasterios más ricos de Roma.

El monasterio, fundado en la primera mitad del siglo X por monjes benedictinos, no fue terminado hasta el siglo XIII. La orden femenina franciscana de las clarisas, que tomó posesión del convento en 1234, inició las obras de ampliación, seguidas de otras obras realizadas bajo el pontificado de Sixto IV con motivo del jubileo de 1475. Es entonces cuando se construyeron una nueva iglesia, un campanario y el segundo claustro.

Tras la unificación de Italia y en virtud de la ley de supresión de las corporaciones religiosas, el Estado cedió el convento de San Cosimato a la ciudad de Roma. Concedido a una congregación de caridad, fue transformado a continuación en hospicio.

LA MÁQUINA DE LAS CUARENTA HORAS ❹

Iglesia Santa Maria dell'Orto
Via Anicia, 10
• Horario: todos los días de 9.00 a 12.00h y de 16.00 a 18h
• Tranvía: 8 estación Trastevere / Piazza Mastai
• Máquina expuesta únicamente durante los cincuenta días posteriores
a Semana Santa

> *40 horas,
> las mismas que
> Jesús habría
> pasado
> en la tumba*

Sobre el altar mayor de la iglesia de Santa Maria dell'Orto, concebido por Giacomo della Porta, la maravillosa «máquina de las cuarenta horas», más que una máquina de verdad, es una sorprendente estructura en la que están colocadas 213 velas. Realizada por Luigi Clementi, en 1848, su origen remonta a una tradición medieval según la cual, en Semana Santa, se colocaba una hostia consagrada en una tumba simbólica durante 40 horas, las que Jesús habría pasado en la tumba entre el viernes santo (día de su muerte) y el domingo de Pascua (día de su resurrección).

En el siglo XVI, este rito fue reemplazado por sesiones de rezo continuo de cuarenta horas. Los fieles iban rezando de iglesia en iglesia y, a menudo, se decoraba el altar con una estructura temporal (llamada *apparato*) para llamar la atención sobre la hostia.

A finales del siglo XVI, eclesiásticos romanos, para evitar que el pueblo sucumbiera a los excesos del carnaval, instauraron la costumbre de celebrar las cuarenta horas durante nueve días en el mes de febrero, en las iglesias de San Lorenzo in Damaso y de Gesù. Fue por esta razón que Pietro da Cortona ideó la magnífica máquina de las cuarenta horas de la iglesia de San Lorenzo in Damaso. En la mayoría de los casos, «las máquinas de las cuarenta horas» estaban fabricadas con materiales fáciles de modelar, como estructuras de madera sobre las que se realizaban ornamentos de estuco o de papel maché. La máquina de Santa Maria dell'Orto está hecha con gran delicadeza, razón por la que ha pasado de ser una estructura temporal a ser definitiva. Es la

última máquina de este tipo que existe en Roma.

En la actualidad, todavía la utilizan el jueves Santo durante la misa de la Santa Cena: en ese momento se encienden todas las velas del altar mayor a la vez. Con motivo de este evento, la iglesia permanece abierta hasta la medianoche para que los fieles puedan recogerse ante este espectáculo, ya que por razones, principalmente técnicas, ya no se pueden dejar encendidas las velas durante 40 horas.

EL TEATRO ANATÓMICO DEL HOSPITAL SAN GALLICANO

Sede Storica Istituto San Gallicano
Via San Gallicano 25, Trastevere
• Horario: sábado de 10.00 a 16.00h

> *Una sala para disecar cadáveres*

En el hospital Santa Maria y San Gallicano, aún en activo, se halla el antiguo teatro anatómico. Esta sala, decorada con bajorrelieves en estuco, es donde se llevaban a cabo las disecciones de los cuerpos humanos. En el suelo, una gran losa de mármol, colocada debajo de la luminosa brecha perforada en la bóveda, señala el emplazamiento de la mesa sobre la que se depositaban los cadáveres. En la actualidad la sala está ocupada por la sede de la dirección científica del Instituto.

En 1826, León XII hizo construir este teatro anatómico para festejar los cien años del Instituto Santa Maria y San Gallicano. Fue el arquitecto Giacomo Palazzi el encargado de construir esta sala oval en el centro de la cual se abre una bóveda redonda rodeada de alegorías sobre la medicina. A los lados, medallones en estuco representan a dieciocho ilustres médicos romanos, como Celsus, apodado el «Hipócrates latino» (siglo I d. C.), o el gran anatomista Gabriele Fallopio (1523-1562), que describió algunos de los elementos esenciales del aparato reproductor y del aparato auditivo, o Lancisi (1654-1720), que estableció la correlación entre la presencia de mosquitos y la malaria. La belleza de esta sala reside en los bajorrelieves en estuco esculpidos por Ignazio del Sarti, que representan la leyenda de Esculapio según un relato que hace Ovidio en *Las metamorfosis* (ver a continuación).

ESCULAPIO, EL DIOS DE LA MEDICINA, ¿EN EL ORIGEN DE LA CREACIÓN DE LA ISLA TIBERINA?

Según el relato de Ovidio en *Las metamorfosis*, cuando la peste diezmaba Roma, los romanos fueron a Delfos para consultar el oráculo de Pitio, el cual les respondió que no necesitaban la ayuda de Apolo sino la de su hijo, el dios de la medicina. Entonces, el Senado romano envió varios hombres para que fueran en barco a buscar a Esculapio a Epidauro. Este les anunció que aparecería en forma de serpiente y que habría que saber reconocerle. Los romanos rezaron al dios y una gran serpiente apareció, a la que embarcaron en la nave. La serpiente alejó los peligros del viaje y permitió al barco remontar el Tíber. Al llegar a Roma, se enrolló en la cima de un árbol. En ese preciso lugar, el curso del río se dividió en dos, dando nacimiento a la isla Tiberina. La serpiente descendió del árbol y la peste quedó erradicada de Roma.

También existen otros teatros anatómicos perfectamente preservados en Londres, Barcelona y Pistoia (en la Toscana). Consulte las guías *Londres insólita y secreta*, *Toscana insólita y secreta* y *Barcelona insólita y secreta*, del mismo editor.

EL EXCUBITORIUM

Via della Settima Coorte
• Tranvía: 3, 8
• Visitas previa reserva a través de la Dirección Municipal de Bellas Artes (*Sovraintendenza Comunale*) en el 06 0608, o bien de las numerosas asociaciones culturales, una de ellas *Roma Sotterranea* (www.romasotterranea.it)

Los bomberos de la antigua Roma

Durante unas excavaciones realizadas a mediados del siglo XIX se descubrieron unas salas de la época romana, a unos ocho metros de profundidad. Los numerosos frescos de las paredes confirmaron que se trataba de las salas de la sede de un destacamento de la *VII Cohorte Vigilum*. El cuerpo de los *Vigilum* (bomberos y policías de la antigua Roma) se componía de siete cohortes, de mil a dos mil hombres cada una. Cada cohorte vigilaba uno de los 14 barrios de la ciudad y contaba con un cuartel principal en cada uno y con una guarnición (*excubitorium*) en otro.

Lamentablemente, al terminar las excavaciones el lugar quedó abandonado, causando graves consecuencias tanto para la conservación de la estructura y de los frescos de los antiguos bomberos como para la preservación de un antiguo mosaico destruido durante la II Guerra Mundial. Hizo falta esperar un siglo para que el monumento fuera protegido con un techo, y veinte años para finalizar los trabajos de restauración.

Al parecer, a finales del siglo II se estableció el cuartel de bomberos en una residencia privada. Al lado de la moderna escalera hay una gran sala con un estanque hexagonal único. Frente a la entrada, una puerta comunica con el *lararium*, capilla dedicada al protector de los *Vigilum*. En las demás salas, se han encontrado restos de pavimento de terracota y un *dolium* soterrado donde se conversaba el vino, el aceite y el trigo.

Las reproducciones gráficas y las fotografías en blanco y negro que reproducen el gran mosaico que decoraba el pavimento del *aula*, han permitido descubrir dos tritones, uno sosteniendo una antorcha encendida y otro, una antorcha apagada.

Desafortunadamente, apenas queda nada de estos testimonios que sobrevivieron hasta el momento de las excavaciones. La única excepción es el fresco situado sobre el dintel de una puerta que representa un angelote y unos hipocampos. La pérdida más significativa son los casi cien frescos de bomberos que había antes. Estos insólitos vestigios sobre la organización y vida del cuartel que los propios *Vigilum* pintaron sobre las paredes entre 215 y 245 d. C., representaban el homenaje a los emperadores, las expresiones de cansancio, los agradecimientos a los dioses y al genio del *excubitorium* e indicaban el nombre y número de la cohorte así como los nombres y rangos de los *Vigilum*.

LA CAMPANA DE LA IGLESIA SAN BENEDETTO IN PISCINULA ❼

Piazza in Piscinula, 40
• Tranvía: 8
• Abierto de 7.30 a 12.00 h y de 17.00 a 19.00 h

La campana más pequeña de Roma

L a pequeña iglesia de San Benedetto in Piscinula es una bella iglesia del siglo XIII. Llamada San Benedettino por los habitantes del Trastevere, fue edificada sobre las ruinas de la *Domus Aniciorum*, la casa de los Anicii, una antigua familia romana a la que pertenecía, según dicen, san Benito, cuya celda está anexada a la iglesia. Además de la celda del santo, la verdadera curiosidad de esta iglesia es su maravilloso pequeño campanario románico. Se dice que su campana, con un diámetro

de 45 cm, es la más pequeña y la más antigua de Roma. La inscripción «1069», grabada en el bronce y que indica su fecha de fabricación, ha desafiado los siglos y permanece aún legible. El espacio interior es muy irregular y alberga una mezcla de obras que remontan a diferentes periodos, algo frecuente en Roma. Las columnas son de la época romana y el embaldosado remonta a la Edad Media. El resto de los frescos, que representan escenas del Antiguo Testamento sobre la pared de la derecha y del Juicio Final en la contrafachada, remontan al siglo XII.

QUÉ VER EN LOS ALREDEDORES

LOS MOSAICOS OLVIDADOS DE LA IGLESIA SANTA MARIA IN TRASTEVERE **8**
Vestíbulo de la sacristía de la iglesia de Santa Maria in Trastevere
Piazza Santa Maria in Trastevere
• Tel.: 06 5814802
• Tranvía: 8
• Horario: 7.30 a 13.00h y de 16.00 a 19.00h
• Vestíbulo: abierto por petición propia

Santa Maria in Trastevere es una de las basílicas más hermosas de Roma, con su campanario del siglo XII, uno de los más elevados de la ciudad, sus columnas romanas recuperadas de otros monumentos y sus preciosos mosaicos.

Casi todos los romanos han admirado, por lo menos una vez, el extraordinario mosaico medieval que representa a la Virgen en el trono con el Niño.

Sin embargo, pocos son los que saben que los mosaicos más antiguos, del siglo I d. C., son los dos más pequeños y los que están más ocultos a la vista del visitante. Estos magníficos mosaicos están encastrados en la pared derecha del vestíbulo de la sacristía y representan aves acuáticas y escenas de pesca.

Los mosaicos exteriores de la iglesia están encorvados para evitar ser estropeados por la lluvia.

VICOLO DEI PANIERI ❾

• Tranvía n° 8 – parada piazza Giuseppe Gioacchino Belli

> *El lugar donde murió el "Moro" uruguayo de Garibaldi*

El 30 de junio de 1849, Andrés Aguyar murió en el Vicolo dei Panieri (llamado en la época Vicolo del Canestraro). Recibió en la cabeza el fragmento de una granada que habían lanzado los soldados franceses, presentes en aquel entonces en Roma para reinstaurar el reino papal, momentáneamente interrumpido por la breve experiencia de la República romana (9 de febrero – 4 de julio) de Mazzini y de Garibaldi. Nacido en Montevideo de padres africanos, Aguyar participó activamente en la guerra de independencia de Uruguay, durante la cual se alistó en la Legión de Giuseppe Garibaldi, de quien fue un fiel acólito. Su aspecto imponente, el color de su piel y su gran valentía durante las batallas hicieron de Aguyar un héroe a ojos de sus compañeros de armas. Uno de ellos, el pintor holandés Jan Koelman, lo describió como un "Hércules de color ébano, cabalgando sobre un semental tan negro como el rostro de su amo que brillaba al sol". El Moro de Garibaldi tenía una manera de luchar bastante singular: capturaba a sus enemigos con un lazo o se enfrentaba a ellos con una lanza en forma de tridente. En 1849, Aguyar y Garibaldi llegaron a Roma, decididos a defender, junto con numerosos voluntarios del mundo entero, el ideal revolucionario que proclamaba la República romana. Sin embargo,

tras un mes de asedio (2 de junio – 3 de julio), las tropas francesas ganaron, causando numerosas víctimas entre los garibaldinos. El cuerpo sin vida de Aguyar fue trasladado del Vicolo dei Panieri a la iglesia de Santa Maria della Scala, transformada en hospital en aquellos momentos. Un cuadro célebre del pintor garibaldino Eleuterio Pagliano (Galería Nacional de Arte Moderno) representa el cadáver de Aguyar junto al de Luciano Manara, el comandante de los *bersaglieri* que también falleció aquel día.

En 2012, el Ayuntamiento de Roma dedicó a Andrés Aguyar la gran escalera que está entre la Via Saffi y la Via Poerio. Sus restos descansan en el osario del Mausoleo de Garibaldi, sobre el Janículo, y el fragmento de granada que lo mató se conserva en el Museo de Garibaldi sobre el Capitolio. Puede que el actual Vicolo del Moro, cerca de la Piazza Trilussa, en el barrio del Trastevere, deba su nombre al Moro de Garibaldi.

© Collezione Filippo Ceccarelli

LA ANTIGUA FARMACIA DE SANTA MARIA DELLA SCALA ❿

Piazza Santa Maria della Scala
• Tranvía: 8
• Abierto para grupos (solo en italiano)
• Tel.: 06 8414209

> *Una farmacia del siglo XVI*

reada tras la llegada de los Carmelos a Roma a finales del siglo XVI, la farmacia de Santa Maria della Scala se convirtió, de entre todas las farmacias de los conventos, en la más famosa por los diferentes remedios que se inventaron para combatir la peste y otras enfermedades graves. Esta farmacia, en funcionamiento hasta 1978, consiguió mantener abierto al público, hasta los años 50, un dispensario gratuito. En la actualidad, esta antigua farmacia está situada en la planta superior de la actual farmacia, más moderna, que sigue en funcionamiento. Ha permanecido prácticamente intacta desde el siglo XVII, ofreciendo un espectáculo único a los ojos de los visitantes.

Fra Basilio, uno de los frailes que trabajaba en la farmacia, se volvió célebre por sus remedios a base de hierbas; en particular por su célebre *Acqua Antipestilenziale* (Agua contra la peste) o *Acqua della Scala* que curaba diferentes tipos de peste. Tan conocido era que sus consejos fueron escuchados por el rey, los cardenales y los papas. En 1726, instauró un curso para enseñar química, botánica y farmacia a sus discípulos. Las elogiosas inscripciones

añadidas a dos cuadros que representan a este apreciadísimo fraile, fallecido en 1804 tras casi 60 años de trabajo, resumen su vida. Sus famosos tratados han sido conservados como valiosas reliquias. El cuadro del siglo XVIII de Ghezzi, que está en el vestíbulo, nos da una idea de la belleza y de la importancia que tuvo la farmacia en su época. En este cuadro, Fra Basilio está dando clase a sus discípulos, rodeado de alambiques y morteros, de estanterías que rebosan de libros gruesos y de armarios que contienen tarros llenos de sales y hierbas.

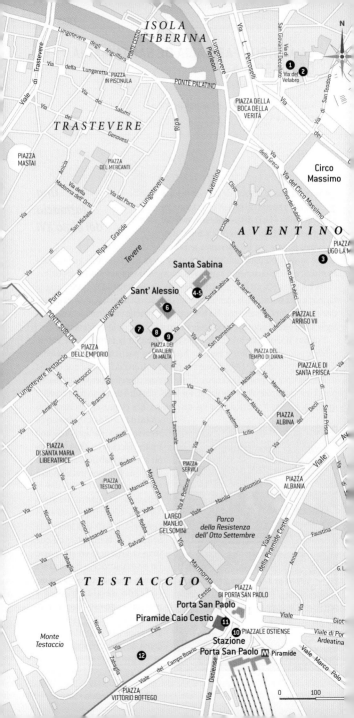

AVENTINO - TESTACCIO

LAS FIGURAS BORRADAS DEL ARCO DE LOS ARGENTARIOS

Arco degli Argentarii
Via del Velabro

**El
fratricidio
de los hijos
de Septimio
Severo**

Muy cerca de la antiquísima iglesia de San Giorgio in Velabro se alza un arco conocido con el nombre de *Arco degli Argentarii* (arco de los Argentarios). Esta monumental puerta es una dedicatoria de los banqueros y de los comerciantes boarios al emperador Septimio Severo. Es más que un arco, ya que se trata de una de las puertas de acceso al Foro Boario, el antiguo mercado de bueyes. La decoración es rica, con motivos vegetales que cubren casi toda la superficie de las pilastras y del arquitrabe. Todavía se puede leer la inscripción original con una dedicatoria del año 204 d. C. a Septimio Severo, a su mujer Julia Domna y a su hijo Basiano, más conocido como Caracalla, apodo que hace referencia a una capa larga cuyo uso introdujo en Roma. En el interior del monumento, podrá admirar en la pilastra de la izquierda, a Caracalla realizando un sacrificio religioso y, en la de la derecha, al emperador en compañía de la emperatriz. Si uno observa con atención, se dará cuenta de que al lado de estos personajes, hay unos espacios vacíos que ocupaban unas figuras borradas intencionadamente. Tras la muerte de Septimio Severo, y siguiendo sus deseos, sus dos hijos, Caracalla y Geta, gobernaron conjuntamente durante un año aproximadamente, hasta que Geta fue asesinado por su hermano. Según un relato de Helios Spartianus en la *Historia de Augusto*, este murió en los brazos de su madre. Caracalla acusaba a Geta de haber intentado envenenarle y el Senado se vio obligado a creer esta versión. A partir de ese momento Geta fue declarado enemigo público y condenado a la *damnatio memoriae*. Esta sanción, justamente, conllevaba destruir todos sus retratos y borrar su nombre de las inscripciones. Es por este motivo que Caracalla mandó borrar el nombre y el retrato de su hermano asesinado, que seguramente estaba junto a los de sus padres, así como los de su mujer Plautilla y los de su suegro, el prefecto Plauziano.

QUÉ VER EN LOS ALREDEDORES

LOS AGUJEROS DEL ARCO DE LOS ARGENTARIOS

❷

En la parte interior del arco, se pueden observar numerosos agujeros que se hicieron durante la Edad Media. Estos dan fe de la leyenda que cuenta que dentro del arco había escondido un gran tesoro en plata.

VESTIGIOS HEBREOS DE LA ROSALEDA MUNICIPAL

③

Via di Valle Murcia
• Abierto del 9 de mayo al 20 de mayo, de 8 a 16.30h y del 22 de mayo al 19 de junio, de 8 a 19.30h
• Entrada gratuita

> *Un jardín público con forma de menorá, el candelabro de siete brazos*

Sin duda, los visitantes de la rosaleda municipal no se han percatado de que la parte más larga del jardín ha sido diseñada con esa forma para parecer una menorá, el candelabro de siete brazos de los judíos. También hay placas con forma de Tablas de la Ley colocadas cerca de cada una de las dos entradas.

Esta referencia constante a la religión hebrea tiene su origen en la anterior ocupación judía de este lugar. Durante dos siglos, de 1645 a 1934, la comunidad judía de Roma usaba estas tierras baldías del Aventino como cementerio. En 1836, se inauguró el Cementerio Monumental del Verano, reservado exclusivamente a los católicos y al que los judíos no pudieron acceder hasta 1870 con la Unificación de Italia. En 1934 abrieron la via di Valle Murcia, lo que originó el desplazamiento de las primeras tumbas hacia el sector hebreo del Verano. Varios siglos después, estas tierras volvían a ser un espacio verde. Hubo que esperar a 1950 para transformar definitivamente el lugar. Con la aprobación de la comunidad judía de Roma, el Ayuntamiento decidió instalar ahí su rosaleda conservando a su vez el recuerdo del antiguo cementerio del Aventino. Los altos cipreses que están al final del jardín son los mismos que crecían entre las tumbas.

LA ROSALEDA

Todos los años, hacia el final de la primavera y el principio del verano, la ladera este de la colina del Aventino, cerca del Circo Máximo, se cubre de miles de rosas creando un espectáculo natural magnífico y efímero. Hacia finales del mes de mayo se celebra un prestigioso concurso internacional llamado premio Roma. El óvalo, en el centro del jardín, acoge las rosas premiadas en las ediciones anteriores. Se puede admirar también un ejemplar de la primera variedad premiada en 1933.

UNA ESTADOUNIDENSE, LA IMPULSORA DE LA ROSALEDA MUNICIPAL

Fue la condesa Mary Gayley Senni quien impulsó la creación de la rosaleda municipal de Roma. Apasionada de las rosas, cultivaba muchas en el jardín de su residencia a las afueras de Roma. Donó sus rosas a la ciudad en 1924 pero no estuvo nada satisfecha con lo que hicieron con ellas. Insistió tanto que en 1932 nacía en el Colle Oppio, cerca del Coliseo, la rosaleda municipal, sobre el modelo de lo que ya existía en otras capitales. Destruida durante la guerra, la trasladaron al Aventino. Mary Gayley Senni participó, como representante de la American Rose Society, en la gestión de la rosaleda hasta 1954.

EL NARANJO DEL CLAUSTRO DE SANTA SABINA ❹

Basílica de Santa Sabina
Piazza Pietro d'Illiria, 1
• Horario: de 6.30 a 13.00h y de 15.30 a 19.00h

> **La leyenda del naranjo de Santo Domingo**

La basílica de Santa Sabina, en la colina del Aventino, data del siglo V. A pesar de las importantes y frecuentes transformaciones que ha sufrido desde su construcción es una de las iglesias más antiguas de Roma. Desde el atrio se ve, por una pequeña ventana oval que da al patio del convento vecino, un naranjo que se levanta en el mismo lugar en que, según la tradición dominicana, santo Domingo lo habría plantado hacia 1220. Nos han llegado numerosas anécdotas, más o menos legendarias, sobre este árbol. Una de ellas en particular cuenta que santo Domingo trajo este naranjo de España y que lo plantó en la esquina noroeste del antiguo pórtico de cuatro arcadas (hoy desaparecido) donde tenía por costumbre dormir. Hasta entonces, no se había visto crecer ningún naranjo en Italia. Durante siglos este naranjo fue considerado milagroso ya que, cada vez que se secaba, surgía un nuevo árbol de su tronco. San Francisco de Sales (1567-1622) lo menciona en una carta a santa Juana de Chantal en la que comenta que el árbol se había convertido en un objeto de devoción a santo Domingo. Sus naranjas habrían sido utilizadas para fabricar coronas y recuerdos destinados a los papas y a los cardenales. También cuentan que las naranjas confitadas que santa Catalina de Siena ofreció a Urbano VI en 1379 provenían de este naranjo milagroso.

En 1936, se rebajó el nivel del terreno donde se alza el árbol. Durante las obras descubrieron una moneda del siglo XIV entre sus raíces.

¡EL RETRATO DE NAPOLEÓN SOBRE UNA PUERTA DEL SIGLO V!

Tallados en el siglo V d. C., los famosos paneles de madera que revisten la magnífica puerta de la iglesia, representan escenas del Antiguo y Nuevo Testamento. Hecho curioso, se puede ver un retrato de Napoleón representado con los rasgos de un faraón persiguiendo a los judíos en el momento de cruzar el mar Rojo.

En la primera mitad del siglo XIX, un escultor que restauraba la puerta se tomó, en efecto, la libertad de representar así a Napoleón, en perseguidor del pueblo de Dios.

En lo tocante a Napoleón y los judíos, la realidad es relativamente otra: Napoleón fue, al contrario, el primer monarca europeo que liberó a los judíos de sus guetos, como el de Venecia, y les aseguró ciertos derechos.

LA PIEDRA DEL DIABLO

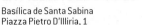

⑤

Basílica de Santa Sabina
Piazza Pietro D'Illiria, 1
• Horario: de 6.30 a 13 h y de 15.30 a 19 h
• Metro: B, parada Circo Massimo

Si nunca ha visto de cerca un objeto forjado por el diablo, basta con entrar en la iglesia de Santa Sabina por la entrada principal e ir directamente a la izquierda: justo en la esquina, sobre una bella columna

¿Una piedra negra mágica?

salomónica, se puede observar una piedra negra considerada "mágica". Se trata en realidad de un antiguo contrapeso de basalto de la época romana muy bien conservado.

En 1586, el papa Sixto V (1585-1590) encargó al arquitecto Domenico Fontana la restauración de la iglesia. Durante las –muy controvertidas– obras de rehabilitación, el arquitecto mandó que quitasen del suelo de la basílica una losa de mármol, recuerdo del traslado de los restos mortales de los mártires Alejandro, Evencio y Teódulo. Lamentablemente, la losa se cayó y se rompió en mil pedazos.

Los pedazos fueron posteriormente descubiertos y ensamblados en el centro de la actual Schola Cantorum. Sin embargo, la leyenda popular transformó por completo los hechos y se cuenta que la losa se habría roto a causa de una terrible piedra negra –*la lapis diaboli*– que el diablo en persona lanzó para golpear a santo Domingo que rezaba postrado sobre la tumba de los mártires.

La basílica de Santa Sabina fue fundada durante el papado de Celestino I (422-432) por el obispo Pedro de Iliria. Las excavaciones realizadas bajo la basílica sacaron a la luz estructuras antiguas de épocas distintas. Se usaron materiales de otros edificios de alrededor para construir la iglesia, como, por ejemplo, las 24 columnas de las naves que proceden del muy cercano templo de Juno.

En el siglo IX, el papa Eugenio II (824-827) realizó la Schola Cantorum y un ciborio de plata, que por desgracia los lansquenetes robaron durante el saqueo de Roma de 1527. En 1219, el papa Honorio III donó la iglesia de Santa Sabina al español Domingo de Guzmán, fundador de la orden de los dominicos.

LA REPRESENTACIÓN MÁS ANTIGUA CONOCIDA DE LA CRUCIFIXIÓN DE CRISTO

La puerta de la entrada de la iglesia –realizada en madera de ciprés– se remonta a la época de su fundación (siglo V): se ven escenas del Antiguo y del Nuevo Testamento, entre ellas la representación más antigua que se conoce de la crucifixión de Cristo.

Desde hace siglos, la basílica es la primera estación cuaresmal, es decir, el lugar donde, el miércoles de Ceniza (primer día de penitencia y ayuno), los pontífices pronuncian la homilía, 44 días antes de Pascua.

LA ESCALERA DE SANT'ALESSIO

Iglesia de San Bonifacio y San Alejo
Piazza Sant'Alessio 23
• Horario: de 8.30 a 12.30h y de 15.30 a 18.30h

El santo que vivió debajo de una escalera

E n una de las capillas de la iglesia de San Bonifacio y San Alejo, en la colina del Aventino, se conserva una parte de la escalera de madera debajo de la cual san Alejo habría vivido durante diecisiete años. No se ha encontrado en Occidente ningún rastro de san Alejo anterior al siglo X. A partir de este siglo, su leyenda se hizo tan famosa que sirvió de inspiración para la realización de unos frescos (uno muy hermoso se conserva en la basílica inferior de San Clemente), de unos poemas y de numerosas obras musicales de los que hay increíbles testimonios. Alejo habría nacido milagrosamente en Roma de unos padres nobles aunque estériles. Tras vivir en lujosas condiciones, se escapó a Edesa, en Oriente, donde vivió durante años de las limosnas, como un asceta. Al aumentar la fama de su santidad, Alejo decidió marcharse y se embarcó hacia Tarso pero el viento en contra, o tal vez el destino, le condujeron a Ostia. Se dirigió entonces a Roma y se presentó en la casa de su padre, quien sin haberle reconocido, le acogió y creyendo que se trataba de un mendigo, dejó que se alojara en un cuartucho debajo de la escalera. Alejo vivió allí durante diecisiete años y escribió la historia de su vida en un pergamino. Fue a su muerte cuando la familia descubrió, demasiado tarde, por el pergamino que sujetaba en su mano y que revelaba su verdadera identidad, quién era realmente. La iglesia fue construida en el siglo IV, cuando el papa Honorio III ordenó reconstruir un edifico, dedicado a san Bonifacio, situado en el Aventino. En 1217, el edificio fue dedicado también a san Alejo. El plano de la iglesia, que debe su aspecto actual a las reformas de los siglos XVI, XVII y XIX, es un calco del plano de tres naves del edificio románico, del cual se puede visitar en la actualidad el campanario y la cripta (pintada al fresco entre los siglos XIII y XIV y única en su género en Roma) y de donde proviene el trozo de escalera que se conserva en la capilla de San Alejo. Antonio Bergondi, escultor y discípulo de Bernini, realizó para esta capilla una estatua en mármol que representa al santo vestido de peregrino en su lecho de muerte. En la iglesia también se conserva un pozo que, según dicen, estaba en la casa del padre de Alejo así como el icono del siglo III d. C. que representa la Asunción de María y que el santo habría traído, según parece, de Oriente.

LOS JARDINES DEL PRIORATO DE LA ORDEN DE MALTA ❼

Piazza dei Cavalieri di Malta
• Tel.: 06 5779193
• Visitas previa reserva salvo los domingos: 06 67581234 (grupos: mínimo 10 personas)
• Metro: Circo Massimo

El antiguo jardín de los templarios

Los orígenes de este lugar se remontan al siglo X cuando formaba parte, bajo el nombre de Santa Maria Aventina, de una abadía benedictina dedicada a san Basilio de Capadocia. En el siglo XII, el monasterio pasó a ser de los templarios y, a principios del siglo XIV, de los caballeros de Rodas, que se convirtieron posteriormente en los caballeros de Malta. En la actualidad, es posible vencer la frustración que nace cuando uno mira a través de la cerradura del priorato (ver más arriba): los grupos pueden entrar, previa cita, en el recinto del priorato. Accedemos entonces a un magnífico jardín, aunque sus dimensiones son relativamente modestas, cuyo carácter exótico desprende un poderoso romanticismo. En uno de los rincones del jardín, se conserva un pozo, construido por los templarios y único vestigio del paso de esta Orden por este lugar. También se puede visitar la iglesia Santa Maria del Priorato, construida en el siglo XVI por Piranesi. El interior, compuesto por una única nave, fue totalmente recubierto con estucos blancos, que el propio artista dibujó, y la fachada, claro ejemplo del estilo de Piranesi, es la única obra arquitectónica –además de la plaza– de este arquitecto.

QUÉ VER EN LOS ALREDEDORES
UNA SORPRENDENTE ILUSIÓN ÓPTICA ❽

La magnífica plaza de los Caballeros de Malta, rodeada de palmeras,

cipreses y paredes llenas de estelas y obeliscos fue concebida por Piranesi. La monumental entrada de la sede del Priorato de Malta, que parece esconder un mundo misterioso e inaccesible, alberga, ya desde el exterior, un descubrimiento sorprendente. Si pega el ojo a la cerradura del portal verá aparecer, de un modo asombroso, la cúpula de la basílica de San Pedro enmarcada dentro de un verde túnel de plantas trepadoras que se encuentra en uno de los caminos del jardín interior del priorato. El lugar, propiedad de la Soberana Orden de Malta, fue acondicionado por Piranesi por orden del cardenal Giovanni Battista Rezzonico.

LA ORDEN DE MALTA ES LA ÚNICA ORGANIZACIÓN PRIVADA DEL MUNDO QUE POSEE LOS MISMOS PRIVILEGIOS QUE UN PAÍS: EXTRATERRITORIALIDAD, EMBAJADAS...

La Soberana Orden Militar y Hospitalaria de San Juan de Jerusalén, de Rodas y de Malta, más comúnmente denominada, según las épocas, Orden del Hospital, Orden Hospitalaria, Orden de Rodas u Orden de Malta, es una de las órdenes religiosas católicas más antiguas cuya actual misión es la defensa de la fe y la ayuda a los más pobres y a los enfermos.

Esta comunidad monástica dedicada a san Juan Bautista fue creada en Jerusalén en la segunda mitad del siglo XI por mercaderes de la antigua República de Amalfi con el fin de asistir a los peregrinos que iban a Tierra Santa. En 1113 fue reconocida como orden religiosa por el Papa Pascual II. Con la toma de Jerusalén, tras las cruzadas de 1099, se convirtió rápidamente en una orden militar, poco antes de que se establecieran los templarios. Tras la pérdida de Jerusalén y de San Juan de Acre en 1291, la Orden se retiró a Chipre entre 1291 y 1309. Siendo las relaciones con el rey de Chipre cada vez más difíciles, la Orden conquistó la isla de Rodas, por aquel entonces bajo soberanía bizantina, donde estableció su nueva sede entre 1310 y 1523. Marcada por la insularidad, la Orden construyó una flota que le dio notoriedad. Vencida por los turcos, la Orden se dirigió a Civitavecchia y a Viterbe, Italia, antes de marchar a Niza y establecerse, en 1530, en Malta - territorio cedido por Carlos V que había comprendido la utilidad que podía representar esta Orden frente a los posibles avances de los otomanos. Fue expulsada por Napoleón en 1798 y acogida finalmente en Roma por el papa en 1834.

Antes de la pérdida de Malta, estaba compuesta en su mayoría por religiosos que habían pronunciado los tres votos de pobreza, castidad y obediencia. Aún en la actualidad, algunos miembros de la Orden son monjes pero la mayoría de los Caballeros y Damas que la componen (más de 12 500 en la actualidad) son laicos. En 1798 la Orden dejó de ejercer la función militar.

Antiguamente, los Caballeros de la Orden procedían de familias cristianas nobles y caballerescas. En la actualidad es suficiente con distinguirse por su fe, moralidad y por sus méritos a la Iglesia y a la propia Orden. Aunque no se aceptan candidaturas, los voluntarios son siempre bienvenidos.

La Orden mantiene relaciones diplomáticas con 104 países a través de sus embajadas. Posee una condición muy particular que la convierte en la única institución privada considerada casi como un país. Financia sus actividades con las donaciones de sus propios miembros, las donaciones privadas así como los ingresos generados por sus propiedades.

La Orden posee dos sedes en Roma que gozan de la condición de extraterritorialidad: el Palacio Magistral en Via dei Condotti 68, residencia del gran maestre y lugar de reunión de los órganos de gobierno; y la Villa Magistral, en la colina del Aventino, sede del Gran Priorato de Roma, de la Embajada de la Orden ante la Santa Sede y de la Embajada de la Orden ante el Estado italiano.

¿CUÁL ES EL ORIGEN DE LA CRUZ DE LA ORDEN DE MALTA?

Fundada en Jerusalén en la segunda mitad del siglo XI por mercaderes amalfitanos (de Amalfi, cerca de Nápoles), la Soberana Orden Militar y Hospitalaria de San Juan de Jerusalén, de Rodas y de Malta futura Orden de Malta, adoptó el emblema del puerto de Amalfi sin conservar el fondo azul. En 1130, Raymond du Puy, que transformó la orden caritativa en orden militar, obtuvo permiso del papa Inocencio II para que su emblema cruciforme fuera de color blanco con el fin de diferenciarlo del de los templarios que llevaban una cruz roja.

En 1523, la Orden fue expulsada de la isla de Rodas por los turcos y se instaló poco después en Malta. La bandera roja de la isla, herencia de la ocupación normanda, sirvió entonces de soporte a la cruz blanca. Acababa de nacer la Cruz de Malta.

EL SIGNIFICADO DE LAS OCHO PUNTAS DE LA CRUZ DE MALTA

Las ocho puntas de la Cruz de Malta pueden tener varios significados. Representarían:

- Las ocho fachadas de la Cúpula de la Roca en Jerusalén
- Las ocho nacionalidades de origen de los caballeros de la Orden de San Juan de Jerusalén (futura Orden de Malta) o los ocho principios que estos tenían que respetar: espiritualidad, sencillez, humildad, compasión, justicia, misericordia, sinceridad y paciencia.
- para la Orden de Malta, las ocho puntas corresponden a las virtudes de las que tenían que estar dotados los caballeros: lealtad, piedad, franqueza, coraje, gloria y honor, desprecio por la muerte, solidaridad hacia los pobres y enfermos y respeto por la Iglesia católica.
- para los cristianos, las puntas simbolizan también las ocho bienaventuranzas que Jesús pronunció en el Sermón del Monte (según san Mateo):

«Bienaventurados los pobres de espíritu: porque de ellos es el reino de los cielos.» (Mt, V, 3)

«Bienaventurados los mansos: porque ellos poseerán la tierra.» (Mt, V, 4)

«Bienaventurados los que lloran: porque ellos serán consolados.» (Mt V, 5)

«Bienaventurados los que tienen hambre y sed de justicia: porque ellos serán saciados.» (Mt, V, 6)

«Bienaventurados los misericordiosos: porque ellos obtendrán misericordia.» (Mt, V, 7)

«Bienaventurados los limpios de corazón: porque ellos verán a Dios.» (Mt, V, 8)

«Bienaventurados los pacíficos: porque ellos serán llamados hijos de Dios.» (Mt, V, 9)

«Bienaventurados los que sufren persecución por la justicia, pues de ellos es el reino de los cielos.» (Mt, V, 10)

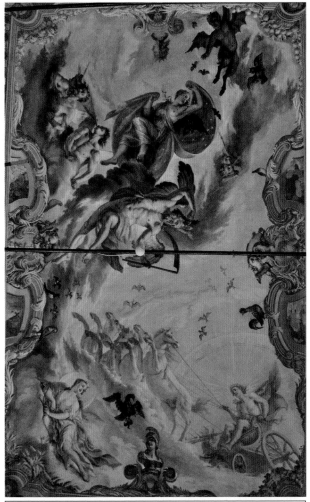

El Instituto Nacional de Estudios Romanos nació en 1925 de la iniciativa privada de Carlo Galazzi Paluzzi, gran amante de la historia de Roma. Reconocido muy pronto de utilidad pública, es considerado desde 1951 como un establecimiento cultural y científico, cuyo objetivo es la investigación y divulgación de todo lo que implica el conocimiento de Roma, desde la Antigüedad hasta hoy. Organiza en este sentido congresos, coloquios y visitas, posee una rica biblioteca y publica la revista *Studi romani*. Organiza también el certamen Capitolinum, concurso de prosa y poesía latina. De hecho el programa se publica en latín.

EL INSTITUTO NACIONAL DE ESTUDIOS ROMANOS ❾

Piazza dei Cavalieri di Malta, 2
• Tél. 06 5743442
• Entrada gratuita

La plaza de los Caballeros de la Orden de Malta, obra maestra de Piranesi, es conocida por albergar la sede del priorato de la orden del mismo nombre. En el número 2, también se esconde un

Un pequeño remanso de paz

pequeño remanso de paz, el Instituto Nacional de Estudios Romanos, que no hay que dejar de visitar. Escogió domicilio en uno de los centros históricos más importantes de la Roma medieval, el convento de los santos Bonifacio y Alejo, erigido en torno al siglo VII probablemente sobre los restos de un imponente santuario romano.

El edificio data de los siglos XVII y XVIII y fue reformado por el arquitecto Giovanni Battista Nolli. Primero se accede a un patio grande y cuadrado decorado con vestigios arqueológicos. El centro de lo que fue el convento es el claustro del siglo XVI, construido gracias a la reutilización de columnas antiguas de mármol y granito, rematadas con capiteles, todos diferentes los unos de los otros. Un ala entera del edificio domina sobre el Tíber y un pórtico lleva a un amplio jardín con vistas. Desde ahí se entra para admirar las decoraciones, hoy más bien raras pero muy interesantes. El techo de la sala de presidencia, antiguamente la biblioteca del convento, alberga un fresco de 1754, *La Alegoría del progreso de las ciencias y las artes,* que retoma los grandes temas importantes de la Ilustración. El resto de la planta noble alojó a Carlos IV de España quien, expulsado de su país por las tropas napoleónicas, encontró refugio en Roma y decidió instalarse en el convento. Suelos de mármol y frescos de estilo pompeyano decoran estos apartamentos.

GIOVANNI BATTISTA NOLLI: UN CARTÓGRAFO ARQUITECTO

La historia está llena de estos sabios o artistas multidisciplinares. Giovanni Battista Nolli (1692-1756) es un ejemplo elocuente. Geómetra de formación, se interesa por la astronomía y las matemáticas. Cuando entra en el círculo de las familias Albani y Corsini, frecuenta a eruditos y a científicos y decide llenar un vacío creando el primer mapa moderno de Roma. Apoyado por el papa Benedicto XIV, ayudado por su hijo y rodeado de Piranesi y de Giuseppe Vasi, obtiene la autorización para entrar en todas las propiedades privadas de la ciudad, incluidos los conventos, para realizar los levantamientos de terrenos y publica la *Nueva Tipografía de Roma* en 1744. Asimismo, como ya hemos visto, ejerce de arquitecto.

PARQUE DEL MUSEO DEL FERROCARRIL ATAC DE PORTA SAN PAOLO

Piazzale Ostiense, 11
• Horario: de lunes a jueves de 9 a 16 h. Viernes de 9 a 13 h
• Metro: Piramide
• Entrada libre

> *Prohibido escupir*

Al lado de la elegante estación de tren Roma-Lido, inaugurada en 1924 sobre un proyecto del célebre arquitecto Marcello Piacentini que se ejecutó en la zona reservada antaño a la estación de mercancías, hay un parque-museo que cuenta la historia del transporte ferroviario en la capital y en sus distintas zonas periféricas.

Están expuestos al aire libre, entre palmeras y matojos de lavanda, los primeros medios de transporte públicos sobre raíl, testigos de las comunicaciones entre Roma y el Lido de Ostia, los *castelli romani* (castillos romanos), Viterbo y Frosinone: locomotoras, tranvías y vagones de primera o de segunda clase, vagones de mercancías, todos perfectamente restaurados.

La máquina más antigua es una locomotora Breda de 1915, matriculada 01, que circulaba por la línea Roma-Fiuggi-Frosinone. Para los apasionados, la guinda de la exposición es el vagón matriculado 404 de la STEFER (Società delle Tramvie E Ferrovie Elettriche di Roma[1]), el primero en el mundo en tener dos partes articuladas gracias a lo que se ha llamado la *giostra Urbinati* (literalmente, 'carrusel Urbinati'), un invento que el ingeniero Mario Urbinati patentó en 1941. Este tranvía estuvo en servicio en la línea Termini-Cinecittè hasta la apertura de la línea A del metro, en 1980.

La exposición continúa en el interior donde se pueden ver maquetas de tranvías o redes ferroviarias, aparatos de transmisión, tacos de billetes de época, contratos de trabajo de antiguos ferroviarios y paneles en los que pone: "Prohibido escupir".

[1] Sociedad de tranvías y trenes eléctricos de Roma.

LA CÁMARA MORTUORIA DE LA PIRÁMIDE ⓫ CESTIA

Piazza di Porta San Paolo (Ostiense)
• Horario: de lunes a sábado de 9.00 a 13.30h y de 14.30 a 17.00h
• Visitas previa reserva a través de Pierreci
• Tel.: 06 39967700

> **Se puede
> entrar en
> la Pirámide...**

La Pirámide Cestia, que en la actualidad se encuentra dentro del recinto de los muros de Aureliano, a la altura de la Porta San Paolo, es uno de los monumentos «menores» más conocidos y singulares de Roma. La moda romana de los obeliscos, esfinges y esculturas de origen egipcio remonta al siglo I a. C.. Se levantaban templos dedicados a Isis y Serapis en todos los rincones del Imperio e incluso algunos patricios tuvieron la idea de erigir su propia pirámide como última morada. Según varios testimonios históricos, existían por lo menos tres pirámides fúnebres en Roma. Sin embargo, poca gente sabe que se puede entrar en la Pirámide Cestia y visitar su cámara mortuoria decorada con suntuosos frescos. Se accede al monumento por una galería moderna. El interior se compone de una única sala de cuatro metros por seis con una bóveda de cañón muy despojada. A la izquierda hay una galería larga que sube y que sin duda excavaron en la Edad Media los primeros visitantes de la tumba que iban en busca de tesoros: en la época, la pirámide estaba medio sepultada y se accedía a ella desde un nivel más elevado que el nivel original. El retrato del difunto Caius Cestius debía de estar en el fondo o en el centro de la bóveda pero los saqueadores debieron de apoderarse de él porque en su lugar no quedan más que grandes agujeros. Los numerosos grafiti son la muestra del paso frecuente de curiosos y eruditos por este lugar, como Antonio Bosio, que visitó la tumba a principios del siglo XVII. Bosio fue la primera persona en analizar, mediante métodos científicos, las construcciones subterráneas y olvidadas de la ciudad, y en particular, las

catacumbas. Entre las numerosas pruebas de estas visitas, observará el grafito de un tal «Giorgio Bafaia Florentino». Lo que más atrae la atención es la decoración de la *cella*[1]. Algunas figuras, pintadas al fresco, destacan especialmente sobre el fondo blanco de los marcos labrados con gran finura. Sobre los muros se distinguen en particular, unas sacerdotisas, unas ánforas y unos candelabros, y en la bóveda destacan cuatro maravillosas Victorias aladas. Magníficos frescos realizados al más puro estilo pompeyano.

EL CEMENTERIO ACATÓLICO

Via Caio Cestio, 6
• Tel.: 06 5741900
• Horario: del 1 de octubre al 31 de marzo de 9.00 a 16.00h y del 1 de abril al 30 de septiembre de 9.00 a 17.30h
• Tranvía: 3 - Metro: Piramide

> **«Aquí yace alguien cuyo nombre fue escrito sobre el agua»**

A l lado de la Pirámide, admirable imitación de las pirámides egipcias, y del mausoleo de Cayo Cestio, se encuentra un antiguo cementerio protegido por antiguos muros romanos, pinos y cipreses. Verdadero remanso de paz y casi desconocido, es uno de los lugares más románticos de la ciudad. Este cementerio, donde reposan los restos mortales de unos cuatro mil difuntos de todas las razas y religiones (excepto de la religión católica) es también conocido como cementerio protestante, cementerio de los ingleses (la mayoría de los difuntos eran de esta nacionalidad), cementerio de los artistas y de los poetas (no solo por el gran número de artistas y poetas que están enterrados ahí sino también por todos aquellos que lo han amado y alabado) o, por último, cementerio acatólico, tal vez el nombre más adecuado.

Cuando uno pasea por sus alamedas, queda sorprendido de la atmósfera mágica que reina en este lugar así como de la paz y serenidad que se respira y que hacen pensar que el sueño eterno es más agradable aquí.

El cementerio está dividido en dos partes por un muro y una fosa. La parte más reciente contiene un número impresionante de tumbas cubiertas de flores que están dispersas entre los árboles. Entre ellas, encontramos la del gran poeta inglés Percy Bysshe Shelley, que murió ahogado en la playa de Viareggio o la de Augusto von Goethe, hijo natural de Johann Wolfgang, o las tumbas de célebres poetas como Emilio Gadda y Antonio Gramsci. La parte más antigua del cementerio, diferente pero igualmente evocadora con sus tumbas que desaparecen en medio del césped, se encuentra en la primera porción de terreno que concedió el papa en 1722 para poder dar sepultura -práctica prohibida en la época- a los protestantes dentro de los muros de la ciudad.

También encontrará en este lugar la tumba de otro poeta inglés, John Keats -incomprendido en vida y fallecido en plena juventud- quien quiso que se grabase sobre su lápida la siguiente frase: «Aquí yace alguien cuyo nombre fue escrito sobre el agua» (*«Here lies one whose name was written on water»*).

LATERANO - COLOSSEO - FORO - CELIO

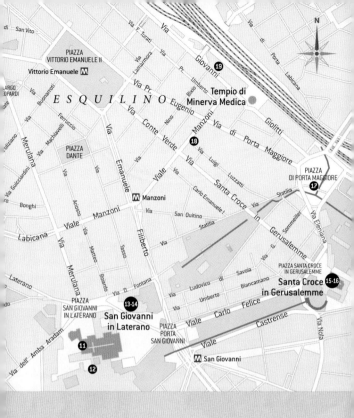

IN QVESTE
PIETRE POSE
LE GINOCHIA S·PIETRO
QVANDO I DEMONII PORT·
SIMON MAGO
PER ARIA

LA HUELLA DE LA RODILLA DE SAN PEDRO

Iglesia Santa Francisca Romana
Piazza Santa Francesca Romana
• Tel.: 06 6795528
• Horario: de 9.30 a 12.00h y de 16.00 a 19.00h

> **Una oración
> para interrumpir
> la levitación
> de un mago**

Después de subir las dos rampas de escalera que flanquean la cripta de la iglesia consagrada a Santa Francisca Romana (originalmente Santa Maria Nova), descubrirá dos estelas de piedra encastradas en la pared de la derecha del crucero de la iglesia y desgastadas en el centro.

Según la tradición, se trataría de las huellas de las rodillas de san Pedro (o de san Pedro y san Pablo, según otras fuentes) que quedaron impresas mientras rogaba a Dios para que interviniera en contra de Simón el Mago: este último habría levitado en el espacio, por encima del Forum, con objeto de demostrarles a los dos apóstoles su superioridad. La oración resultó eficaz ya que el hereje cayó al suelo cual fardo, muriendo en el acto.

Los documentos que hablan de la vida de Simón el Mago han sido rara vez reconocidos como oficiales, ya que no siempre concuerdan y, a menudo, provienen de textos apócrifos. Pero, según la leyenda más divulgada, Simón era un mago procedente de un pequeño pueblo de la región de Samaria. Tras escuchar las enseñanzas cristianas, decidió hacerse bautizar, lo que no le habría impedido intentar sobornar a San Pedro -quien se lo tomó muy mal- para obtener el poder de imponer las manos y transmitir el don del Espíritu Santo.

El origen de la palabra *simonía* proviene precisamente de este legendario intento de Simón el Mago de comercializar con los bienes espirituales.

LA BENDICIÓN DE LOS CONDUCTORES
Cada 9 de marzo, en la Via dei Fori Imperiali y en la plaza del Coliseo, se congregan numerosos fieles al volante de sus vehículos. Intentan aparcar lo más cerca posible de la iglesia para recibir la solemne bendición otorgada en nombre de Santa Francisca Romana. Esta rica y noble dama vivió en Roma hasta su muerte en 1440. Destacó por su generosidad, dedicando su vida a ayudar a los pobres y enfermos. En 1425 instituyó la Congregación de Oblatas de Tor de'Specci, bajo la regla de san Benito (véase pág. 69). Fue santificada en 1608 y proclamada santa patrona de los conductores en 1925.

Según cuentan, los conductores habrían solicitado la protección de Santa Francisca Romana porque un ángel guardián la acompañó durante toda su vida protegiendo su «camino».

LA COLECCIÓN PRIVADA DE ENRICO STURANI ❷

Via del Cerdello, 14
• Tel.: 06 486970
• Metro: Cavour o Colosseo
• Reserva telefónica obligatoria

Enrico Sturani -propietario de una singular y fascinante colección- abre con cariño las puertas de su casa a los más curiosos, permitiéndoles así descubrir el desconocido universo de las postales. Este hombre culto y de singular personalidad, autor de manuales escolares y geográficos, guarda en su apartamento, no muy lejos del

> *Una colección de 140 000 postales*

Coliseo, una excepcional colección de postales. Esta colección, compuesta de casi 140 000 tarjetas, está repartida por todas las habitaciones de la casa en diversas estanterías. A petición del visitante, el señor Sturani enseñará encantado sus postales más bellas, que remontan desde principios del siglo XX hasta nuestros días.

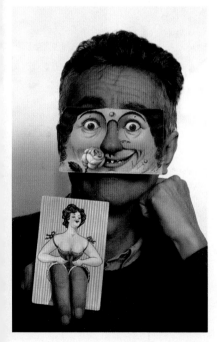

Salvo en contadas excepciones, no hay tema, año del siglo pasado o lugar que este apasionado coleccionista no tenga. Hay postales de guerra, postales pornográficas, políticas o dedicadas a los enamorados, postales con animales, postales que representan a hermosos bebés, postales surrealistas o futuristas. Gracias a las explicaciones de Enrico, todas despiertan un enorme interés y son una forma sorprendente de entender la mentalidad, la cultura, los gustos y la psicología de los hombres del siglo pasado.

LA MESA DEL ORATORIO DE SANTA BÁRBARA

3

Piazza di San Gregorio
• Horario: martes, jueves y domingo de 9.30 a 12.30h

> « Aquí san Gregorio alimentaba a doce pobres y un ángel se sentó como décimo tercer comensal »

La muralla de la hermosa escalera que conduce a la iglesia de San Gregorio al Celio está cortada a medio camino, a la izquierda, por un pórtico. Si lo franquea y sube unos escalones, llegará a un lugar donde se erigen tres edificios: el oratorio de Santa Bárbara, el oratorio de Sant'Andrea y el de Santa Silvia.

Cuentan que el oratorio de Santa Bárbara era la antigua residencia del papa san Gregorio I Magno (560-604) y que el sumo pontífice colocó una gran mesa de mármol donde, a diario, ofrecía un almuerzo a doce pobres. Un día, un decimotercer comensal se presentó. En realidad se trataba de un ángel que había tomado la apariencia de un pobre y Gregorio decidió alimentarle. Hubo quien vio en este personaje a la figura del traidor Judas, el decimotercer comensal de la Cena, y se interpretó la invitación de Gregorio como una exhortación a amar y a perdonar a los que nos han traicionado. De ahí la tradición, que perduró hasta 1870, de reunir a trece invitados al almuerzo que el papa ofrecía todos los Jueves Santos, con objeto de simbolizar el perdón del traidor. La superstición popular, según la cual hay que evitar ser trece a la mesa, sigue estando de actualidad en nuestros días.

Este antiquísimo oratorio contiene las ruinas de un edificio romano del siglo III. Fue restaurado entre 1602 y 1603 por iniciativa del cardenal Baronio. En el interior de un nicho se halla una estatua de mármol, obra de Nicolas Cordier, que representa a san Gregorio Magno bendiciendo. Las paredes están decoradas con una serie de frescos atribuidos a Antonio Viviani y realizados entre 1603 y 1604, que cuentan episodios de la vida del Sumo Pontífice.

Obviamente lo que más llama la atención en el centro de la sala es la gran mesa donde comían los doce pobres. Esta mesa masiva de mármol blanco, sostenida por dos grandes grifos de piedra con una palmera en el centro, data del siglo III. Se puede leer una inscripción que recuerda el milagro del ángel: *«Bissenos hoc Gregorius pascebat egentes – Angelus et decimus tertius accubuit»* («Aquí san Gregorio alimentaba a doce pobres y un ángel se sentó como décimo tercer comensal»).

EL SANTUARIO MITRAICO DEL CIRCO MÁXIMO

❹

Piazza della Bocca della Verità 16
• Visitas previa reserva a través de la Dirección Municipal de Bellas Artes (*Sovraintendenza Comunale*) en el 06 0608, o bien de las numerosas asociaciones culturales, una de ellas *Roma Sotterranea* (www.romasotterranea.it)

> **Uno de los santurios mitraicos más grandes de Roma**

A principios de los años 30, durante las obras de reestructuración del edificio que da al lado noroeste del Circo Máximo, se descubrieron, a catorce metros de profundidad por debajo del nivel actual de la calzada, los vestigios de un amplio edificio en ladrillo del siglo II d. C. Dada su ubicación, se pensó que se trataba de un edificio público relacionado con el cercano Circo. Esta hipótesis queda confirmada por la presencia de una majestuosa escalera que da acceso al piso superior, escalera que fue añadida posteriormente. En el siglo III d. C., algunas salas de la planta baja fueron acondicionadas para albergar uno de los santuarios mitraicos más grandes que se conocen en Roma (véase pág. 23). Se accede al mismo por una entrada secundaria y un vestíbulo, a la derecha del cual se abre una habitación de servicio. Un gran arco de ladrillo separa esta sala del propio santuario, cuyos lados ocupan unos asientos de obra reservados a los fieles. En el muro del fondo, un nicho semicircular albergaba sin duda

la estatua del dios Mitra. El suelo está pavimentado con placas de mármol recuperado mientras que en el centro del santuario se alza una piedra circular de alabastro de considerables dimensiones. La escena se completa con un sorprendente relieve esculpido en mármol blanco que representa a Mitra inmolando a un toro rodeado de dos «*dadofori*» (portadores de antorchas) -Cautes y Cautópates-, del Sol, de la Luna, del cuervo, del escorpión, del perro y de la serpiente.

LOS OTROS SANTUARIOS MITRAICOS DE ROMA

El santuario de Santa Prisca atesora importantes pinturas, una magnífica efigie del dios Sol en opus sectile (composición de fragmentos de mármol) y, en el nicho del muro del fondo, una imagen de Mitra, excepcionalmente desnudo, matando al toro. Además figura un Saturno tumbado hecho con trozos de ánfora recubiertos de estuco.

El santuario de San Clemente está situado en el piso más bajo de los sótanos de la iglesia del mismo nombre. La sala es de pequeñas dimensiones y contiene un altar central con los cuatro lados esculpidos. La bóveda, decorada de estrellas en estuco, está perforada por once orificios: las aperturas circulares más grandes representan seguramente los siete planetas del sistema solar que se conocían entonces y que se asocian con los siete grados de iniciación, mientras que las cuatro aperturas rectangulares, más pequeñas, representan las estaciones. En el fondo de la sala, un nicho protege una pequeña estatua de Mitra naciendo de la roca.

El santuario del parque del Palacio Barberini es único porque contiene diez pequeños cuadros que ilustran los momentos más significativos de la vida de Mitra. Estos cuadros enmarcan una gran pintura de la tauroctonia y los doce signos del zodiaco.

El santuario de las Termas de Caracalla es el más grande de Roma que se conozca. La sala principal, recubierta de grandes bóvedas de cañón, mide veintitrés metros sobre diez. En el centro, se observa una fosa donde termina un conducto subterráneo. Podría tratarse de la *fossa sanguinis* del santuario, es decir, el lugar donde el adepto se tumbaba, durante el rito de iniciación, para ser inundado por la sangre de un toro que se sacrificaba en la sala situada encima. Sin embargo, esta hipótesis es dudosa por las dificultades objetivas que habría que haber superado para sacrificar un animal tan imponente en unas salas a menudo exiguas y de difícil acceso. Este santuario mitraico ha conservado su pavimento de mosaico blanco enmarcado por una banda de teselas negras.

El santuario del sótano de la iglesia de San Stefano Rotondo conserva la decoración de algunos frescos donde figuran el Sol y la Luna.

El santuario Via Giovanni Lanza mide menos de seis metros cuadrados. Se trataba, sin duda, de un lugar de uso privado. Cuando fue descubierto, estaba milagrosamente intacto; las decoraciones en relieve, el altar, las lámparas de aceite y los jarrones antiguos estaban en su sitio original.

Santuario de Santa Prisca: Via di Santa Prisca, 13
Informaciones y reservas: contactar con Pierreci en el 06 39967700.
Abierto el segundo y cuarto domingo del mes a las 16.00h para las visitas individuales y a las 15.00 y 17.00 h para los grupos.
Santuario de San Clemente: Via Labicana 95. Horario: 9.00 a 12.30h y de 15.00 a 18.30h. Los domingos abre a las 10.00h. De octubre a marzo, abierto hasta las 18.00h. Entrada: 6 €
Los santuarios del parque del Palacio Barberini, de San Stefano Rotondo, de las Termas de Caracalla y de la Via Giovanni Lanza solo pueden visitarse reservando a través de las numerosas asociaciones culturales como Roma Sotterranea (www.romasotterranea.it)

EL MITRAÍSMO - UN FASCINANTE Y ANTIGUO CULTO PARA INICIADOS

El mitraísmo es un culto religioso que tiene como figura central al dios de origen iraní, Mitra.

Concebido por una roca, Mitra nace desnudo, armado con un cuchillo y una antorcha en la mano, y tocado con un gorro frigio. Tras vencer al Sol firma un pacto con él y le es entregada la corona radiada, la cual se convierte en su atributo. Mientras persigue al mal, al que combate incansablemente, Mitra captura con la ayuda de su perro un toro -símbolo de las fuerzas impetuosas y animales que hay que lograr controlar- al que acaba matando. Es entonces cuando, milagrosamente, de la columna vertebral del toro nace el trigo, y de su sangre, la vid, es como si hubiera que morir a sí mismo para renacer a la vida... Sin embargo, Ahriman, dios del mal, no se da por vencido y envía un escorpión y una serpiente a vencer a Mitra pero en vano. Mitra y el Sol celebran la victoria, durante un ágape, palabra que se ha mantenido en el vocabulario actual.

El culto a Mitra se realizaba principalmente en cavernas y cuevas, no tanto por su relación con las tinieblas como han insinuado algunos de sus detractores sino más bien porque la caverna simboliza el cosmos, al cual se intentaba llegar durante las ceremonias. Mitra estaba flanqueado por dos portadores de antorchas: Cautes y Cautópates, con los que formaba una triada (o Trinidad). El primero llevaba una antorcha encendida que representaba el día mientras que el segundo portaba una antorcha apagada y orientada hacia el suelo, símbolo de la noche. Estos dos personajes, incluso visualmente, no eran sino representaciones del propio Mitra.

La idea central del mitraísmo radica en el viaje del alma a través del cosmos: se avanzaba por este camino en 7 etapas vinculadas a los 7 planetas, a los 7 días de la semana, a los 7 metales y a los 7 estados del alma de los que progresivamente había que desprenderse. El culto

es evidentemente un medio de avanzar por esta vía y de liberarse progresivamente de las pasiones. El banquete o ágape, a base de pan y de vino, recuerda precisamente la eucaristía mientras que el sacrificio del toro, del cual nace la vida, nos recuerda de manera curiosa la crucifixión y la resurrección...

Difundido en Occidente a partir del siglo I a. C., el mitraísmo conocerá su apogeo en el siglo III d. C. antes de ser suplantado por el cristianismo.

CUANDO LA NAVIDAD DEBE SU FECHA -EL 25 DE DICIEMBRE- AL SOLSTICIO DE INVIERNO Y AL MITRAÍSMO...

Contrariamente a una creencia ampliamente difundida, ningún texto cristiano afirma que Jesús haya nacido en la noche del 24 al 25 de diciembre. Fue el papa Liberio quien, en el año 354, fijó el 25 de diciembre como fecha para celebrar la Navidad y poder así luchar contra las religiones que el cristianismo naciente combatía: los cultos paganos romanos y sobre todo el mitraísmo, el cual celebraba el 25 de diciembre, día del solsticio de invierno, el nacimiento de su dios Mitra (el solsticio de invierno, antes de la reforma del calendario gregoriano -otra de las razones de su creación- no era fijo y no caía siempre el 21 de diciembre).

La recuperación de esta fecha por parte de la Iglesia permitía además crear un símbolo muy bello: en la época del año en que los días eran más cortos y la noche reinaba como dueña y señora, el nacimiento de Cristo el mismo día era un magnífico símbolo de un nuevo día que amanece, de la luz que brilla por fin, disipando las tinieblas y anunciando la resurrección. Antes de esa fecha, los cristianos celebraban el nacimiento de Cristo el 6 de enero, el mismo día que la adoración de los magos. Solo la Iglesia apostólica armenia sigue celebrando la Navidad ese día. Las iglesias ortodoxas que celebran la Navidad en otra fecha que el 25 de diciembre, en realidad la celebran el 25 de diciembre pero desplazan la fecha dado que siguen el calendario juliano.

LA MANO DE LA VIA DEI CERCHI 5

Via dei Cerchi, 87
Metro: B, parada Circo Massimo

*La mano
de Cicerón*

A lo largo de la Via dei Cerchi, una calle estrecha que corre entre el Circo Máximo y el Monte Palatino, se alza una edificio cuya arquitectura original salta a la vista: encima de la cornisa, adornada con dieciocho aberturas en forma de óculos, se ve una curiosa mano que corona el edificio.

Esta mano es una copia en yeso –a tamaño reducido– de un original romano de mármol hallado en la zona y que decoraba originalmente la fachada de la pequeña iglesia de la Madonna dei Cerchi, conocida también con el nombre de Santa Maria de Manu, erigida en el siglo XIII y derruida en 1939. Esta mano, tal y como fue colocada, tiene el pulgar y el índice apuntando hacia el cielo. En la Roma antigua, desde la República romana, este gesto tenía un significado preciso: era así como los comandantes militares y los emperadores pedían silencio antes de la *adlocutio*, un discurso destinado a arengar a las tropas antes de una batalla.

La tradición popular la conoce con el nombre de "mano de Cicerón", aunque no existe razón alguna para asociarla al célebre orador romano.

Dentro del edificio, hay ventanas rodeadas y adornadas con decoraciones, entre las que destacan motivos con flores de lis, símbolo heráldico de la familia Farnese. El edificio está efectivamente a los pies de los huertos de los Farnese (*Orgi Farnesiani*), cuya creación solicitó el cardenal Alejandro Farnese a partir de 1520. Estos ocupaban la parte norte del Monte Palatino y eran el primer jardín botánico privado de Europa. Luego pasaron a manos de los Borbones de Nápoles, y después vendidos a Napoleón III, antes de que el gobierno italiano los comprase al día siguiente de la unificación del país en 1870.

El edificio debía ser una de las granjas que comprendía la vasta propiedad de los Farnese, pero lo embellecieron a finales del siglo XVII cuando realizaron esta compleja fachada. Hoy forma parte de las propiedades de los monjes benedictinos olivetanos, que poseen la basílica de Sant'Anastasia, cuyo ábside es adyacente a la parte trasera del edificio.

En la época de Sixto V (1585-1590), esta mano indicaba a la plebe el precio del vino: 1 centavo la fojetta (1/2 litro).

¿POR QUÉ HAY UNA TORRE EN EL CIRCO MÁXIMO?

La torre de la Moletta, de origen medieval, formaba parte de un complejo fortificado que pertenecía a los Frangipani, una poderosa familia romana. Se llama la torre de la Moletta porque en los alrededores había un molino de agua, alimentado por el canal del Acqua Mariana que corría justamente por el centro del circo.

EL *TITULUS EQUITII* DEBAJO DE LA BASÍLICA DE SAN MARTÍN DE LOS MONTES ❻

Via Monte Oppio 28 (Celio)
• Visitas previa reserva a través de la Asociación Cultural *Roma Sotterranea* (www.romasotterranea.it)

> *Una de las construcciones más interesantes de la Roma paleocristiana*

La basílica de San Martín de los Montes, adosada a los flancos del Colle Oppio, conserva en sus subterráneos una de las construcciones más interesantes de la Roma paleocristiana. Desde el inicio de las excavaciones en 1637, se han ido descubriendo una serie de salas cuyo uso sigue siendo desconocido, por lo menos en sus orígenes, habida cuenta de las numerosas transformaciones que se han llevado a cabo a lo largo de los siglos. En el exterior, a lo largo de la Via Equizia, el muro macizo construido con bloques de toba volcánica, seguramente provenientes de las murallas denominadas «*Mura Serviane*» (murallas servianas), compensa el desnivel existente entre el ábside y la fachada. Una vez dentro de la iglesia, recorra la nave central hasta llegar a la escalera que baja a la cripta barroca situada debajo del altar principal. Desde ahí, cruzando la puerta de la izquierda, descubrirá otra escalera que da a una gran sala rectangular de ladrillo de catorce metros por diecisiete. Seis pilares la dividen en tres naves. El revestimiento sigue siendo el original, con bóvedas de celosía reforzadas por juntas de hormigón. Esta construcción, que remonta al siglo III d. C., formaba parte de las cercanas termas de Trajano. Luego se utilizó seguramente con fines comerciales como mercado cubierto o almacén. Algunos eruditos creen más bien que se trata de los vestigios de una *domus* que perteneció a una acaudalada familia. Se supone que, a partir de finales del siglo III, este lugar se fue convirtiendo progresivamente en uno de los lugares de encuentro de los primeros cristianos. El papa Silvestre (314-335 d. C.) fundó el *Titulus Equitii* redecorando el espacio según las reglas del rito cristiano para que las comunidades de este barrio romano se reunieran. Esta sala se convirtió en seguida en un lugar de encuentro de primer orden para la iglesia cristiana: ahí se celebraron los sínodos de 499 y 595. En el siglo IX, se construyó la iglesia situada encima a la vez que se restauraban y mejoraban las salas. Algunos trozos de pintura, aún visibles en las bóvedas, pertenecen a este periodo: escenas de santos rodeados por la Virgen y Jesús, cuyas posturas y vestimenta de brillantes colores son características del arte bizantino. Aún se pueden ver, sobre el pavimento negro y blanco, algunos fragmentos de mosaicos que datarían, al igual que los motivos ornamentales de algunos frescos, de principios del siglo III, época en la que el lugar tenía todavía una función comercial.

La segunda rampa de la escalera conduce a otras salas subterráneas que lamentablemente están completamente sepultadas.

EL ORIGEN DE LA PALABRA «GROTESCO»

Cuando Nerón murió, en el año 68 d. C., sus sucesores quisieron borrar hasta el último rastro de su prodigioso palacio en el Esquilino, la célebre *Domus Aurea*. Los salones, relucientes de oro y de piedras preciosas, decorados con frescos, esculturas en mármol y estucos policromados, fueron saqueados, incluso sus techos, para servir de cimiento a las imponentes termas de Titus y Trajano. El estanque, que se encontraba en el valle situado debajo, fue desecado para construir el Coliseo. Es así como los suntuosos frescos de la *Domus Aurea* se mantuvieron escondidos hasta que fueron redescubiertos en 1480, de manera fortuita, por lo que parece.

Cuenta la leyenda que un joven romano habría caído en una falla que se habría abierto en la colina Oppio, encontrándose en una especie de cueva cuyos muros estaban recubiertos de figuras pintadas. La noticia no tardó en difundirse y los grandes artistas de la época como Pinturicchio, Ghirlandaio, Rafael, Giovanni da Udine, Filippino Lippi y Giulio Romano, apasionados por el arte antiguo, decidieron deslizarse por estas anfractuosidades (al principio se creyó que se trataban de grutas) para copiar las sorprendentes decoraciones que recubrían las bóvedas. Esta es la razón por la que las decoraciones de la *Domus Aurea*, así como todas las que se inspiraron en ellas en los sucesivos siglos, fueron denominadas «grotescos».

Lamentablemente, casi todos los «grotescos» de la *Domus Aurea* han desaparecido. Su redescubrimiento causó, en efecto, serios daños en las pinturas y en los estucos, que se decoloraron en muy poco tiempo debido al contacto con el aire y la humedad. Los vestigios de la *Domus Aurea* fueron rápidamente olvidados y no se retomaron las excavaciones hasta el siglo XVII, tras el descubrimiento de los frescos de Pompeya.

Sin embargo, este género pictórico no era del gusto de todos. A menudo fue calificado de escabroso y ridículo debido a sus siluetas endebles muy coloridas y pintadas de manera caligráfica sobre un segundo plano monocromo y carente de perspectiva -híbridos un poco monstruosos con efectos naturalistas dentro de un marco geométrico-.

Con el tiempo, estas críticas acabaron por dar a la palabra «grotesco» el significado de insólito o extraño así como de caricatural y extravagante.

Uno de los artistas que dibujó numerosos «grotescos» fue apodado «Morto» («Muerto») da Feltre porque había pasado más tiempo bajo tierra que en la superficie, copiando estos extraños motivos ornamentales.

LA PRIMERA DECORACIÓN GROTESCA CONOCIDA DEL RENACIMIENTO

La iglesia de Santa Maria del Popolo alberga, en la primera capilla situada a la derecha, según se entra por la puerta principal, un magnífico cuadro de Pinturicchio. Las decoraciones pintadas a cada lado constituyen la primera representación de figuras «grotescas», tras el descubrimiento de la *Domus Aurea*.

LOS INSULTOS DE LA BASÍLICA DE SAN CLEMENTE

Basílica di San Clemente
• Horario: de 9.00 a 12.30h y de 15.00 a 18.30h. Domingo a partir de las 10.00h. De octubre a marzo hasta las 18.00h
• Metro: Colosseo

> **«¡Hijos de puta, tirad más fuerte!»**

En la basílica inferior de San Clemente (en el primer sótano), unos frescos del siglo XI -que representan a san Clemente celebrando misa- esconden, en la parte de abajo, a la derecha, un episodio desconocido de la vida del santo. Teodora, mujer de Sisinio y convertida al cristianismo por san Clemente, empieza a frecuentar a los cristianos. Su marido, que no sabe nada de su nueva fe, cree que sus frecuentes ausencias son la prueba de su infidelidad y decide seguirla para descubrir el engaño; cuando Teodora, sencillamente, está yendo a misa.

Durante la celebración de la misa y por intervención divina, el marido celoso se vuelve sordo y ciego. Teodora, entonces, implora a san Clemente que le cure y este, rezando a Dios, cura a su marido. Este, que toma al santo por un mago, cree que ha hechizado a su mujer para poder abusar de ella con más facilidad, por lo que ordena a sus criados que atrapen al santo y se lo lleven. Se produce un milagro por segunda vez: en vez de atar al santo, los criados se dan cuenta de que sencillamente han rodeado una columna con las cuerdas.

El fresco describe el momento preciso en que Sisinio, con toga, a la derecha, grita «Fili de le pute, trahite!» («¡Hijos de puta, tirad más fuerte!»), insulto claramente visible en el fresco. Uno de sus criados, Gosmarius transmite la orden a otro criado, Albertel: «Albertel, trahi» («¡Albertel, tira!») quien a su vez pide ayuda a un tercer criado: «Falite dereto col lo palo, Carvoncel, fagliti dietro col palo, Carvoncello» («¡Ponlo derecho con el palo, Carvoncello!») tal y como está inscrito en el fresco, abajo a la izquierda. Mientras tanto, San Clemente a un lado, sano y salvo, comenta la escena en latín: «Duritiam cordia vestir saxa trahere meruisti» («Por la dureza de vuestro corazón, habéis merecido arrastrar piedras»).

LA LEYENDA DE LA PAPISA JUANA

El oratorio situado en la esquina de la Via SS Quattro con la Via dei Querceti alberga una pintura muy deteriorada que se ha interpretado muchas veces como el recuerdo del parto, escandaloso y en plena calle, de la legendaria papisa Juana. En realidad se trataría, sencillamente, de una Virgen con su hijo. La leyenda de la papisa Juana se atribuye sin duda a la tradición popular. Esta sátira, contraria al papa, remonta al siglo IX y fue muy popular en los siglos XIII y XIV, aunque en la actualidad ha caído casi en el olvido. Cuentan que tras morir León IV, un joven originario de Maguncia fue elegido papa bajo el nombre de Juan VII y que habría ejercido su pontificado entre los años 853 y 855 d. C. (la verdad es que León IV fue Sumo Pontífice hasta su muerte en el año 855 y Benedicto III le sucedió unas semanas más tarde). En realidad, el joven en cuestión era una joven que acababa de llegar a Roma, disfrazada de hombre, después de haber estudiado en Atenas. Destacaba en todas las materias literarias y científicas y gozaba de la estima de un gran número de intelectuales. Oculta bajo su disfraz, se rodeó rápidamente de discípulos y se hizo tan famosa que se convirtió en papa. Luchando a duras penas contra su propia naturaleza, la joven se encaprichó de un joven diácono a quien, al principio, le irritaba recibir tantas atenciones. Pero su exasperación cesó en cuanto se dio cuenta de que el papa era en realidad una joven y bella papisa. Los dos eclesiásticos no tardaron en convertirse en amantes y, hecho insólito en la historia de la Iglesia, el papa quedó «embarazado». La leyenda cuenta que, un día, en el camino que une el Letrán con la Basílica de San Pedro, la papisa rompió aguas y dio a luz en la calle, cerca de la iglesia de San Clemente. Se conmemoró el lugar con una losa de piedra y la calle, hoy desaparecida, tomó el nombre de *Vico della Papessa*. En la actualidad, el nombre de la papisa no aparece en la lista de los Sumos Pontífices, borrando así el recuerdo de este bochornoso incidente. Siempre según la leyenda, se cuenta que a partir de ese momento se estableció que durante la ceremonia de entronización del papa, dos diáconos debían de verificar el sexo del recién elegido sentándole sobre una silla perforada con objeto de comprobar sus atributos, y que tras dicha verificación declararían: «*Habet duos testiculos et bene pendentes*» («Tiene

dos testículos y bien puestos»). Sin embargo, la existencia de sillas «perforadas» cuya construcción remonta a épocas anteriores a la elección de la papisa, desacreditan este hecho. En 1570, la Iglesia desmintió oficialmente la leyenda. Sin embargo, cuentan que hasta esa fecha, las procesiones de Pascua evitaban cuidadosamente la *Vico della Papessa*. En realidad dichas procesiones jamás recorrieron esta calle.

LOS JUEGOS DEL CLAUSTRO DE LA BASÍLICA ❽
DE LOS SANTI QUATTRO CORONATI

Via dei Santi Quattro Coronati
• Metro: Colosseo
• Claustro abierto de 10.00 a 11.45h (9.30 a 10.30h los días festivos)
y de 16.00 a 17.45h

> *Juego antiguo o regla de cálculo*

Poco conocida por el público, la basílica de los Santi Quattro Coronati (de los Cuatro Santos Coronados) es, sin embargo, uno de los edificios religiosos de Roma con más encanto y romanticismo. El claustro, construido en el siglo XIII, es una maravilla por su belleza, dulzura y ligereza, acentuada a su vez por la galería del segundo piso y las dobles columnas que la sostienen. Justo en la entrada del claustro, se pueden ver, sobre el pequeño murete que está encajado entre dos series de columnas, quince líneas paralelas grabadas sobre la piedra, en el centro de las cuales se pueden leer signos que pueden ser interpretados como cifras romanas. Para algunos se trataba de una antigua regla de cálculo o ábaco y para otros de un juego antiguo muy cercano al juego de la oca o de los dados, en el que se hace girar una peonza o se tira una pelota pequeña y cuanto más cerca caen de las dos columnas menos puntos se consiguen. Casi al extremo opuesto de este juego, al otro lado del claustro, otras inscripciones están también sujetas a diversas interpretaciones. Juego del molino o símbolo esotérico del triple recinto, ambas explicaciones tienen sus defensores. Esta misma inscripción está igualmente grabada por segunda vez en el claustro pero está casi totalmente borrada.

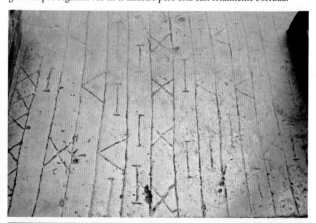

Para más información sobre los triples recintos, véase pág. 203.

LOS FRESCOS DE LA IGLESIA DE SANTO STEFANO ROTONDO ❾

Iglesia de S. Stefano Rotondo
Via di S. Stefano Rotondo, 7
• Horario: de lunes a domingo de 9.30 a 12.30h y de 14.00 a 17.00h (horario de invierno). De 9.30 a 12.30h y de 15.00 a 18.00h (horario de verano)
• Metro: B, parada Colosseo; autobús: 3, parada Colosseo

> *Para familiarizar a los jóvenes sacerdotes con la idea de una muerte probable en tierras extranjeras...*

En 1580, el papa Gregorio XIII confió la iglesia de Santo Stefano al Celio a los jesuitas del Collegium Germanicum et Hungaricum, destinado a formar al clero consagrado a la evangelización de Europa del Norte y de Europa Central. Después de 1517, numerosos habitantes de estos territorios se unieron a la Reforma protestante de Lutero. La Iglesia católica decidió –tras el Concilio de Trento (1545-1563)– reconquistarles, enviando a jóvenes jesuitas *in situ*.

Para familiarizar a los jóvenes sacerdotes con la idea de una muerte

probable en tierras extranjeras, los jesuitas del Collegium Germanicum mandaron hacer unos frescos en los muros de la nave circular. Se trataba de treinta y cuatro escenas de martirio realizadas por célebres pintores de la época, como Pomarancio y Antonio Tempesta. Las escenas representadas, aún visibles hoy, son aterradoras. Los artistas se inspiraron quizás en escritos de Antonio Gallonio, un sacerdote de la misma época –conocido por haber escrito la biografía de Felipe Neri– quien, en una de sus obras ilustradas por Tempesta en persona, había descrito con fuerza los detalles del martirio de los primeros cristianos. La forma circular de la iglesia de Santo Stefano al Celio –construida en el siglo V– es similar a los edificios orientales. El núcleo central estaba formado por un cilindro de 22 metros de alto y 22 metros de diámetro, iluminado por 22 ventanas y sustentado sobre 22 columnas. Dos naves circulares con girolas y otros elementos arquitectónicos rodeaban este núcleo. En la época del papa Teodoro I (642-649), depositaron las reliquias de los mártires Primo y Feliciano en una de las capillas originales. Esta capilla, además del magnífico mosaico que representa a los dos mártires en el ábside, es la única que ha sobrevivido al paso del tiempo. En los siglos siguientes, la nave circular exterior fue destruida, y el límite de la nave intermedia se convirtió en el muro exterior de la iglesia.

QUÉ VER EN LOS ALREDEDORES
EL MITREO DE S. STEFANO ROTONDO ⑩
Solo se visita con una de las numerosas asociaciones culturales, como Roma Sotterranea (www.romasotterranea.it) (véase pág. 273).

LA URNA DE CLEMENTE XII

Basílica de San Giovanni in Laterano
Piazza di San Giovanni in Laterano, 4
• Horario: abierto todos los días
de 7.00 a 18.45h
• Metro: A, parada San Giovanni

*La urna
desaparecida de la
plaza del Panteón*

Al pasar bajo el pórtico del Panteón, se puede ver en el gran nicho de la izquierda dos epígrafes en latín con el mismo texto: "El sumo pontífice León X, príncipe previsor, ordenó que este vaso muy elegante de mármol numídico sea colocado aquí y restaurado de tal manera que no caiga en desuso, oxidado por la negligencia y la suciedad".

Bajo el pontificado de Eugenio IV (1431-1447), limpiaron la zona que rodea el panteón de todo tipo de casuchas y comercios pegados al monumento, conocido en la época con el nombre de iglesia de S. Maria Rotonda. La explanación de la plaza, realizada delante del panteón para nivelar el terreno que se había vuelto intransitable debido a los depósitos drenados por las frecuentes inundaciones, permitió descubrir dos urnas de pórfido rojo y dos leones de basalto. Las urnas procedían sin duda de termas, como las de Agrippa, de Nerón o de Alejandro Severo, y los leones provenían tal vez del templo de Isis y Serapis, situado en el Campo de Marte (43 c. C.).

El papa Eugenio IV mandó colocar las urnas y los leones delante del pórtico, pero las repetidas crecidas del Tíber y la dudosa higiene de la plaza –que también acogía el mercado– obligaron al papa León X (1513-1521) a mandar restaurar los leones y a subir las urnas colocándolas sobre dos bases en las que se grabaron las inscripciones hoy visibles en el nicho de la izquierda.

A finales del siglo XVI, se perdió una de las dos urnas y la otra fue trasladada dentro del pórtico del Panteón, donde permaneció hasta 1730, año en que el papa Clemente XII (1730-1740) se apropió de ella para hacer

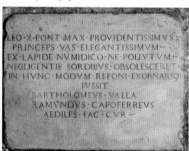

su monumento funerario.

Hoy la urna de Clemente XII está dentro de la basílica de San Juan de Letrán (San Giovanni in Laterano), en la capilla nobiliaria de la familia Corsini en la entrada de la nave izquierda.

Desde la Antigüedad, el pórfido es un material "diferente". Los romanos comenzaron a importarlo cuando Egipto se convirtió en una provincia romana (31 a. C.). Su uso siempre ha estado asociado a la familia imperial.

¿JUEGO DEL ALQUERQUE O TRIPLE RECINTO ESOTÉRICO?

En numerosos lugares de Europa e incluso en China o en Sri Lanka, encontramos la misma inscripción, compuesta de tres cuadrados concéntricos, remarcándose el punto central, unidos por dos pares de rectas perpendiculares a los lados, que pasan por el punto medio de estos. Para algunos se trata sencillamente del llamado "juego del molino" mientras que otros destacan que también se ha encontrado esta inscripción grabada verticalmente sobre muros o sobre un espacio demasiado reducido como para servir de base para un juego. El símbolo del triple recinto sería pues un símbolo esotérico que representaría, dentro de una búsqueda espiritual, los tres grados del camino que deben de recorrer los iniciados hasta la meta, a través de los tres mundos: el físico, el intelectual y el espiritual o divino. Representarían también a la Jerusalén celeste y sus doce puertas (tres a cada lado del recinto). Utilizada por los templarios para marcar los lugares geográficos sagrados o un lugar con una concentración física o espiritual particular, el triple recinto está algunas veces representado de forma circular. El círculo correspondería con el principio del camino mientras que el cuadrado representaría el final de la búsqueda, de ahí la expresión «la cuadratura del círculo» para simbolizar la resolución final del problema. El juego del alquerque, del molino o de la rayuela sentada se practica desde la Antigüedad (Roma, Grecia y Egipto). La forma en que se estructura el juego presenta veinticuatro agujeros donde se colocan las nueve fichas que cada jugador posee. El objetivo es mover las fichas hasta poder colocar tres alineadas, igual que en el juego del tres en raya. Para ello, a veces se utilizaban simples piedras de diferentes colores.

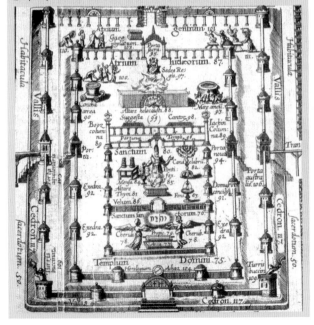

LOS TRIPLES RECINTOS DEL CLAUSTRO DE SAN GIOVANNI IN LATERANO ⓬

Claustro de San Giovanni in Laterano
• Tel.: 06 77207991
• Horario: todos los días de 9.00 a 18.00h
• Entrada: 3 €

> *¿Simple juego o símbolo esotérico?*

El magnífico claustro de San Giovanni in Laterano, concebido por Vassalletto en el siglo XIII, posee tres curiosas y discretas inscripciones en su interior. La primera de estas tres marcas, conocidas por algunos con el nombre de "triple recinto", se encuentra justo a la entrada, a mano derecha. Existen otros dos triples recintos en el claustro, esta vez esculpidos verticalmente sobre las paredes del recinto del claustro. Las interpretaciones sobre el significado de estas inscripciones son numerosas (véase a continuación).

En Roma hay cuatro lugares donde están representados los triples recintos: la basílica de los Santi Quattro Coronati, la basílica de San Giovanni in Laterano, la de San Paulo Fuori le Mura y la de San Lorenzo Fuori le Mura.

¿ESTÁ EFECTIVAMENTE EL ARCA DE LA ALIANZA EN ETIOPÍA?

Según varias fuentes de información, es muy probable que el Arca de la Alianza exista en la actualidad. En su libro *El misterio del Arca perdida*, Graham Hancock cuenta su búsqueda de la mítica arca. Tras las invasiones de Jerusalén en el siglo VI a. d. C., el arca habría sido llevada a través del Sinaí y a lo largo del Nilo hasta Etiopía, donde estaría en la actualidad, en Axum para ser más exactos. Su presencia y radiación casi mágica explicarían, entre otras cosas, que este país sea uno de los pocos países en el mundo que no ha sido nunca totalmente colonizado.

VISITA PRIVADA DEL *SANCTA SANCTORUM* ⓭

Piazza San Giovanni in Laterano
• Horario: sábados a las 10.30, 12.30, 15.00 y 16.00h mediante reserva
• Tel.: 06 7726641

> *Sí, es posible entrar en el más sagrado de los lugares sagrados*

Contrariamente a la creencia popular, el papa no es el único que está autorizado a entrar en el corazón del *Sancta Sanctorum*. Cualquier persona puede visitar, los sábados y mediante reserva, este lugar, descrito aún hoy como uno de los lugares más sagrados del mundo cristiano, tal y como lo indica la frase latina que figura debajo del fresco principal: «*Non est in toto sanctior orbe locus*» («No hay lugar más sagrado (que este) en el mundo»). El nombre de *Sancta Sanctorum* señalaba, en el antiguo templo de Salomón en Jerusalén, el lugar más sagrado del templo. En él se guardaba el tesoro del templo así como la mítica Arca de la Alianza que contenía las Tablas de la Ley de Moisés, la vara de Aarón y el gomor o copa de maná (véase a continuación). La tradición nos cuenta que solo el supremo sacerdote podía, una vez al año, acceder al más sagrado de los lugares sagrados. En la actualidad, el *Sancta Sanctorum* es la capilla privada de los papas y durante mucho tiempo solo fue accesible para el papa y para unos pocos privilegiados. Dedicada a San Lorenzo, la capilla fue construida por el papa Nicolás III en 1278. Guarda numerosas reliquias como una imagen milagrosa, llamada acheropoieta (véase pág. 141), de Cristo. Cuenta la tradición que fue el propio San Lucas quien la pintó con la ayuda de un ángel. En la Edad Media la imagen era sacada en procesión para conjurar la peste y otras enfermedades. Para evitar su deterioro, se recubrió con una capa de oro dejando una apertura delante del rostro y pequeñas puertas delante de las manos, los pies y el flanco, las cuales se abrían en Semana Santa con ocasión de la adoración de las cinco heridas de la Pasión de Cristo. En los siglos sucesivos, la imagen de Cristo quedó muy deteriorada y se sustituyó por la copia que vemos en la actualidad.

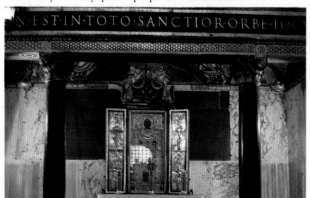

LA RELIQUIA DEL PREPUCIO DE CRISTO

Sancta Sanctorum
• Horario: el sábado a las 10.30, 12.30, 15.00 y 16.00h mediante reserva
• Tel.: 06-7726641

> *¿Se halla la reliquia del prepucio de Cristo en San Juan de Letrán?*

Según la tradición judía, Jesús fue circuncidado ocho días después de su nacimiento. En una época en que la cristiandad se disputaba las reliquias, numerosas fueron las reliquias fantasiosas que vieron la luz (véase págs. 138-139) entre las cuales, la reliquia del prepucio de Cristo. Se trata seguramente de una de las numerosas reliquias inventadas y, por otra parte, nunca reconocida por la Iglesia. Según la creencia popular de la abadía de Coulombs, en Francia, el santo prepucio tenía la facultad de hacer fecundas a las mujeres estériles y de que las mujeres embarazadas tuvieran un parto sin complicaciones. De esta forma, en 1421, Catalina de Valois, mujer de Enrique V de Inglaterra, hizo traer la reliquia para asegurarse de tener un parto tranquilo. En la Edad Media, se llegaron a contabilizar hasta quince santos prepucios en diferentes lugares de Europa, a pesar de que el de Roma es el más reputado. Se trataría de un regalo de bodas de la emperatriz de Bizancio, Irene la Ateniense, que posteriormente trasladó el papa al *Sancta Sanctorum* de San Juan de Letrán. Aunque durante

la Revolución Francesa se destruyeron varias de estas reliquias, existen otros tres lugares, de los quince de origen, que también conservarían un santo prepucio: Amberes, en Bélgica así como Conque y Verte (Auvernia), en Francia.

¡MEJOR QUE EL SANTO PREPUCIO, EL SANTO OMBLIGO!

En el momento más álgido de la batalla por las reliquias (véanse págs. 138-139), una fantástica reliquia fue inventada por los comerciantes sin escrúpulos, la del santo ombligo, que sería la reliquia del cordón umbilical de Jesús. Dicha reliquia se conservaría actualmente en San Giovanni in Laterano y otro trocito estaría en Santa Maria del Popolo. Observemos que habría existido otro ombligo en Châlons-en-Champagne, en Francia, pero solo hasta 1707, fecha en que el obispo del lugar lo destruyó tras declarar la reliquia falsa. Cuenta la historia que la ciudad lo habría recuperado gracias a Carlomagno, el cual lo habría recibido del emperador de Bizancio, y se lo habría entregado a un papa. Uno de sus sucesores -probablemente el francés Clemente V- habría regalado una parte al obispo de Châlons.

LA INSCRIPCIÓN *INRI* DE LA IGLESIA SANTA CROCE IN GERUSALEMME 🔟

Capilla de la cruz y de las reliquias
Piazza di Santa Croce in Gerusalemme, 9ª
• Tel.: 06 7014769 • www.basilicasantacroce.it
• Horario: todos los días de 7.00 a 13.00h y de 14.00 a 18.30h

> **¿Dónde se encuentra la verdadera inscripción de Cristo?**

Entre las reliquias más importantes de la iglesia Santa Croce in Gerusalemme descubrimos la inscripción que estaba fijada a la cruz donde Cristo fue crucificado.

El Evangelio de san Juan es el único que menciona esta inscripción. En este texto, la inscripción «Jesús de Nazaret, Rey de los Judíos» habría sido escrita en tres idiomas: hebreo, latín y griego. Según este mismo evangelio, unos curas le habrían pedido a Poncio Pilato que se grabara la siguiente inscripción «Este hombre ha dicho: yo soy el Rey de los Judíos», pero Pilato se negó. La tradición cuenta que esta inscripción habría sido traída desde Tierra Santa por Elena, madre de Constantino, primer emperador romano que se habría convertido al cristianismo y fundador de Constantinopla, a quien le dio su nombre. Según san Ambrosio de Milán (fallecido en 397), Elena habría descubierto la verdadera cruz de Cristo en el año 325 y no la habría confundido con la de los otros dos crucificados gracias a la famosa inscripción. A continuación, la habría traído a Roma, a su palacio de Sessoriano, sobre el que se levanta la actual iglesia de Santa Croce in Gerusalemme. A partir de esta época, la multiplicación de reliquias de la cruz se intensificó (véanse págs. 138-

139) y varias cruces e inscripciones se hicieron competencia. De este modo, aparece otra inscripción *INRI* en Jerusalén a finales del siglo IV d. C. pero con un epígrafe diferente: «*Hic est Rex Iudaeorum*» («Este es el Rey de los Judíos»). También se mencionan otras inscripciones, una en París, siglo XIII, y otra en la catedral de Toulouse.

La inscripción de Santa Croce in Gerusalemme fue descubierta en 1492, escondida detrás de un muro, en una caja de plomo que llevaba el sello del papa Lucio II (1144-1145).

En 2001, dos científicos, Francesco Bella y Carlo Azzi, la analizaron al carbono 14: dataría de 1020 más o menos.

ADÁN, SALOMÓN Y LA REINA DE SABA: ¿EN EL ORIGEN DE LA CRUZ DE CRISTO?

Según *La Leyenda Dorada* de Santiago de la Vorágine (1228-1298), Adán, ya en edad muy avanzada, rogó a su hijo Set que le pidiera al arcángel san Miguel aceite para bendecirle antes de morir. El arcángel se negó pero, a cambio, le entregó una pequeña rama del árbol del bien y del mal ordenándole que la colocara en la boca de Adán al enterrarlo. De esta pequeña rama surgió un gran árbol que libró a Adán de sus pecados, asegurando de este modo su salvación. Fueron pasando los años y un día el rey Salomón hizo construir el templo de Jerusalén, en cuya construcción utilizaron el árbol. Sin embargo, una vez que cortaron el árbol, resultó que era o demasiado corto o demasiado largo para el uso que querían darle. Los obreros se deshicieron de él y lo tiraron al río Siloé para que sirviera de pasarela. Un día en que la reina de Saba había ido a visitar a Salomón, esta tuvo una premonición al cruzar la pasarela: algún día, este trozo de madera serviría en la crucifixión de Cristo y el reino de los judíos quedaría interrumpido. Para evitar tan trágico destino, el rey Salomón mandó retirar y enterrar el trozo de madera. Sin embargo, durante el juico a Jesús, el trozo afloró milagrosamente del suelo y lo utilizaron para construir la cruz de la crucifixión. Para evitar cualquier tipo de veneración, las cruces fueron enterradas y olvidadas hasta que el emperador Constantino, que combatía contra Majencio, tuvo la visión de una cruz luminosa con la leyenda: «In hoc signo vinces» («Con esta señal vencerás»). Su armada, protegida por la señal de la cruz, venció en la decisiva batalla de Milvio. Constantino quiso encontrar la cruz de Cristo y envió a su madre, Elena, a Jerusalén.

Tras torturar, durante 7 días, a un judío que conocía el lugar donde se encontraban las tres cruces (la de Jesús y las de los dos ladrones), Elena acabó encontrando las tres cruces. Por un suceso milagroso posterior supo cuál de las tres era la de Cristo: un joven que acababa de morir, resucitó inmediatamente tras tocar, su cuerpo sin vida, la madera de la cruz de Cristo.

A continuación, se dejó una parte de la cruz en Jerusalén y la otra fue llevada a Constantinopla, la nueva capital imperial.

MUSEO HISTÓRICO DE LOS GRANADEROS DE CERDEÑA

Piazza S. Croce in Gerusalemme, 7
• Horario: de lunes a viernes de 9.00 a 12.30h
• Metro: A, parada S. Giovanni; tranvía: 3 y autobús: 571, parada S. Croce in Gerusalemme
• Entrada gratuita

> **Puñales de verdad en la gran escalera**

Antaño, detrás de la basílica de la Santa Cruz de Jerusalén, se hallaba el cuartel Umberto I, sede del 2º Regimiento de Granaderos, parcialmente destruido en 1943 por los bombardeos aliados sobre la estación de trenes de San Lorenzo. Al día siguiente de la proclamación del armisticio del 8 de septiembre de 1943, unos soldados alemanes irrumpieron disparando en el cuartel convencidos de encontrar al monarca reinante, Víctor Manuel III, que había huido a Roma durante la noche. En un arranque de cólera, dispararon al busto de su padre ubicado entonces en el patio del cuartel.

El cuerpo de los granaderos de Cerdeña nació en 1659 en el ducado de Saboya. Bautizados al principio como "regimiento de los guardias reales", tomaron el nombre de granaderos cuando todas las compañías integraron seis soldados que, a la cabeza de las tropas, tenían como deber lanzar contra los enemigos proyectiles llenos de pequeños granos de pólvora explosiva a los que llamaban granadas. De hecho, la bandera del regimiento sigue portando hoy una granada llameante. Inaugurado en 1924, el museo consta de quince salas que cuentan la historia de los distintos episodios en los que participaron los granaderos: desde campañas napoleónicas hasta tres guerras de independencia italianas, desde las guerras coloniales en Eritrea y en Libia hasta dos guerras mundiales.

Además del busto de bronce del rey Humberto I de Italia marcado con dos pistoletazos, los objetos expuestos son numerosos: banderas, armas, uniformes, objetos personales, de los cuales muchos fueron donados por antiguos granaderos o por sus familias. Hay también muchos documentos expuestos, así como fotografías y grandes planos de los principales campos de batalla. Subiendo por la imponente escalera, se puede ver que la balaustrada de hierro está hecha con puñales de verdad metidos en sus vainas.

En el salón de honor pintado de blanco, en la primera planta, justo debajo del techo y a lo largo de las paredes, están representados todos los miembros de la dinastía de la casa Saboya, desde los primeros condes hasta los reyes de Cerdeña y de Italia.

El recorrido termina con la visita al monumento conmemorativo, un lugar muy emotivo. Sobre los muros circulares de pórfido, con más de 8 500 nombres grabados en letras doradas: los de los granaderos caídos durante las guerras del siglo XX. En el centro de la cúpula, sobre el tragaluz que ilumina levemente la sala, se puede leer: "Más allá de las fronteras de la vida".

LA TUMBA DEL PANADERO

Piazza Maggiore

> **Una tumba imperial para un simple panadero**

A pesar de su parecido con un monumento imperial, la tumba de Marco Virgilio Eurysaces es la tumba de un simple panadero. Fue redescubierta en el siglo XIX cuando el papa Gregorio XVI, deseoso de devolver a la zona el aspecto que tenía en la época de Aurelio, mandó derribar, en 1838, las torres defensivas que erigió Honorio alrededor de la Porta Maggiore. Construida en travertino en el año 30 a. d. C., el monumento se parece extrañamente a las tumbas patricias de la via Appia.

Según la inscripción (EST HOC MONIMENTUM MARCEI VERGILEI EURYSACIS PISTORIS, REDEMPTORIS, APPARET «Esta es la tumba del panadero Marco Virgilio Eurysaces, empresario y proveedor»), el hombre, que debió de ser un oficial subalterno («*apparitore*») de un personaje de alto rango, fue probablemente un liberto que trabajaba para el Estado. Sobre la tumba podemos admirar numerosos símbolos que recuerdan su oficio de panadero: la forma de la tumba es igual que la de los recipientes que el panadero utilizaba para amasar el pan. Está decorada con numerosos bajorrelieves que representan los utensilios que sirven para hacer el pan así como las diferentes fases del proceso de fabricación: pesaje del trigo, tamizado de la harina, preparación de la masa, horneado del pan… La urna donde se conservan las cenizas de su mujer Atinia, que en la actualidad se encuentra en el Museo delle Terme de Roma, ha sido realizada en forma de artesa. Finalmente el bajorrelieve conservado

en el Museo del Capitolio y que representa a los dos esposos, proviene seguramente de otro trozo del monumento, hoy desaparecido.

El Museo de la Civilización Romana (Museo della Civiltà Romana) guarda una reproducción en miniatura de esta tumba.

La Porta Maggiore fue denominada así para indicar a los peregrinos el camino que llevaba hasta la iglesia de Santa Maria Maggiore.

EL HIPOGEO DE LOS AURELIOS

Via Luzzati, 2
• Visita previa solicitud ante la Pontificia Commissione di Archeologia Sacra (06 4465610)

> *Cuando Prometeo, Heracles y Circe se codean con Adán y Jesucristo...*

En la esquina de las calles Manzoni y Luzzati hay un sorprendente complejo funerario del siglo III. El hipogeo, descubierto en 1919 durante la construcción de un garaje, se compone hoy esencialmente de una gran sala y dos más pequeñas, cavadas en la toba y situadas a un nivel inferior. Una vieja verja se abre sobre un camino encajado entre dos villas y, desde ahí, se entra a un vestíbulo y luego, bajando por la escalera, al hipogeo.

Las inmensas pinturas que lo decoran son de las más extraordinarias del siglo III d. C. y de hecho plantean problemas de interpretación que están lejos de ser resueltos. En efecto, no se pueden vincular con un único filón iconográfico, sino al contrario, muestran ese lado ecléctico típico del clima multirreligioso de la época donde las nuevas religiones procedentes de Oriente conviven con las ideologías romanas y griegas más clásicas.

Los frescos que representan a los doce apóstoles, a los cuatro evangelistas o a Cristo como buen pastor coexisten junto a escenas de banquetes y de triunfos (tal vez a reinterpretar como la entrada triunfal de las almas en la Jerusalén celeste), ciudades, animales mitológicos, filósofos, etc. Otro ciclo se inscribe en la tradición homérica con Ulises que regresa de Ítaca y se reencuentra con Penélope delante de su telar, o Ulises y la hechicera Circe. Hay otros aún más enigmáticos: se puede reconocer a Prometeo creando al hombre y a Heracles en el jardín del Edén o, según otra interpretación, la creación de Adán y la expulsión del paraíso.

La última sala es aún más ambigua. Se ve un personaje que señala la cruz, una representación rarísima para una época tan antigua, pero también siluetas de hombres y de mujeres con velo, probablemente unos iniciados. De hecho el medallón central alberga una escena de iniciación o de exorcismo y recuerda a la presencia aquí de una hermandad religiosa.

El hipogeo de los Aurelios, en este contexto, representa un ejemplo sorprendente de una familia que, sin abrazar totalmente la fe cristiana, la interpreta con los criterios multiconfesionales y estéticos de la Roma del siglo III.

LA COLUMNA DEL MARTIRIO

Iglesia Santa Bibiana
Via G. Giolitti, 154
• Horario: de 7.30 a 11.00h y de 16.30 a 19.30h
• Tranvía: 5 y 14 - Metro: Termini

Una misteriosa poción mágica

Esta pequeña iglesia, que se encuentra a unos pasos de la estación de Termini, pasa desapercibida por su pobre ubicación: la tapan los cables de la vía férrea, su propio recinto y los árboles. Para llegar a la entrada, hay que cruzar los viejos raíles y tomar un camino no muy cómodo.

La iglesia es una antigua basílica dedicada a Bibiana, una legendaria mártir del siglo IV. Fue erigida en el siglo V, por decisión del papa Simplicio, sobre los restos de 11 266 mártires. Fue reconstruida una primera vez en 1224 por Honorio III, y una segunda vez, en 1626, por Urbano VIII. Bernini también intervino varias veces en la iglesia. Levantó una nueva fachada y construyó un vestíbulo y una *loggia* que, más tarde, fueron tapiados. Redefinió el ábside, añadió dos capillas al final de las naves laterales, donde podrá admirar el retablo de Pietro da Cortona, que representa a Dafrosa, y el retablo de Agostino Ciampelli, que representa a Demetria (madre y hermana de Bibiana respectivamente y ambas mártires también) y renovó la capilla mayor, colocando en un nicho una estatua de Bibiana, realizada con la colaboración de Giuliano Finelli. Debajo del altar mayor, una pila en alabastro muy preciado

contiene los restos de Bibiana, Demetria y Dafrosa. En la nave de la izquierda se conserva un trozo de la columna donde Bibiana sufrió su martirio: ser flagelada hasta la muerte. Dicho trozo está gastado por las manos de todos aquellos que, durante siglos, han rascado la columna para sacar un poco de polvo. Según parece los creyentes intentaban obtener una poción con misteriosos poderes taumaturgos disolviendo el polvo en agua, tomada del pozo del huerto vecino, y mezclándolo con la hierba que creció en la tierra que fue regada con la sangre de la mártir.

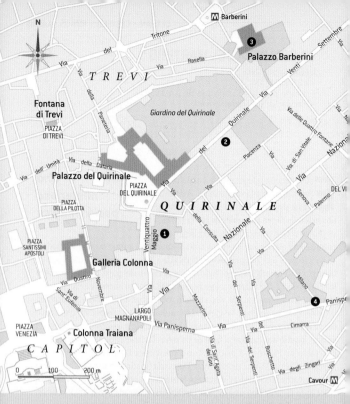

QUIRINALE -TERMINI - MONTI - ESQUILINO

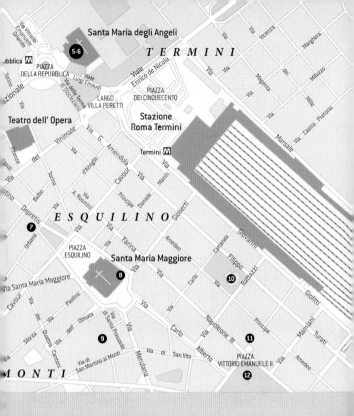

EL CASINO DE LA AURORA

Palazzo Pallavicini-Rospigliosi
Via XXIV Maggio, 43
• Tel.: 06 83467000
• Horario: abierto el primer día de cada mes de 10.00 a 12.00h y de 15.00 a 17.00h • Entrada gratuita • Visitas privadas: todos los días para grupos de 20 personas como mínimo
• Entrada: Laborables: 15 € por persona. Festivos: 20 € por persona
• Disponibilidad de guías especializados incluso en un idioma extranjero, previa petición

Una maravilla abierta una vez al mes

onstruido en los jardines del extraordinario palacio Pallavicini-Rospigliosi, el espectacular Casino dell'Aurora (Casino de la Aurora) está abierto al público, de forma gratuita, el primer día de cada mes. El palacio, edificado en 1610 sobre los vestigios de las Termas de Constantino, alojó durante un tiempo al poderoso cardenal Mazarino. El casino, diseñado al mismo tiempo que el jardín colgante y la fuente semicircular, ambos situados en los lados opuestos del casino, es obra de Giovanni Vasanzio (nombre italianizado de Jan Van Santen), ebanista flamenco que se convirtió, a su llegada a Roma, en el asistente del célebre arquitecto Flaminio Ponzio. Las dos plantas del edificio son visibles únicamente desde el exterior, desde la Via XXIV Maggio. Del lado del jardín, la planta inferior está enterrada debido al desnivel que existe entre la calle y el jardín. El edificio, que alberga un salón central flanqueado por dos salas pequeñas situadas sobre las dos plantas, está construido en forma de C, diseño que se utilizó, desde finales del siglo XV, en la construcción de los pabellones de caza y de las villas. El lado que da al jardín corresponde a la segunda planta del edificio, reservada, desde siempre, a la celebración de banquetes y ceremonias de protocolo. En el techo del salón central, podemos admirar el famoso fresco que dio su nombre al casino, *La Aurora* de Guido Reni, realizado entre 1613 y 1614. Es una de las obras más reproducidas en la historia del arte de los cuatro últimos siglos. La sala central rebosa de bustos en mármol de emperadores romanos y de famosas estatuas griegas del siglo XVII, como *Artemisa cazadora* o *Athena Rospigliosi*.

UNA VISITA MUY PRIVADA: LAS SALAS LATERALES DEL CASINO DE LA AURORA

Si reserva con antelación (Sra. Capacciolo – 0683467000), podrá visitar el casino con toda tranquilidad y tener acceso a las dos salas laterales, las cuales no son accesibles durante la apertura mensual del casino al público. Las salas han sido pintadas al fresco por Giovanni Baglione que ha representado *El combate de Armida* y Passignano que ha representado a *Rinaldo y Armida*. Estas salas también contienen dos óleos de Guido Reni *La Crucifixión* y *Andrómeda liberada por Perséfone* así como *La muerte de Julián el Apóstata* y *La Conversión de Saúl* por Luca Giordano.

EL CASINO DE LAS MUSAS

En casos muy excepcionales, se puede asimismo visitar el Casino de las Musas que forma parte de este palacio. Se pueden admirar unos magníficos frescos de Orazio Gentileschi y Agostino Tassi. Únicamente previa reserva, llamando a la Sra. Capaccioli al 0683467000.

LA ESTATUA DE SAN ESTANISLAO KOSTKA ❷

Iglesia de San Andrea al Quirinale
Via del Quirinale, 29
• Tel.: 06 4744872
• Horario: de lunes a viernes de 8.30 a 12.00h y de 15.30 a 19.00h.
Sábado y domingo de 9.00 a 12.00h y de 16.00 a 19.00h

> *Una maravillosa estatua pegada a un cuadro recortado*

La mayoría de los visitantes de San Andrea al Quirinale, al limitarse a visitar solo la iglesia principal, no sospechan que se pierden la parte más interesante de la visita: al fondo, a la derecha de la iglesia, hay un pasadizo que conduce a un pasillo donde una persona vende tarjetas postales y demás recuerdos. Desde ahí se puede acceder a los dos lugares más interesantes del edificio, pero hace falta saberlo, ya que antiguamente, estos lugares estaban cerrados. Solo tiene que pedirlo, y podrá entrar en la magnífica sacristía. La estancia posee un hermoso techo pintado al fresco que podrá admirar gracias a las luces que les encenderán para tal fin, pero, si quiere disfrutar aún más de esta maravilla, le recomendamos que invierta 50 céntimos para encender la iluminación adicional. Y si pregunta, también podrá acceder, previo pago de tan solo un euro, a las salas que conservan las reliquias de San Estanislao Kostka, en el primer piso del edificio (donde se encuentra el seminario de los Jesuitas). Nacido en Polonia en 1550 y fallecido en 1568, a los 18 años de edad, Estanislao Kostka ingresó en el noviciado de la Compañía de Jesús, en Roma, a los 16 años, tras estudiar en Viena. Al no contar con el permiso paterno, se fugó de su casa en 1567 y cruzó a pie toda Alemania. En la segunda sala podrá admirar una excepcional y desconocida escultura de Pierre Le Gros el Joven, realizada entre 1702 y 1703. De una forma espectacular utilizó mármoles policromos de distintos colores para representar al santo tumbado sobre su lecho de muerte, consiguiendo reproducir en el mármol todos los pliegues. La túnica en mármol negro que

cubre al santo es bastante sorprendente: se parece más al abrigo de un dandy del siglo XIX que al hábito de un religioso, lo que indica que el santo todavía no había pronunciado sus votos. No se pierda el cuadro colgado detrás de la cama de mármol que, curiosamente, ha sido recortado: es un cuadro de Tommaso Minardi que representa a la Virgen, a santa Bárbara, a santa Cecilia y a santa Agnes dando la bienvenida al santo, y que colocaron después de la escultura de Le Gros. Como esta tocaba la pared, fue necesario recortar un trozo del marco para poder encajar el cuadro. Esta pintura no tiene gran interés.

FRESCO DE LA *SABIDURÍA DIVINA* ❸

Galleria Nazionale d'Arte Antica - Palazzo Barberini
Via delle Quattro Fontane, 13
• Horario: de martes a domingo de 8.30 a 19 h
• http://galleriabarberini.beniculturali.it
• Metro: A, parada Barberini

> *Un espejo de las ideas teocráticas de Tommaso Campanella*

El magnífico palacio Barberini alberga el fresco de *La sabiduría divina*, un encargo de Taddeo Barberini (1603-1647), sobrino del papa Urbano VIII, al pintor italiano Andrea Sachi (1599-1661) quien lo ejecutó de un modo magistral entre 1629 y 1631-33.

Andrea Sachi era amigo y discípulo del filósofo y teólogo Tommaso Campanella (1568-1639), un adepto de las ideas gnósticas de su tiempo y partidario de la reforma social de la Iglesia, lo que le valió largos años de prisión por herejía y conspiración. Monje dominico de la Orden de Predicadores, Campanella era, en acción y en pensamiento, un cristiano que

creía que el papa podía, como líder espiritual de la cristiandad, instaurar un estado social justo y perfecto entre los países a partir de la soberanía del Vaticano, un estado donde la religión y la política convivieran en perfecta armonía: una auténtica teocracia pontificia. Escribió incluso un libro sobre el tema: *La Ciudad del Sol*. Según él, el papa Urbano VIII reunía todas las cualidades culturales y morales de un verdadero sumo pontífice. Se convirtió en persona de confianza, consejero y amigo de la curia del Vaticano y cuando, en 1634, la Inquisición quiso arrestarle una vez más, fue el propio papa quien organizó su huida a París. Tiempo atrás, Campanella ya había mandado inmortalizar a Urbano VIII Barberini y, una vez este elegido papa, afirmó su misión divina en la Tierra encargando a Sachi el fresco de *La sabiduría divina*: representa la famosa ciudad del sol deseada por Campanella.

Campanella describió a partir de 1633, en su tratado *Monarchia messiae*, su modelo de emperador universal de una monarquía católica, un título sugestivo que remitía a las ideas anteriormente expresadas en *La Ciudad de Dios* por otro neoplatónico: san Agustín.

Según Campanella, el reino de Urbano VIII era la realización de *La Ciudad del Sol* en la Tierra. En el fresco, sin embargo, alrededor de la Sabiduría figuran las virtudes indispensables para su llegada: la Nobleza con la corona de Ariadna, la Eternidad y la serpiente que se muerde la cola formando el círculo del infinito, la Justicia con su balanza, la Valentía con la llave de Hércules, la Dulzura y su lira, la Divinidad con el triángulo, la Caridad con la espiga de trigo, la Santidad con la cruz y el altar llameante, la Pureza con el cisne, la Perspicacia con el águila y la Belleza con la cabellera de Berenice.

En el cielo del fresco aparecen dos figuras aladas: un hombre alado a lomos de un león, una alegoría del amor de Dios y en el lado opuesto, Cupido sujetando su flecha y presentando la liebre que simboliza el temor de Dios. Para terminar, a los pies de la Sabiduría divina y alineada con ella, un enorme globo terráqueo parece girar en órbita alrededor del trono. Sugiere la idea de que Andrea Sachi conocía la teoría heliocéntrica apoyada por Galileo, pero iniciada por Copérnico.

UN FRESCO HERMÉTICO

En el fresco de *La sabiduría divina* también destacan unas pequeñas estrellas posicionadas cerca de las virtudes pintadas. Estas representarían en realidad la bóveda celeste de la noche del 5 al 6 de agosto de 1623, fecha en la que Urbano VIII Barberini fue elegido papa. Así, en perfecta correspondencia con las teorías herméticas de la época (véase pág. 124), la función de esta pintura, más que decorativa, era de talismán: debía reproducir y difundir *in situ* las conjunciones propicias a Urbano VIII, por lo tanto tenía como fin protegerle de las influencias negativas de Marte y de Saturno en el momento de los eclipses solar y lunar. Urbano VIII era, secretamente, un auténtico apasionado de astrología y Campanella había estudiado incluso la influencia que los planetas ejercían en él en su libro *Astrologicorum libri VI*, con el título *De siderali fato vitando*.

MUSEO DEL INSTITUTO DE PATOLOGÍA DEL LIBRO ❹

Via Milano, 76
- Visitas mediante reserva
- Tel.: 06 48291 - 48291304 - 48291235
- Email: icplform@tin.it
- Entrada gratuita

Desconocido, el pequeño museo del Instituto de Patología del Libro fue creado en 1938 por iniciativa de la fundación que lleva el mismo nombre. Desde entonces, no ha cesado de enriquecerse con herramientas que ilustran la fabricación de los libros y su deterioro. En la actualidad se

Los libros nacen y enferman, pero se les puede curar

ha trasladado a unos nuevos locales y ha sido completamente reestructurado. Entre otras cosas, se ha querido poner de relieve, mediante un recorrido dividido en tres partes, una colección de objetos única en su género. La primera está dedicada a los materiales y técnicas de fabricación de los libros antiguos y modernos, la segunda aborda los diferentes aspectos del deterioro de los mismos y la tercera cubre los aspectos de la conservación y restauración.

Gracias a la experiencia adquirida por los empleados del museo y a la colaboración de los laboratorios del Instituto, el público tiene a su alcance nuevos soportes pedagógicos para que pueda participar de manera activa durante su visita, de tal modo que esta se hace mucho más interesante tanto para los adultos como para los niños. La duración media de la visita es de unos 45 minutos. Encontrará audioguías en italiano e inglés, disponibles para todas las edades. Algunos carteles incluyen breves introducciones a cada parte. Un vídeo ilustra la actividad del Instituto y un taller pedagógico está enteramente dedicado al aprendizaje de los más pequeños.

LA MERIDIANA DE LA IGLESIA SANTA MARIA DEGLI ANGELI

⑤

Piazza della Repubblica
• Metro: Repubblica
• Horario: sábado de 7.30 a 18.30h y domingo de 8.30 a 19.30h

> *El testigo de una extraordinaria epopeya*

Santa Maria degli Angeli es una majestuosa basílica erigida en las Termas de Diocleciano según unos dibujos de Miguel Ángel, primero, y Vantelli, después.

En el patio de la basílica, frente a la tumba del mariscal Díaz, podrá admirar una magnífica meridiana que mide 45 metros de longitud, denominada Línea Clementina, ya que fue inaugurada por Clemente XI el 6 de octubre de 1702. Pisoteada durante siglos, esta maravillosa construcción de bronce y mármol se deterioró considerablemente, pero la restauración llevada a cabo en el 2000 le ha devuelto todo su esplendor.

Su creación remonta a 1700, cuando Clemente XI, con el fin de verificar la validez de la reforma gregoriana del calendario, le pidió al matemático y astrónomo Francesco Bianchini que construyera una meridiana monumental que indicara el equinoccio de primavera y que pudiera así determinar con exactitud la fecha del día de Pascua (ver los recuadros de las páginas siguientes). La Pascua, en efecto, debía celebrarse según las reglas establecidas por los padres del Concilio de Nicea, a saber el domingo siguiente a la primera luna llena del equinoccio de primavera. Por lo tanto, era extremadamente importante no cometer errores, que habrían inevitablemente desplazado las fechas de todas las demás fiestas religiosas móviles.

A lo largo de la meridiana, hay unas incrustaciones antiguas que

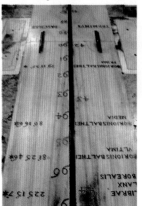

representan los signos del Zodiaco. Estos fueron realizados a partir de los dibujos trazados por Maratta, utilizando las imágenes de *Uranometria Nova* de Bayer.

A la derecha de la línea de la meridiana aparecen los signos de las constelaciones de verano y de otoño; a la izquierda, los signos de las constelaciones de primavera y de invierno. Cada día del año, al mediodía, el Sol, que entra en la iglesia por el centro del blasón heráldico de Clemente XI, ilumina la línea en un punto diferente, desde Cáncer durante el solsticio de verano hasta Capricornio durante el solsticio de invierno.

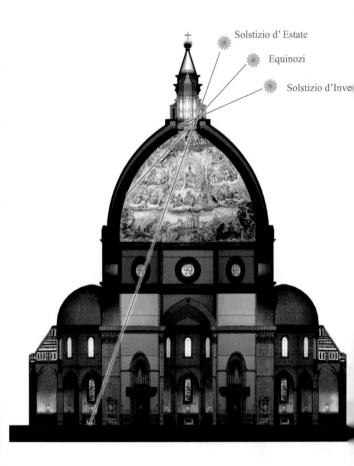

Solstizio d' Estate

Equinozi

Solstizio d'Inve

¿CÓMO FUNCIONA UNA MERIDIANA?

Las meridianas se componen de un pequeño agujero en altura que permite la entrada de un rayo de sol y de una línea orientada exactamente en el eje norte-sur. Este agujero se llama agujero gnomónico (gnomon, guía en griego) y el rayo de sol sobre la línea en cuestión cumple perfectamente la función de la sombra en los cuadrantes solares tradicionales.

Para que fuera eficaz, el agujero debía situarse lo más alto posible (de ahí el interés por las catedrales, véase el siguiente párrafo «¿Por qué se han instalado meridianas en las catedrales?») y debía medir una milésima parte de la altura a la cual se situaba. Dicho agujero tenía obviamente que colocarse en el lado sur para dejar pasar el rayo de sol, situado al sur, en el hemisferio norte.

Por lo tanto la línea meridiana partía del punto situado exactamente en la vertical del agujero, algo que no era fácil de calcular hace unos siglos. La longitud de la meridiana dependía de la altura del agujero y en ciertos casos, cuando el edificio no era suficientemente largo para poder trazar en el suelo la línea meridiana completa, se añadía un obelisco al final de esta (véase, por ejemplo el obelisco de la iglesia San Sulpicio de París). Evidentemente, en verano, cuando el sol está en lo más alto, el rayo de sol traza la línea meridiana más cerca de la pared sur, por lo tanto al principio de la meridiana, mientras que en invierno, es a la inversa, los rayos de sol, más bajos en el horizonte, tocan el extremo de la línea.

El gran principio de la meridiana es que a mediodía, hora solar, el sol está en la cima de su trayectoria y los rayos caen verticalmente siguiendo la perpendicular del eje norte-sur.

Una vez considerado este aspecto, hallándose la línea meridiana sobre este eje, entendemos mejor por qué, cuando el rayo de sol toca dicha línea, sabemos que es exactamente mediodía, hora solar.

Por extensión, en función de la posición del rayo de sol sobre la línea, es también posible determinar el día del año: el rayo de sol solo alcanza el punto situado justo al principio de la línea, el día del solsticio de verano y el punto situado al final de la línea, el día del solsticio de invierno. Con la experiencia, se determinó y se inscribió luego, sobre algunas meridianas, los días del año en que se realizaron las observaciones.

Las cartas estaban echadas, y mediante la observación del sol sobre la línea meridiana, se podía determinar los diferentes días del año como el Domingo de Pascua, la gran apuesta histórica, científica y religiosa de estas meridianas. Por fuerza, también se podían determinar los diferentes periodos correspondientes a los signos del Zodiaco, lo que explica por qué se ven con frecuencia, a lo largo de estas líneas, los símbolos de estos signos.

¿POR QUÉ PASAMOS DIRECTAMENTE DEL 5 AL 14 DE OCTUBRE DE 1582? LA MEDIDA DEL TIEMPO, ORIGEN DE LAS MERIDIANAS

Toda la problemática de la medida del tiempo y de los calendarios se explica por el hecho de que la Tierra no tarda siempre el mismo número de días en girar alrededor del Sol: el tiempo de revolución (solar) no es de 365 días o de 366 días sino de 365 días, 5 horas, 48 minutos y 45 segundos. En la época de Julio César, Sosígenes de Alejandría estimó esta duración en 365 días y 6 horas. Para recuperar esta diferencia (ajustar el cómputo) de 6 horas, Sosígenes intercaló un día más cada 4 años. Con esto, nació el año bisiesto y el calendario juliano.

En 325, el Concilio de Nicea constituyó el papel temporal de la Iglesia católica (Constantino, que convocó el Concilio, fue el primer emperador romano en adoptar la religión católica). Esta poseía una liturgia que se componía de fiestas fijas como la Navidad, pero también de fechas móviles como la Pascua. Con objeto de establecer la fecha de esta fiesta esencial, que correspondía con la muerte y resurrección de Cristo, la Iglesia decidió hacer coincidir el Domingo de Pascua con el primer domingo después del primer plenilunio tras el equinoccio de primavera. Ese mismo año, en 325, el equinoccio cayó un 21 de marzo y se decidió fijar esa fecha como la fecha del equinoccio de primavera.

Sin embargo, con los años se dieron cuenta, al observar la bóveda celeste, de que el equinoccio (que corresponde con una posición conocida de las estrellas) ya no volvía a caer el 21 de marzo. Los 11 minutos y 15 segundos de diferencia entre la duración real de la revolución de la Tierra alrededor del Sol y la duración arbitrariamente definida, provocaba en efecto una diferencia de tiempo cada vez más importante entre el equinoccio real y el 21 de marzo. En el siglo XVI, cuando la diferencia era ya de 10 días, el papa Gregorio XIII decidió intervenir. Se suprimieron sencillamente 10 días del calendario y se pasó directamente del 5 al 14 de Marzo de 1582.

También se decidió, tras sabios cálculos (en particular del astrónomo calabrés Luigi Giglio), que cada 100 años, los años que debían de ser bisiestos no lo serían salvo cada 400 años, lo que permitiría contar 97 días bisiestos cada 400 años en vez de 100 y de recuperar el retraso real. De este modo, 1700, 1800 y 1900 no fueron bisiestos pero el año 2000 sí, y el año 2100 no lo será. Había nacido el calendario gregoriano.

Con objeto de establecer definitivamente este calendario y de terminar de convencer a los protestantes que utilizaban el calendario juliano, la Iglesia empezó desde ese momento a construir grandes meridianas en las iglesias. Comenzaba una maravillosa odisea...

El nombre «bisiesto» debe su nombre al hecho de que el día que se añadía era insertado entre el 24 y el 25 de febrero. Según la denominación latina, el 24 de febrero era el sexto (*sextus*) día antes de las calendas de marzo, de ahí el nombre «*bis sextus*» para el día adicional. Según el calendario romano, se denominaba calendas al primer día del mes.

LAS MERIDIANAS MÁS ALTAS DEL MUNDO

Entre el siglo XV y XVIII se construyeron aproximadamente 70 meridianas en Italia y en Francia, sin embargo solo 10 poseen un gnomon cuya altura es superior a 10 metros -siendo la altura del agujero del gnomon un elemento esencial para la precisión exacta de las medidas-.
La meridiana de Santa Maria del Fiore es, de lejos, la más alta. Estas son, en orden decreciente, las 10 meridianas más altas:

Santa Maria del Fiore (Florencia)	90,11 m;
San Petronio (Bolonia)	27,07 m;
San Sulpicio (París)	26 m;
Monasterio San Nicolo l'Arena (Catania, Sicilia)	23,92 m;
El Duomo (Milán)	23,82 m;
Santa Maria degli Angeli (Roma)	20,34 m;
San Giorgio (Módica, Sicilia)	14,18 m;
Museo Nacional (Nápoles)	14 m;
El Duomo (Palermo)	11,78 m.

¿POR QUÉ SE HAN INSTALADO MERIDIANAS EN LAS CATEDRALES?

Para poder optimizar sus cálculos, los astrónomos necesitaban grandes espacios en los que el punto de entrada de la luz estuviera lo más alejado posible del suelo: cuanto más largo era el rayo de sol, más precisos eran los cálculos. Debido a la altura de las catedrales, estas enseguida fueron consideradas el emplazamiento ideal para estos instrumentos científicos. Además, la Iglesia era la primera interesada en estas meridianas que le permitían determinar la fecha exacta del Domingo de Pascua.

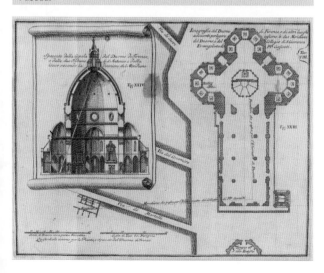

STELLAE POLARIS ORBIT

23   X   V   22   X

LA MERIDIANA BOREAL DE LA IGLESIA DE SANTA MARIA DEGLI ANGELI ❻

Piazza della Repubblica
• Horario: sábado de 7.30 a 18.30h y domingo de 8.30 a 19.30h
• Metro: Repubblica

> *La única meridiana del mundo que mide el movimiento de la Estrella Polar*

L a meridiana solar de Santa Maria degli Angeli es relativamente conocida, pero son pocos los que conocen la extraordinaria meridiana boreal que también se encuentra en esta iglesia. Orientada hacia el Norte, al contrario que la meridiana solar orientada hacia el Sur, esta meridiana boreal (véase a continuación) es la única que se conoce en la actualidad. Su función es proyectar sobre el suelo de la iglesia,

con la ayuda del agujero situado sobre la parte superior derecha de la iglesia, a 27,20m de altura, el movimiento de la Estrella Polar alrededor del Polo Norte. Muy cerca del inicio de la línea meridiana solar, observarán 17 magníficas elipses que marcan las diferentes trayectorias de la estrella en el cielo: esta meridiana boreal es un extraordinario y raro instrumento que permite medir el efecto del fenómeno de la precesión de los equinoccios (véase más abajo). Además de su función astronómica, la meridiana boreal de Bianchini (véanse las páginas anteriores) también permitiría medir la hora de la medianoche que marcaba el inicio de la jornada eclesiástica.

¿CUÁL ES EL ORIGEN DE LA PALABRA «BOREAL»?

En la mitología griega, Bóreas, hijo de Astreo y Eos, era el dios del frío viento del Norte. El adjetivo «boreal», por extensión, se relaciona con todo lo que está situado al Norte.

Si desea más información sobre el funcionamiento de las meridianas de la iglesia de Santa Maria degli Angeli, puede adquirir la notable obra *Il cielo in Basilica* (solo en italiano) de las ediciones Agami.

LOS PERSONAJES ANACRÓNICOS DEL MOSAICO DE SANTA PUDENZIANA

Iglesia de Santa Pudenziana
Via Urbana, 160
- Abierto todos los días de 8.00 a 12.00h y de 15.00 a 18.00h
- Metro: A, B, parada Termini; autobús: 71, 75, parada Cavour-Esquilino

> ¿Los Farnese y los Caetani en lugar de Jesucristo y los apóstoles?

Sorprendentemente, los rostros de algunas figuras del mosaico antiguo de la iglesia de Santa Pudenziana son idénticos a los de personajes célebres del siglo XVI, inmortalizados por grandes pintores.

Así, el rostro del segundo apóstol cerca de Jesús guarda un asombroso parecido con el retrato del papa Pablo III (Alejandro Farnese, 1468-1549) realizado por Tiziano, mientras que el rostro del cuarto apóstol se parece mucho al de Giulia Farnese –hermana de Pablo III–, retratada como "La dama y el unicornio" en varios frescos romanos (galería Carracci o palacio Farnese, Sala de Perseo en el castillo Sant'Angelo).

¿Una casualidad? Seguramente no. La explicación reside en los lazos de parentesco que unían al cardenal Enrico Caetani a la familia Farnese, la madre de Alejandro Farnese –convertido en papa con el nombre de Pablo III– que se llamaba Giovanella Caetani. Las relaciones entre ambas familias siempre fueron estrechas, hasta el punto de que Pablo III se encargó personalmente de la boda de su primo, Camillo Caetani, abuelo del cardenal Caetani que restauró la iglesia en 1585.

La antiquísima iglesia de Santa Pudenziana (finales del siglo IV) se alza en una antigua calzada romana –vicus Patricius– hoy llamada Via Urbana. La iglesia se erigió en el emplazamiento de una *domus ecclesiae* conocida en el siglo II con el nombre de Titulus Pudentis. A lo largo de los años, el nombre de Pudente se transformó en Pudenziana y fue así como a finales del siglo IV ya se conocía este sitio como Titulus Pudentianae. Los papas Siricio e Inocencio I (principios del siglo V) transformaron las estancias de la *domus* en iglesia. El mosaico de la bóveda absidal (del año 412) es el más antiguo que se conoce en Roma en los edificios cristianos.

En 1588, el cardenal Enrico Caetani –titular de Santa Pudenziana– encomendó al arquitecto Francesco Capriani la tarea de reformar la iglesia y de restaurar el mosaico. Con el paso de los siglos, las teselas que componían las seis figuras de la derecha (si las vemos desde un plano contrapicado) casi habían desaparecido. El restaurador del siglo XVI las sustituyó varias veces: en 1831, con motivo de las obras de restauración de Vincenzo Camuccini, se eliminaron las capas de yeso del siglo XVI y se sustituyeron por nuevas teselas, pero respetando siempre los "parecidos farnesianos".

LA CRUZ DE LA ABJURACIÓN DEL REY DE FRANCIA ENRIQUE IV ❽

Piazza Santa Maria Maggiore
En el patio al lado de la nave derecha de la basílica de Santa Maria Maggiore

> *Un cañón como recuerdo de la conversión al catolicismo de Enrique IV*

Cerca de la basílica de Santa María la Mayor, una columna de granito rojo, de 3,5 metros de altura, recuerda un acontecimiento importante de la historia de Francia y uno de los más significativos de las guerras religiosas: la abjuración del rey Enrique IV. En su cima, rematada con un capitel corintio, se alza una cruz flordelisada de mármol gris que sostiene en ambos lados dos figuras de bronce, Jesucristo en la cruz y la Virgen de la Inmaculada Concepción. La cruz se halla en un pequeño patio lleno de coches al que se accede a la derecha mirando la basílica de frente. Sin duda el lugar no le hace justicia: antaño se erguía delante de la iglesia vecina de San Antonio del Esquilino que pertenecía entonces a religiosos franceses y fue trasladada aquí en 1880, cuando abrieron la calle Carlo-Alberto.

En 1595, el papa Clemente VIII Aldobrandini otorga al rey Enrique IV, tras convertirse al catolicismo, la absolución solemne del pecado de herejía en una ceremonia celebrada con gran pompa en San Pedro. El vicario de San Antonio, Charles Anisson, decide festejar prestamente el acontecimiento erigiendo este monumento conmemorativo ad *memoriam absolutionis Henrici IV*, que sin embargo dio lugar a interpretaciones. Efectivamente, la columna se parece a la caña de un cañón rematado por una cruz y lleva la inscripción *In hoc signo vinces* (con este signo vencerás). ¿Quiere esto decir que solo el cañón asegura la victoria del cristianismo? Es seguramente más probable que el religioso quisiera decir que la cruz, redentora, prima por encima de todo.

Sobre la base de este precedente, se pudo reclamar luego, sin éxito, la construcción de un monumento similar en honor a Luis XIV, quien tenía "mayor mérito por haber destruido la herejía" mediante la revocación del edicto de Nantes en 1685.

UNA ESTATUA PARA REHABILITAR LA IMAGEN DEL REY DE FRANCIA EN ROMA

Roma conserva otra huella del primer Borbón, en San Juan de Letrán, debajo del pórtico del crucero derecho: una escultura de bronce, de pie, realizada por el escultor lorenés Nicolás Cordier, criado por los canónigos de Letrán como agradecimiento a la muy generosa donación de Enrique IV a la abadía de Clairac. El proyecto estuvo muy respaldado por el embajador del rey en Roma, por su cariz político implícito: con esta representación "en la entrada de la principal iglesia de la cristiandad", se buscaba redimensionar la importancia de la columna honorífica que recordaba la sumisión del monarca a la Santa Sede y rehabilitar la imagen y el prestigio de un rey cuyas representaciones eran quemadas, tan solo quince años antes.

UNA MISA EL 13 DE DICIEMBRE EN HONOR A FRANCIA

El capítulo de Letrán otorgó el título de canónigo al rey francés para agradecerle su donación (véase más arriba). El presidente de la República francesa, como sucesor de los reyes de Francia, hereda el título.

De hecho, el capítulo de Letrán celebra una misa el 13 de diciembre, día del aniversario del nacimiento de Enrique IV. Esta ceremonia *pro felici ac prospero statu Galliæ* es insólita en muchos aspectos: no se conoce ejemplo alguno de una misa celebrada de un modo tan solemne en la capital de la cristiandad a favor de otras naciones. Otro aspecto particular: se celebra "para la felicidad y la prosperidad" de una república que se considera orgullosamente "laica". La ceremonia, presidida por el vicario del papa, en presencia de representantes de las autoridades francesas y de la comunidad nacional, se sigue oficiando en la actualidad.

LAS AUREOLAS CUADRADAS DE LA BASÍLICA SANTA PRASSEDE

9

Basílica Santa Prassede
Via di Santa Prassede, 9 / Via San Martino ai Monti, Roma
• Tel. 06 4882456
• Horario: todos los días de 7.30 a 12.00h y de 16.00 a 18.30h
• Metro: Cavour o Vittorio Emmanuele

> *Aureolas cuadradas para personajes vivos*

Famosa por sus mosaicos realizados por artistas bizantinos en el siglo IX, la basílica de Santa Práxedes fue construida a petición del papa Pascual I (817-824) para homenajear a Santa Práxedes, hermana de Santa Pudenciana e hija de Pudencio, en cuya casa habría residido San Pedro según lo relata Pablo en un epitafio.

El famoso mosaico de ábside representa el ascenso al paraíso de Santa Práxedes y de Santa Pudenciana. A la derecha de Jesús, Santa Práxedes está representada entre San Zenón y el papa Pascual I, quien le enseña a Jesús la iglesia que mandó construir. Curiosamente, observamos que su cabeza está rodeada por una aureola muy inusual: es cuadrada y azul, en lugar de la tradicional aureola circular y dorada (véase siguiente encuadrado). Del mismo modo, observamos que la madre de Pascual I, Teodora, enterrada en la capilla de San Zenón, está también representada, dentro de la capilla, encima de la puerta a la izquierda, con una aureola azul y cuadrada.

Esta misma aureola se puede ver en los mosaicos de Santa Cecilia in Trastevere -donde una vez más corona la cabeza de Pascual I, quien también mandó reconstruir esta iglesia-, y cerca de San Juan de Letrán: el mosaico que decora el ábside del comedor del palacio del papa León III *(el Triclinium Leonionum)* representa a León III (795-816) con una aureola de este tipo.

¿DE DÓNDE PROVIENEN LAS AUREOLAS CUADRADAS?

Hasta el siglo IV, Cristo era el único que llevaba una aureola, símbolo de los que han vivido como santos y han sido admitidos en el cielo. Sin embargo, a partir del siglo IX, la aureola estará comúnmente admitida para el conjunto de santos. Normalmente esta es circular y dorada, símbolo de la luz divina. Por lo general, las aureolas simbolizan la representación del espacio celeste (aura, según ciertas terminologías actuales) que rodea a los santos. Está centrada sobre la cabeza, que se supone es la parte más noble del hombre, el centro del alma. La aureola cuadrada que rodea a ciertos personajes en los mosaicos, corresponde a los personajes que estaban vivos cuando se realizó el mosaico. La aureola representa la tierra y sus cuatro orientaciones. El azul, color del cielo, es el color más inmaterial, el más puro y cercano a lo divino. Simboliza la desvinculación de uno mismo y el ascenso del alma hacia Dios, por lo que sería el símbolo de una etapa intermedia en el camino hacia Dios y el color dorado.

UNA PISCIFACTORÍA CERCA DE LA ESTACIÓN ⑩ DE TERMINI

Casa de la Arquitectura, antiguo acuario romano
Piazza Manfredo Fanti
Abierto de 9.30 a 17 h salvo cuando se celebran eventos
Para más información llamar al 06 97604580
• Metro: A y B, parada Termini

Un proyecto insólito con una historia agitada

Construir en el recién creado barrio del Esquilino en el centro de la joven capital del reino de Italia, un edificio que fuese a la vez una piscifactoría, una escuela de piscicultura, un acuario y un lugar de "venta al por mayor de pescado destinado al consumo", fue, en la época, el proyecto que presentó Pietro Carganico, un empresario lombardo que llegó a Roma en 1881. Este edificio insólito y elegante, de factura clásica, con un imponente pronaos parecido a un arco griego, se levantó en tan solo dos años sobre un terreno que el Ayuntamiento de Roma entregó en concesión gratuita. Terminado a finales de 1885, el edificio se inauguró en 1887.

La majestuosa sala elíptica, con mezzanina, sobre la que se abre el precioso escenario real, tenía veintidós acuarios alineados a lo largo de las paredes y estaba decorada con estucos, columnas de hierro fundido, cuadros de temática marina, un suelo de mosaicos policromos (lamentablemente tapado, salvo una pequeñísima parte en la entrada), todo ello bajo una gran cúpula de cristal y hierro. Carganico vio sus ambiciones frustradas mucho antes de que empezaran las obras de construcción: por una serie de maniobras jurídicas le sacaron del proyecto y, tras numerosas vicisitudes, el edificio pasó a ser propiedad del Ayuntamiento.

Hasta 1899 fue efectivamente un acuario, antes de que empezara un periodo agitado en el que atribuyeron distintos usos a las salas: sala para ferias y fiestas, pista de patinaje, circo, sala de cine y gimnasio. A partir de 1908, pasó a ser un teatro de segunda categoría para espectáculos de variedades y para revistas. A partir de 1930, se presentaron proyectos de demolición o de rehabilitación del edificio, como baños públicos o como estación de autobuses para los autobuses regionales, pero entretanto lo usaron como almacén para los decorados del Teatro de la Ópera y como sede de las oficinas electorales municipales.

En 1984, se llevaron a cabo importantes obras de restauración que terminaron seis años más tarde devolviendo al edificio su esplendor original. Este espacio "recuperado" alberga hoy la Casa de la Arquitectura y vuelve a ser escenario de iniciativas culturales.

Aunque ya no queda nada de las construcciones destinadas a la piscicultura, que incluían un lago exterior y estanques en los sótanos, ni de los veintidós acuarios, todavía se puede apreciar la belleza del edificio en el que abundan guiños al mundo marino, que nos recuerda el sueño de Pietro Carganico.

LA BENDICIÓN DE LOS ANIMALES DE LA IGLESIA SANT'EUSEBIO

⓫

Piazza Vittorio Emanuele II
• Tranvía: 5 y 14 - Metro: Vittorio Emanuele

> *¡Bendiga a su perro, a su gato, a su caballo o a su vaca!*

Todos los 17 de enero, tiene lugar una sorprendente bendición de animales en la iglesia Sant'Eusebio. Si antiguamente este oficio se celebraba delante de la iglesia de la Via Carlo Alberto consagrada al abad San Antonio, protector de los animales, en la actualidad, y por problemas de tráfico, se celebra delante de la iglesia de Sant'Eusebio. A pesar de que en la actualidad, esta tradición secular solo está destinada a los animales domésticos, históricamente era un rito que se aplicaba a todos los animales, como los caballos, las vacas y los animales de corral. A cambio de la bendición de sus animales, los campesinos entregaban una ofrenda en especie, mientras que los nobles donaban dinero y grandes cirios destinados a proteger

a sus animales de las enfermedades. Al aumentar el número de nobles que solicitaban oficios privados para sus animales, las sumas de dinero relacionadas con la bendición se volvieron considerables, por lo que otros curas intentaron organizar ceremonias parecidas en sus iglesias. Este fenómeno se extendió tanto que el cardenal vicario se vio obligado, en 1831, a amenazar con suspender a *divinis* a los curas que bendecían a los animales sin autorización.

LA PUERTA ALQUÍMICA DEL MARQUÉS DE PALOMBARA ⓬

Piazza Vittorio Emanuele II
• Tranvía: 5 y 14; metro: A, parada Vittorio Emanuele

Una puerta hermética

La puerta alquímica, también llamada puerta mágica, puerta hermética y puerta del cielo, es un monumento esotérico lleno de símbolos astrológicos y alquímicos entremezclados con frases en latín y en hebreo con un significado igualmente hermético.

Erigida en 1680, según la fecha que figura en ella, esta puerta alquímica es la única superviviente de las cinco puertas de la villa Palombara de Massimiliano Palombara, marqués de Pietraforte (1614-1680). La villa fue derruida a finales del siglo XIX con el fin de ampliar la estación. En 1873, se desmontó la puerta y, en 1888, se volvió a montar, unos pasos más allá, en los jardines de la actual piazza Vittorio, en un antiguo muro de la iglesia de San Eusebio. Le añadieron entonces las dos estatuas (una a cada lado) del dios egipcio Bes, que estaban originalmente en el palacio del Quirinal. Este dios menor del antiguo Egipto era considerado el protector de los hogares contra los espíritus malignos y por consiguiente, protector del sueño, de la fertilidad y del matrimonio. Estos atributos y su imagen tradicional contribuyen a su parecido con el dios de los gnomos al que los antiguos hermetistas llamaban Gob o Gobi.

Encima de la puerta, el medallón en el que se ve el orbe (globo terráqueo rematado con una cruz) superpuesto a la estrella de seis puntas, comúnmente llamada "estrella de David", representa el equilibrio perfecto de la armonía entre el cielo (triángulo del derecho) y la tierra (triángulo invertido). En medio del primer círculo, hay otro círculo, más pequeño, en forma de rosa estilizada que, asociada a la cruz, recuerda el movimiento esotérico de los Rosacruz.

Dos frases en latín ciñen los dos círculos: "CENTRUM IN TRIGONO CENTRI" ('el centro está en el triángulo del centro') y "TRIA SUNT MIRABILIA DEUS ET HOMO MATER ET VIRGO TRINUS ET UNUS" ('tres son las maravillas: Dios y hombre, madre y virgen, trino y uno'). Estas dos frases hacen referencia a la tercera persona de la Trinidad, el Espíritu Santo, cuyo nombre se repite en el dintel (en hebreo Ruach Elohim), junto a los signos astrológicos de Saturno (a la izquierda) y de Júpiter. Estos están dibujados de tal manera que muestran también los símbolos de las constelaciones de Capricornio y de Sagitario, es decir, la manifestación de Dios en la materia (Capricornio) y el reconocimiento de Dios sobre la materia (Sagitario). Es la razón por la cual Sagitario es tradicionalmente considerado como el "aspecto superior" de Capricornio. Este hecho está incluido en la leyenda en latín que figura debajo de la inscripción en hebreo: "HORTI MAGICI INGRESSUM HESPERICUS CUSTODIT DRACO ET SINE ALCIDE COLCHICAS DELICIAS NON GUSTASSET IASON" ('el dragón custodia la entrada del jardín mágico [Saturno] y sin Hércules [Hermes o Mercurio], Jasón no habría podido probar las delicias de Cólquida [Júpiter]').

En el montante lateral izquierdo de la puerta están grabados los símbolos de Marte y de Mercurio y cada uno está encabezado por una frase en latín. El hecho de poner juntos al belicoso Marte y a Mercurio significa que la templanza de este viene a equilibrar y a calmar la impetuosidad del primero, tradicionalmente considerado el planeta de la guerra. Desde el punto de vista alquímico, esto significa que el hierro (Marte) está modelado por el maleable azogue (Mercurio). Es por ello que se ha escrito en latín encima del signo de Marte: "QUANDO IN TUA DOMO NIGRI CORVI PARTURIENT ALBAS COLUMBAS TUNC VOCABERIS SAPIENS" ('cuando en tu casa [Marte] los negros cuervos [materia bruta] engendren blancas palomas [materia refinada], serás llamado sabio').

Encima del signo de Mercurio se lee: "QUI SCIT COMBURERE AQUA ET

LAVARE IGNE FACIT DE TERRA CAELUM ET DE CAELO TERRAM PRETIOSAM" ('aquel que sepa quemar con agua y lavar con fuego, transformará la tierra en cielo y el cielo en tierra preciosa'), una referencia evidente al llamado "acuerdo" o equilibrio.

En el montante lateral derecho de la puerta están grabados los símbolos de Venus y de la Luna tal y como está dibujada en la sexta casa del zodiaco, invirtiendo gráficamente el símbolo de Mercurio. La sexta casa es precisamente la de Mercurio: el aspecto femenino está en exaltación y está representado por Venus (madre del cielo) sobre la Luna (madre del mundo). Encima del signo de Venus, se lee el epígrafe latino: "DIAMETER SPHERAE THAU CIRCULI CRUX ORBIS NON ORBIS PROSUNT" ('el diámetro de la esfera, el Tau del círculo, la cruz del mundo de nada sirven para los ciegos'), a saber, los ciegos de la comprensión espiritual, los profanos de la ciencia sagrada. Encima del símbolo cabalístico de la Luna, se lee: "SI FECERIS VOLARE TERRAM SUPER CAPUT TUUM EIUS PENNIS AQUAS TORRENTIUM CONVERTES IN PETRAM" ('aquel que haga volar la tierra por encima de su cabeza con sus plumas convertirá en piedra el agua de los torrentes'), una frase que alude a la acción del espíritu de Dios, encarnado en el hombre mientras se transforma él mismo y, por ende, transforma la naturaleza. A eso se le llama la obra del Espíritu Santo. En la base de la puerta hermética, en el centro, está el signo del azufre, rematado con el escudo altamente iniciático de la conjunción de Júpiter-Saturno que los iniciados rosacruces consideraban una señal de la realización universal de la presencia de Cristo en la Tierra, cuando Júpiter (espíritu) y Saturno (materia) se conjugan en un equilibrio perfecto, cuando es el espíritu (indicado por el azufre alquímico) el que realiza las acciones inmediatas. Es la iluminación rosacruz, equivalente a la obtención de la piedra filosofal. En un lateral, el doble epígrafe latino que ilustra este símbolo remite al mismo significado: "EST OPUS OCCULTUM VERI SOPHI APERIRE TERRAM UT GERMINET SALUTEM PRO POPULO" ('es tarea secreta del verdadero sabio abrir la tierra, para que germine la salvación para el pueblo') y "FILIUS NOSTER MORTUUS VIVIT REX AB IGNE REDIT ET CONIUGIO GAUDET OCCULTO" ('nuestro hijo muerto –que descansa en la tierra– vive y regresará como rey

[del mundo] del fuego –del Espíritu Santo que indica el núcleo central del globo terráqueo– y beneficiario del matrimonio oculto –del espíritu con la materia, de Júpiter con Saturno–).

El senador Massimiliano Palombara era un verdadero adepto de la alquimia y también miembro de la Orden Rosacruz. El medallón que corona la puerta, único vestigio de su palacio, es idéntico al de la portada del libro alquímico *Aureum Seculum Redivivum*, de Henricus Madatanus (seudónimo de Adrian von Mynsicht, 1603-1638), también rosacruz. La portada de la edición original de esta obra de 1621 es muy distinta a la que vemos en la edición póstuma de 1677, en la que Palombara se inspiró.

Según la leyenda relatada en 1802 por el especialista Francesco Girolamo Cancellieri, una noche, el marqués de Palombara alojó en su palacio a un maestro rosacruz que estaba de paso, no identificado por los profanos. Algunos dicen que se trataba del alquimista Francesco Giustiani Bono que ofreció a su discípulo una pólvora con la que se podía fabricar oro, así como un misterioso manuscrito lleno de símbolos esotéricos que contenía el secreto de la piedra filosofal. Estos símbolos podrían ser muy bien los que están dibujados alrededor de la puerta, que de hecho cruzó la mañana siguiente el misterioso sabio desaparecido para siempre.

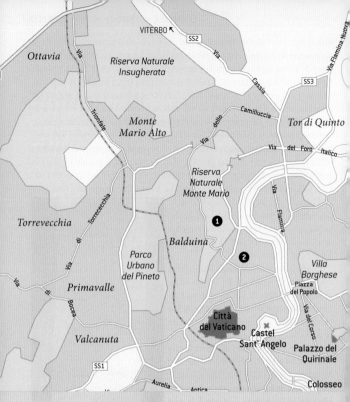

FUERA DEL CENTRO NORTE

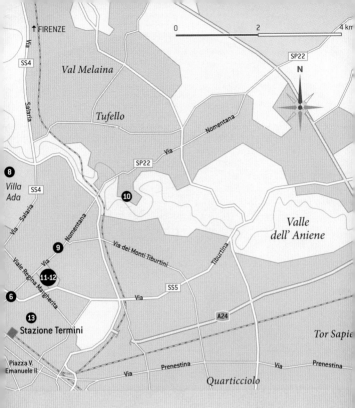

VILLA MADAMA ❶

Via di Villa Madama
• Tél. 06 36914284
• E-mail: cerimoniale.segreteria@esteri.it
• Visita previa cita (solicitud de visita al Ministerio de Asuntos Exteriores con al menos quince días de antelación)

> *Una antigua residencia papal que se visita previa solicitud*

Construida a partir de 1518 para el cardenal florentino Julio de Medici, primo del papa León X, la villa Madama ocupa un sitio privilegiado al norte del Vaticano, en el monte Mario. El proyecto inicial es de Rafael. Después de la muerte prematura del artista (1520), Antonio da Sangallo el Joven, su colaborador en la obra de la basílica de San Pedro, tomó el testigo. La construcción se retomó hacia 1524-1525, al poco de que Julio de Medici fuese elegido papa (1523) con el nombre de Clemente VII. Pero la villa papal quedó inacabada, víctima del saqueo de Roma (1527) en el que fue saqueada y quemada por los lansquenetes de Carlos V. Tras varios siglos en la decadencia y el abandono, el arquitecto Pio Piacentini se encargó de restaurar la villa a partir de 1913.

La decoración de la villa se inspira en las *Metamorfosis* de Ovidio y es obra de un grupo de artistas de primer orden: Giulio Romano, Baldassare Peruzzi y Giovan Francesco Penni para las pinturas y la ornamentación, Baccio Bandinelli para las esculturas y Giovanni da Udine para los estucos. El espacio más grandioso es la logia abierta en tres grandes arcos, donde Giovanni da Udine y su equipo realizaron una elegante decoración de estucos y grotescos inspirada en los ornamentos de la *Domus Aurea* de Nerón descubierta unos años atrás. En el luneto de la pared del fondo, Giulio Romano representó al cíclope Polifemo.

En los jardines, originalmente diseñados para igualar a los de la Antigüedad

y que debían bajar por la colina hasta el Tíber, está la curiosa fuente del elefante, obra de Giovanni da Udine. Conmemora al famoso Annone, el simpático paquidermo que el embajador de Portugal regaló a León X. El nombre de la villa viene de "madama" Margarita de Austria, esposa de Alejandro de Medici, que también dio su nombre al palacio Madama, sede del Senado. Propiedad del Estado desde 1941, hoy es la sede oficial donde el presidente del Consejo y el ministro de Asuntos Exteriores reciben a los jefes de Estado extranjeros.

VIGAMUS - EL MUSEO DEL VIDEOJUEGO ❷

Via Sabotino, 4
- Horario: de martes a domingo de 10.00 a 20.00 h
- 8 € Tarifa reducida: 5 €
- Metro: A, parada Lepanto a 700 metros

> *Para jugar gratis a Space Invaders...*

¿Cuándo salió el primer videojuego? Algunos proponen 1958, año en que el primer prototipo del videojuego titulado *Tennis for two* vio la luz. Luego llegaron el tiro al blanco de la marca Royden Sanders en los años 1960, el ping-pong de Atari a principios de los años 1970 y el legendario Commodore 64 de los años 1980.

El videojuego tiene pues una historia de más de cuarenta años y, desde finales de 2012, gracias a un equipo de jóvenes apasionados (todos ellos tienen entre 20 y 30 años), dispone también de un museo, el VIGAMUS (acrónimo de Video-Game-Museum), único en su género en Italia.

En él se puede descubrir la evolución de una forma de arte aún joven pero que ya está llena de personajes memorables, anécdotas curiosas e historias entrañables que conocieron grandes éxitos comerciales.

El recorrido consta de 63 paneles explicativos y más de 150 objetos, desde consolas de cartucho intercambiable hasta consolas más modernas, pasando por los videojuegos portátiles y los juegos de arcade –los famosos *coin-ops*– como el legendario Space Invaders, al que se puede jugar gratis.

También se exponen juegos únicos, como las matrices de discos y algunos *storyboards* originales de Doom, el primer juego de tiro de estilo *shooter* en primera persona.

Un terminal interactivo permite consultar inmensos archivos numéricos de todas las revistas de videojuegos. Además, el museo organiza exposiciones sobre los juegos de moda, así como exposiciones temporales, seminarios y congresos. VIGAMUS es la prueba de que la cultura también puede transmitirse a través de la historia de una de las revoluciones más divertidas del siglo XX, si no una de las más importantes.

LA BALA DE CAÑÓN DE LAS MURALLAS AURELIANAS ❸

A la altura de la Via Pio

> *Un recuerdo de la toma de Roma*

Más allá de la Porta Pinciana, la parte de la Muralla Aureliana que está a la altura del muro de la torre que da sobre la Via Pio conserva un insólito recuerdo de la batalla de 1870 en el que casi nadie se fija: una bala de cañón incrustada en el muro. Cerca de este lugar, la Porta Pia es famosa por los combates del 20 de septiembre de 1870, día en el que la destrucción de un fragmento de las murallas, pegado a la puerta, marcó el final del poder temporal de los papas.

Tras una larga y sanguinaria guerra de independencia, la artillería del reino de Italia, que deseaba conquistar Roma para poder añadir la última pieza que faltaba para unificar el país, consiguió, tras varias horas bombardeando la ciudad a cañonazos, hacer retroceder a las tropas pontificias y abrir una brecha en las murallas, la cual ha pasado a la posteridad bajo el nombre de *Breccia di Porta Pia*. Los soldados italianos entraron en la ciudad y fueron recibidos con alborozo y ovaciones por los ciudadanos.

El emperador Aureliano hizo construir, entre 270 y 273, estas murallas -que llevan su nombre- con el propósito de defender la capital del Imperio de las invasiones bárbaras. Medían aproximadamente 19 kilómetros. Fueron varias veces remodeladas durante la Antigüedad y durante épocas más recientes. En la actualidad, dos tercios del trazado original siguen en buen estado.

PINTURA DEL ARCÁNGEL SAN MIGUEL DE GUIDO RENI ❹

Iglesia de Santa Maria della Concezione dei Cappucini
Via Veneto, 27
• Horario: todos los días, salvo los jueves, de 9.00 a 12.00h y de 15.00 a 18.00h • www.cappucciniviaveneto.it

En la Vía Veneto, la iglesia de los Capuchinos (Santa Maria delle Concezione) alberga, en el primer altar situado a la derecha, un hermoso cuadro de Guido Reni en el que figura el Arcángel San Miguel aplastando al demonio. Sin embargo esta obra, no fue por todos apreciada: en efecto, el

¡Un demonio con los rasgos de un futuro papa!

cardenal Giovanni Battista Pamphili, futuro papa Inocencio X, se quejó amargamente del increíble parecido que existía entre los rasgos del demonio y los suyos. Reni no modificó ni un detalle de su pintura. El hombre no había sido especialmente virtuoso: entre otras cosas, habría sido amante de su cuñada Olimpia a la cual concedió la gestión, a título privado, de los prostíbulos de Roma, tal y como lo relata la audioguía del museo del palacio Doria Pamphili.

HIPOGEO DE LA VIA LIVENZA

Via Livenza
• Visitas previa reserva a través de la Dirección Municipal de Bellas Artes (*Sovraintendenza Comunale*) en el 06 0608, o bien de las numerosas asociaciones culturales, una de ellas *Roma Sotterranea* (www.romasotterranea.it)

> *Un hipogeo del siglo IV d. de Cristo encima de un garaje*

En 1923, durante las obras de construcción de una residencia privada entre la Via Livenza y la Via Po, a unos 250 metros de las murallas de Aureliano, se descubrió, y destruyó en parte, un edificio subterráneo de la segunda mitad del siglo IV d. C. La parte que se ha conservado contiene numerosos elementos de gran interés.

Se entra por una puerta situada en la rampa por la que se accede al garaje de la residencia. A nueve metros de profundidad, tras bajar las escaleras, descubrirá una sala de dimensiones irregulares. Uno de sus muros llama la atención por el arco, delimitado por parapetos de mármol, que enmarca una bañera rectangular, recubierta de cemento impermeable y en el fondo de la cual observará un pavimento en ladrillo. Cuadro escalones altos e irregulares daban acceso a esta bañera provista de un sistema de abastecimiento y evacuación de agua: el agua bajaba por una tubería de arcilla cocida formando una pequeña cascada y salía por una apertura equipada con una compuerta que estaba conectada a un canal de drenaje excavado en la roca. Este hipogeo presenta una suntuosa decoración. En el centro de la pared del fondo, cerca de la bañera, se abre un nicho con una fuente pintada en la parte superior: el agua rebosa de un jarrón en cuyo borde figuran dos pájaros pequeños. A la izquierda del nicho, un dibujo representa a Diana con una corona de laurel. La diosa está sacando una flecha de su aljaba con la mano derecha mientras que sujeta el arco con la izquierda. A ambos lados, dos ciervos tratan de escapar. A la derecha del nicho, una ninfa acaricia el hocico de un corzo. Los muros laterales están decorados con mosaicos de guijarros en pasta de vidrio. Escenas marítimas con *putti*[1] completan esta rica decoración pictórica. El monumento está situado en el corazón de la necrópolis de Salario. A pesar de que la mayoría de los monumentos que se han descubierto en la zona son de tipo fúnebre, su función sigue siendo un misterio. Su estructura basilical y, sobre todo, la presencia de la bañera hacen suponer que pudo tratarse, al inicio, de una sala de bautismo cristiano. Más recientemente, otros investigadores han emitido la hipótesis de que el hipogeo podría haber sido un lugar oculto destinado a prácticas de magia o, tal vez, un templo relacionado con el culto a las aguas, o sencillamente, se trate de un ninfeo o de una fuente construida para proteger un manantial natural subterráneo.

[1] N. de la T.: Los *putti* (plural de *putto* en italiano) son motivos ornamentales con figuras de niños, frecuentemente desnudos y alados, en forma de Cupido, querubín o amorcillo.

LOS SÍMBOLOS DEL BARBERO SOBRE LA PORTA PIA ❻

Piazzale di Porta Pia

> *Una alusión a los modestos orígenes de Pío IV*

La fachada de la Porta Pia, que da a la calle Venti Settembre, alberga, sobre el escudo papal, una escultura muy blanca que consta de tres bajorrelieves que se repiten un poco más abajo a la derecha y a la izquierda de la puerta. A primera vista, recuerda a un adorno sencillo aunque no se entienda bien su significado. Esas formas estilizadas representan, en realidad, una bacía de barbero con un jabón dentro, rodeado de una toalla con flecos.Se trata posiblemente de un guiño del artista a los modestos orígenes del papa Pío IV quien ordenó la construcción de esta puerta. Emparentado con la familia Medici de

Milán y no con la prestigiosa familia homónima de Florencia, parece que hubo un barbero entre sus ancestros, cuyos símbolos de la profesión son precisamente la bacía, el jabón y la toalla, aquí representados.

Todo parece indicar que el pontífice no se tomó la escultura a mal y puede que hasta sintiera algo de orgullo.

El papa Pío IV mandó construir la puerta según un proyecto de Miguel Ángel, sustituyendo la antigua Porta Nomentana de origen romano situada a unas decenas de metros y que discrepaba con la evolución urbana del barrio.

Basta con observarla para constatar que su lado imponente la diferencia de otras entradas a la ciudad. En efecto, forma parte de un proyecto escenográfico más amplio: la creación de una larga perspectiva rectilínea que parte del Quirinal, pasa por la nueva abertura en la muralla y se junta con la Vía Nomentana que daba (entonces) al campo romano.

VISITA DE LA VILLA ALBANI ❼

Via Salaria, 92
• Mandar una solicitud por fax al 06 68199934 o por e-mail a amministrazione@srdps.191.it

> ## *Un tesoro (casi) inaccesible*

Casi todos los romanos creen que la magnífica Villa Albani está cerrada al público, sin embargo se puede visitar, previa solicitud.

Esta villa es uno de los edificios del barroco tardío más grandes y más importantes de Roma. Proyectada como una residencia de las afueras, destinada al placer y al ocio, acogía obras de arte, fiestas y conciertos. La villa se halla dentro de un gran parque que hoy se extiende sobre un área de 10 hectáreas –desde la Via Salaria hasta la Viale Regina Margherita, el tercer pulmón verde de la ciudad– y que comprende un espléndido jardín a la italiana, adornado con numerosas fuentes.

Construida en un periodo de veinte años a partir de 1947, bajo la dirección del arquitecto Carlo Marchionni, como residencia del cardenal Alessandro Albani, sobrino del papa Clemente XI, pasó después a manos de los Castelbarco, luego de los Chigi, antes de ser adquirida en 1866 por el príncipe Alessandro Torlonia, banquero y gran amante del arte, que llevó a cabo las excavaciones de la villa de Massenzio y de la villa de los Quintili.

El edificio principal consta de una planta baja flanqueada por dos alas con arcadas y del *piano nobile* ('planta noble'). Es ahí donde se encuentra una parte del museo Torlonia, la mayor colección privada de esculturas antiguas: estatuas, bajorrelieves, sarcófagos y bustos. La villa está dotada de una importante pinacoteca, inaccesible durante siglos, donde hoy se pueden admirar obras de Perugino, Guercino, Van Dyck, Tintoretto, Giulio Romano

Casino della Villa Albani fuori di Porta Salaria

y de muchos otros pintores. También se pueden ver los preciosísimos frescos etruscos de la tumba François de Vulci.

En el interior, se puede visitar el salón del Parnaso, cuyos frescos realizó el pintor neoclásico Anton Raphael Mengs. En una sala contigua, se encuentra el famoso relieve del rostro de Antínoo, insertado en la chimenea: proviene de la villa de Adriano.

En una de estas salas donde, en la tarde del 20 de septiembre de 1870, unas horas después de la "brecha de la Porta Pía" (la toma de Roma), a unos centenares de metros de distancia, se firmó la rendición de la ciudad por parte del gobierno pontificio. De hecho la villa se convirtió en el cuartel general del ejército italiano.

EL BÚNKER DE VILLA ADA SAVOIA

Parque de Villa Ada, por la entrada de Via Panama, a la altura del número 55
• Visitas guiadas sábados, domingos y algunos festivos, organizadas por la asociación Roma Sotterranea
El resto de los días, visita previa reserva solo para grupos de 10 personas como mínimo
www.bunkervillaada.it
visite@bunkervillaada.it
• Entrada: 12 €. Gratuita para menores de 8 años
• Autobús: 168, parada Panama/Lima. Tranvía: 3, 19 y autobús: 53, 360, parada Liegi/Ungheria

> *El refugio antiaéreo de la familia Saboya, accesible en coche*

En la parte más "salvaje" de lo que fue el parque de la residencia familiar real hasta 1943, una vía de acceso con un arco de ladrillo se entierra bajo una colina y desemboca en una galería donde poca gente tenía el valor de adentrarse hace unos años: este lugar estuvo abandonado setenta años, no lo frecuentaban más que los vándalos y los vagabundos y se cuenta que también sirvió de escenario para misas negras y ritos satánicos. Se ganó el apodo de "búnker del diablo" por las diversas inscripciones en sus muros a favor de Satán.

Desde 2016, tras una cuidada restauración, este refugio antiaéreo que Víctor Manuel III mandó construir en 1940-1941 para él y su familia, ha recobrado su aspecto original: las grandes puertas blindadas de metal funcionan de nuevo y resulta imposible intentar abrir y cerrar la puerta de entrada para vehículos cuyos batientes pesan 1200 kilos cada uno. La construcción original, con bóvedas de ladrillo, es circular como un salvavidas y contaba con una amplia zona de aparcamiento: una de las características de este búnker es que se podía entrar con el coche, algo necesario dado lo lejos que estaba la residencia real, una distancia que no se podía recorrer andando en caso de bombardeo inminente. Por otra parte, hay un refugio con dos salas amuebladas en el estilo de la época que comunican con un cuarto de baño, también cuidadosamente restaurado, y una habitación dotada de dos ventiladores eléctricos a pedales (hoy solo queda uno): estos accesorios, que se parecen mucho a una bicicleta, funcionaban por propulsión humana y permitían mantener el búnker ventilado en caso de corte de electricidad.

El búnker tiene una impresionante escalera de caracol de travertino, de trece metros de altura, que servía a su vez de salida de emergencia. Si sube a la colina, podrá ver unas grandes placas de hormigón armado, que funcionan como un escudo protector contra las bombas, apoyadas sobre unos pequeños pilares de ladrillo. Si una bomba hubiese alcanzado el búnker, este escudo se habría desplomado amortiguando así los efectos de la explosión.

En la actualidad esta construcción tiene un impacto cero en el medio ambiente: la iluminación LED funciona mediante paneles solares.

MUSEO DE LAS FUERZAS ALIADAS ❾

Via Tolmino, 6
- Tel.: 06 85358888
- info@ww2museumrome.eu
- Visitas solo previa solicitud, de lunes a viernes de 9.00 a 12.00h y de 16.00 a 20.00h. Sábados y domingos de 10.00 a 13.00h y de 16.00 a 20.00h
- Entrada gratuita

Un museo pequeño, pero valioso

El barrio de Trieste tiene un edificio de los años 1930 que fue la sede, en junio de 1944, en las últimas etapas de la Segunda Guerra Mundial, de una base logística de las fuerzas aliadas para la liberación de la ciudad.

Detrás, en una dependencia, Salvatore Rizzacasa ha juntado miles de objetos –empezando con algunos que pertenecían a su familia– vinculados con las fuerzas aliadas, que ha ido buscando por toda Europa durante los últimos diez años.

No hay que perderse el modelo de época a escala reducida del famoso Douglas C-47 Skytrain que cuelga del techo, el medio de transporte que usaron las fuerzas aliadas en todos los frentes de la guerra. Este reproduce el "Fifi Kate" que participó en el desembarco de Normandía.

Además de los numerosos uniformes y armas, muchos de estos objetos son piezas raras: el primer *walkie-talkie* portátil auténtico de Motorola, un precursor de los teléfonos móviles; un Dinghy, bote salvavidas de los pilotos ingleses de la Royal Air Force, equipado con un mástil telescópico de aluminio, una vela roja, una bomba manual para hinchar la canoa y palmas para las manos.

Sin olvidar los objetos cotidianos: latas de comida, leche condensada, leche en polvo, galletas, paquetes de tabaco, de cigarrillos y cerillas.

Salvatore Rizzacasa le enseñará también botones magnéticos de metal cosidos a la bragueta de los pantalones (que había que superponer para hacer una brújula en caso de emergencia), billetes de libras esterlinas de diferentes

tamaños, falsificados por los alemanes en cantidades astronómicas para minar la economía inglesa y tan bien hechos que el Banco de Inglaterra no dudó en cambiar una gran cantidad de ellos.

Pero el lugar de honor lo ocupa un Jeep Willy's MB de 1943 en perfecto estado de funcionamiento, con su remolque. Desembarcado en Sicilia, subió toda Italia hasta Trento donde fue entregado a los bomberos al final del conflicto. Estos se desprendieron de él en los años 1960 y, desde entonces, ha pasado de coleccionista en coleccionista hasta encontrar un lugar digno en este museo, pequeño pero valioso.

EL MANANTIAL DEL ACQUA SACRA

Via Passo del Furlo, 57 (Montesacro)
• Tel. : 06 86898223
• Horario: de lunes a sábado de 8.00 a 18.00h. Domingos y festivos de
8.00 a 13.00h
• www.acquasacra.it

R oma es una ciudad de agua y acue-
ductos. Pero también se puede beber y
comprar agua directamente en el manantial. En la Via Nomentana, en medio de las
casas del barrio Montesacro, al norte de Roma,
es donde brota el Acqua Sacra.

> *Comprar*
> *agua en el*
> *manantial sagrado*
> *de Roma*

La fuente del manantial está en el patio de un pequeño edificio normal.
Unos grifos distribuyen el agua mineral natural y otros el agua con gas. Se

puede venir a beber un vaso o, por
unos céntimos, a llenar una botella.
Controlada regularmente por los
servicios del Ministerio de Sanidad,
es, con toda lógica, totalmente potable.

Es un espectáculo sorprendente de
ver, en la calle, a los vecinos del barrio,
botella vacía en mano, ir hasta la
fuente y hacer cola para comprar agua,
en este caso, de manantial de verdad.

LA CIUDAD-JARDÍN DE MONTESACRO

Ir hasta el manantial del Acqua Sacra es también un pretexto ideal
para pasear entre las villas de la ciudad-jardín. Creado en 1924 bajo el
impulso del equivalente italiano de la Oficina de Vivienda Pública, este
proyecto urbanístico revolucionario retoma los experimentos realizados
en Inglaterra unos años antes. Organizado en torno a una plaza central,
la Piazza Sempione, el barrio se compone de villas, jardines y espacios
verdes. Aguantó unos treinta años antes de que la presión inmobiliaria de
la posguerra lo desvirtuara. Derruyeron muchas casas y las sustituyeron
por pequeños edificios. Hoy, la ciudad-jardín de Montesacro es un lugar
protegido, último ejemplo, junto con los barrios de Garbatella o de Pigneto,
de los proyectos urbanísticos innovadores de la preguerra.

OTROS MANANTIALES EN ROMA

Egeria (Appia): http://www.egeria.it
Acqua sorgente (Appia) : http://www.appiasorgente.it
Capannelle (Appia) : http://www.fontecapannelle.it

LOS BÚNKERES DE MUSSOLINI EN VILLA TORLONIA ⓫

Villa Torlonia - Via Nomentana, 70
• Visitas únicamente mediante reserva llamando a la Sovraintendenza
Comunale (departamento de urbanismo)
• Tel.: 06 0608

> *Tres búnkeres secretos para el Duce*

Villa Torlonia, la que fuera residencia de Benito Mussolini entre 1925 y 1943, data del siglo XIX y cuenta con tres búnkeres. Para poder construirlos fue necesario modificar una bodega con doble puerta que estaba situada debajo del estanque de Fucino, con el fin de instalar puertas de hierro, filtros antigás, un cuarto de baño y corriente eléctrica. Sin embargo, este búnker, que se encontraba a unos diez metros del Casino Nobile (residencia del Duce y de su familia), no era un refugio lo bastante seguro en caso de urgencia, ya que para llegar hasta él había que ir a cielo descubierto. Por esta razón se tomó la decisión de construir un nuevo refugio en el sótano del Casino Nobile, cerca de la Villa, en las salas que ocupaban las cocinas. Se reforzó el techo con un armazón de hormigón y se equipó la vivienda con dos entradas y con habitaciones divididas en compartimentos, en las cuales se instalaron también puertas dobles con mirillas a prueba de gas. Lo más probable es que es-

ta segunda solución tampoco conviencera al Duce, ya que mandó construir un tercer búnker, verdadero refugio antiaéreo, que comunicaba con los sótanos de la Villa mediante un túnel. Este búnker, que cuenta con dos galerías de sección circular de unos diez metros de largo cada una y alineadas en forma de cruz, está equipado con dos salidas de emergencia que dan directamente al parque. Pero este tercer refugio nunca llegó a terminarse, ni siquiera se instalaron las puertas: el 25 de julio de 1943, Mussolini fue destituido de su cargo por el Gran Consejo del Fascismo, que le detuvo y le sustituyó por el general Badoglio.

SEPULTURAS ESCONDIDAS

Excavaciones arqueológicas recientes, realizadas en una de las dos habitaciones del segundo búnker, han dejado a descubierto una serie de sepulturas del siglo II d. C.: uno de los muros contiene tres columbarios donde descansan unas urnas cinerarias, y en el suelo se han descubierto unos cuerpos enterrados boca abajo, costumbre reservada a las personas que, sin duda, habían visto su reputación manchada por una culpa infamante.

LA TUMBA ESTRUSCA DE LA VILLA TORLONIA

Villa Torlonia
Via Nomentana, 70
• Información: Sovraintendenza Comunale (departamento de urbanismo)
• Tel.: 06 0608

> *Una tumba etrusca falsa*

Durante las obras de restauración llevadas a cabo en 2004 en el Casino Nobile de la Villa Torlonia, se descubrió una sala olvidada: una sala subterránea construida en un plano circular de seis metros de diámetro, con una cúpula rebajada, parecida a la de las tumbas etruscas, cuya forma y decoraciones evocan las vajillas etrusca y corintia.

Este descubrimiento ha vuelto a confirmar el eclecticismo y el gusto por lo singular de los Torlonia, una de las últimas grandes familias de mecenas romanas, la cual, en los años 1840, llevó a cabo las excavaciones que permitieron descubrir numerosas tumbas etruscas en las propiedades que poseían en Cerveteri y Vulci. Aparentemente, esta sala es obra del arquitecto Giovan Battista Caretti, puesto que aparece en algunos de sus dibujos, pero se pensaba que nunca había llegado a construirse. El muro tiene veinte nichos que debieron de contener vasijas y, justo debajo, una banda roja de volutas vegetales, cuyo interior está decorado con las siluetas de unas mujeres con corona, vestidas con un peplo y que sujetan un espejo en la mano, las cuales, tal vez, encarnan a la Prudencia. La cúpula, cuyos tres órdenes superpuestos están delimitados por marcos con motivos florales, está decorada con lobos y jabalíes, perros y liebres, ciervos, pájaros y panteras. Estas figuras, pintadas en negro y ocre, resaltan sobre un fondo de color crema. En el centro, un óculo, en la actualidad tapado, iluminaba la sala. Se podía acceder directamente a

esta sala desde el sótano de la Villa, a través de un pasillo que fue dividido cuando se construyó el tercer búnker antiaéreo (véase «Los búnkeres de Mussolini en Villa Torlonia», págs. 263 293), mientras que un segundo pasillo, que comunicaba con el teatro, quedó inutilizado por un desprendimiento de tierra. En la actualidad, se sigue sin tener claro el uso de esta habitación: ¿pasadizo secreto?, ¿lugar insólito para sorprender a los invitados?, ¿o tal vez, dado el interés masónico del príncipe Alessandro Torlonia, la sede de las reuniones secretas entre «hermanos»?

MUSEO DE HISTORIA DE LA MEDICINA

Viale dell'Università, 34 /a
• www.histmed.it
• Horario: de lunes a viernes de 9.30 a 13.30h y los martes y jueves por la tarde de 14.30 a 17.00h
• Visitas guiadas previa reserva
• Email: museo.stomed@uniroma1.it • Tel.: 06 49914445
• Metro: Policlinico o Castro Pretorio

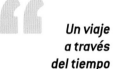

Un viaje a través del tiempo

Ubicado en la Universidad de la Sapienza, el sorprendente y desconocido Museo de Historia de la Medicina asocia el encanto de las antiguas reconstituciones con el interés pedagógico de un museo contemporáneo. Adalberto Pazzini, fundador del museo y antiguo profesor de la Sapienza reunió la mayoría de sus colecciones en 1938. La primera planta alberga un moderno museo sobre la historia de la medicina, desde la Prehistoria hasta la Era Moderna. La sección dedicada a la Era Antigua presenta, de manera pedagógica, la medicina egipcia, griega y romana, con reproducciones en escayola y reproducciones de instrumentos médicos. La parte más interesante de esta sección está dedicada a la medicina etrusca: se utilizaban unas técnicas muy eficaces para reemplazar los dientes estropeados por dientes de animales, y no de humanos, ya que estaba prohibido arrancar los dientes a los muertos. También podrá admirar una escultura en bronce, de los siglos II-III a. C., del hígado de un cordero, dividido en varias partes correspondientes a las diferentes secciones celestes. Los arúspices predecían el futuro usando los órganos de los animales. La sección medieval explica la medicina monástica y la refundación en Occidente de la medicina científica a partir de la medicina árabe. En la sección correspondiente a la Época Moderna, se destacan las aportaciones de los italianos a la medicina, de finales de la Edad Media al Renacimiento. En 1316, Mondito di Liuzzi realizó la primera disección anatómica pública en la Universidad de Bolonia. Una hermosa maqueta reproduce el primer anfiteatro anatómico, construido en la Universidad de Padua en 1594, a petición de Girolamo Fabrici d'Acquapendente, descubridor de las válvulas de las arterias. Al visitar las reconstrucciones ubicadas en el sótano tendrá la oportunidad de realizar un doble viaje a través del tiempo. Podrá ver el taller de un alquimista, la sala de

medicina de una universidad en el Renacimiento, una farmacia del siglo XVII… Pero, Pazzini también reunió una colección de tarros de cerámica de farmacias italianas y francesas de los siglos XVII y XVIII.

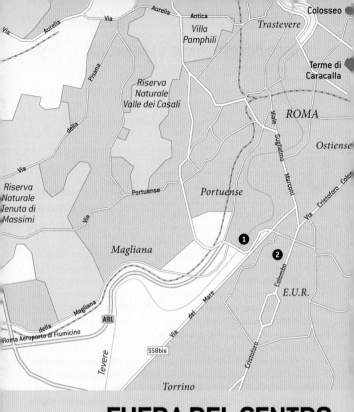

FUERA DEL CENTRO SUR

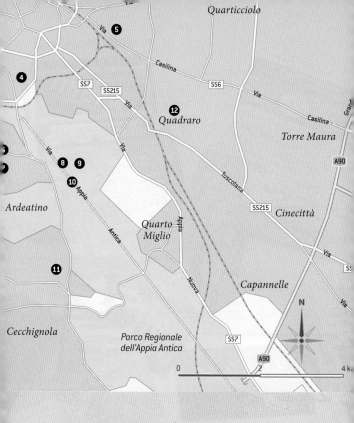

LA COLECCIÓN DE CUCHILLAS DE AFEITAR ❶ DE ALFONSO TOZZI

Via Pescaglia, 27
• Tel.: 06 55285165
• Autobús: 780, 781
• Reserva telefónica obligatoria

> ## ¡27 000 cuchillas de afeitar!

Alfonso Tozzi es un hombre simpático y cordial que transmite al momento el entusiasmo que siente por su colección, pasión a la que se consagra desde hace treinta años, con la ayuda y el apoyo de su esposa. El tema de su colección privada, compuesta por unas 27 000 cuchillas de afeitar con su envase de papel ilustrado, no es solo curioso e insólito sino que tiene sobre todo un valor histórico, cultural y estético inimaginable, capaz de sorprender incluso a aquellos que no se interesan por las colecciones, y aún menos por las cuchillas de afeitar. De forma discreta, como es de apreciar en una residencia privada, los coleccionistas y curiosos pueden pedir cita por teléfono y ser recibidos en casa de los Tozzi para admirar esta excepcional colección. Cómodamente instalados en el canapé, delante de los álbumes en los que están catalogados, por orden alfabético, los millares de envases de papel, descubrimos con sorpresa que siendo la hoja de afeitar el punto de partida, la conversación puede girar en torno a una increíble variedad de temas.

Los hombres prehistóricos empezaron a afeitarse con cuchillas rudimentarias de obsidiana, que fueron reemplazadas luego por las de sílex y bronce. La hoja de afeitar siguió evolucionando hasta que, en 1903, King Camp Gillette tuvo la genial idea de fabricar una pequeña cuchilla en acero, muy resistente y muy fina a la vez, que se podía fijar a un soporte y tirar después de su uso. En 1904, la Gillette Safety Razor Co. vendió casi doce millones y medio de cuchillas de afeitar. En 1921, cuando la patente de Gillette caducó, los fabricantes de cuchillas de afeitar se multiplicaron hasta el infinito apostando todo, o casi todo, en el envase, desde la originalidad del nombre hasta el aspecto gráfico del producto.

Los colores, estilos y temas son infinitos y los eslóganes divertidos y muchas veces desconcertantes. También se descubren cuchillas de afeitar inspiradas en el deporte, la guerra o los cañones, en el cine de los años 30, en el fascismo, los animales, la ciudad, la montaña, los barcos, la aviación y así sucesivamente…

REFUGIO ANTIAÉREO EN EL EUR ❷

Piazzale K. Adenauer 8
• Visitas individuales sábados y domingos
• Para grupos, previa reserva a través de Suerte S.r.l. Tel.: 06 44340160,
Móvil: 333.5085905 o www.suerteitinerarte.it

*El búnker
de Mussolini...*

Al sur de Roma y a lo largo de la línea imaginaria que, en la época fascista, debía de unir la capital con el litoral, se encuentra el barrio de EUR. Toda la zona fue diseñada para albergar la Exposición Universal de 1942 (de ahí el acrónimo EUR o E42) que no llegó a celebrarse a causa de la Segunda Guerra Mundial. Algunos edificios empezaron a construirse en 1938 pero muchos permanecieron inacabados, siendo terminados solo a partir de 1951 tras cambiar drásticamente los proyectos iniciales. En aquel momento reactivaron esta zona para que se pudieran celebrar numerosas competiciones durante los Juegos Olímpicos de 1960.

Mientras se edificaba el Palacio de los Oficios, en el segundo sótano se construyó un refugio antiaéreo que, según los autores del proyecto, podía alojar hasta 300 personas. El clima político internacional de la preguerra era tan tenso que una estructura de esas características parecía, en efecto, necesaria. Un espacio intersticial de dos metros de ancho aísla el búnker del resto del edificio. La estructura está hecha totalmente de hormigón armado para poder

amortiguar las ondas expansivas de los bombardeos.

A pesar de que este búnker nunca ha sido utilizado, cuenta con unas puertas dobles con mirillas a prueba de gas así como con un sistema de ventilación y filtración de aire. También está equipado con una sorprendente instalación eléctrica alimentada por dos bicicletas readaptadas para este uso. El lugar dispone además de letrinas y de una cocina. Los letreros originales, aún visibles, muestran a los ocupantes las instrucciones de uso.

También se puede visitar otro refugio antiaéreo en Villa Torlonia, residencia privada de Benito Mussolini desde 1925. Se añadieron dos búnkeres subterráneos -un búnker antigás y otro antiaéreo- en el sótano de la villa (véase pág. 263).

EL FRESCO DE LA VILLA OSIO

Via di Porta Ardeatina, 55
• Horario: de 8.00 a 17.00h de octubre a abril; de 8.00 a 20.00h de mayo a septiembre y, fuera de este horario, según las actividades didácticas y los conciertos de la Casa del Jazz • Bus: 714 (desde el sur, parada Porta Ardeatina; desde el norte, parada Marco Polo)

> *Una casa del jazz en la antigua residencia del padrino de la mafia*

La Villa Osio, integrada por tres edificios erigidos en un parque de unas 2,5 ha donde hoy aún se pueden "descubrir", paseando, restos arqueológicos, cipos y sarcófagos de la época romana, fue construida entre 1937 y 1940 por el arquitecto Cesare Pascoletti, colaborador del célebre Marcello Piacentini, quien –siguiendo la moda de aquella época– se inspiró en la tradición romana antigua, utilizando formas sobrias y elegantes. La villa debe su nombre a su propietario, Arturo Osio, uno de los fundadores de la Banca Nazionale del Lavoro.

La propiedad se encuentra a unos metros fuera de las murallas servianas, cerca del magnífico tramo donde Antonio da Sangallo el Joven construyó

los bastiones. Aquí se hallaba antaño una casa de campo del siglo XVII, que derruyeron cuando erigieron la villa. Desde 2005, el auditorio de 150 plazas y los amplios espacios exteriores acogen a músicos de jazz de fama mundial, pero la casa esconde desconocidos detalles y anécdotas.

En lo que fue el comedor, hay por ejemplo un fresco de la plaza Navona de más de 8 metros de largo y 2,80 metros de alto, ejecutado por Amerigo Bartoli Natinguerra, quien además realizó numerosas pinturas dentro de varios edificios del banco del que el propio Osio era uno de los propietarios. Natinguerra, extrañamente, nunca terminó este fresco, lo que explica el cielo inacabado y la ausencia de algunos edificios en segundo plano.

Bajo el pórtico de atrás, donde hoy se encuentra la taquilla, hay un magnífico suelo de mosaico de teselas blancas y negras con motivos marinos típicos del repertorio imperial de la Roma antigua.

Tras pasar a ser propiedad del Vaticano, la villa fue vendida en los años 1980 a Enrico Nicoletti, considerado uno de los miembros más destacados de la célebre y temida Banda de la Magliana, la organización criminal más importante que haya operado jamás en Roma. En esa época se realizaron numerosas reformas tanto externas como internas en los edificios. Nicoletti, a la manera de los viejos aristócratas, mandó incluso retratarse con su familia, modificando la fisonomía de algunos personajes presentes en el fresco de la plaza Navona en el antiguo comedor.

LOS TRES COLUMBARIOS (*COLUMBARIUM*) DE ❹ VIGNA CODINI Y LA TUMBA DE POMPONIUS HYLAS

Columbariums de Vigna Codini : Via Latina 14, en una propiedad privada
Tumba de Pomponius Hylas : Via Latina 10, en el Parque de Scipion
Visitas:
• Columbario de Vigna Codini: a través de las numerosas asociaciones culturales, una de ellas *Roma Sotterranea* (www.romasotterranea.it)
• Tumba de Pomponius Hylas: previa reserva a través de la Dirección Municipal de Bellas Artes (*Sovraintendenza Comunale*) en el 06 0608, o bien de las numerosas asociaciones culturales, una de ellas *Roma Sotterranea* (www.romasotterranea.it)

> *Algunas de las tumbas más fascinantes de Roma*

A l salir de Roma por la Porta Latina, a unos diez metros a la izquierda, descubrirá una verja que da acceso a unas villas privadas. Algunas de las tumbas más fascinantes de la *Urbs* se hallan en este paraje íntimo así como en el parque público adyacente.

Los columbarios de Vigna Codini son unos monumentos funerarios imponentes que antiguamente albergaban, cada uno de ellos, cientos de sepulturas. Las urnas cinerarias de los difuntos, pertenecientes a corporaciones o a grupos de personas, se depositaban ahí. Cada nicho, que disponía de una placa con el nombre del difunto y, a veces, con su retrato tallado, podía contener varias urnas. El más majestuoso, considerado como el primer columbario, estaba destinado a los libertos de los emperadores Tiberio y Claudio: en el centro de un espacio rectangular de unos cuarenta metros cuadrados se alza un enorme pilar que sostiene bóvedas de crucería donde habilitaron decenas de nichos. En el segundo columbario, de unos siete metros de profundidad y de plano rectangular, se encuentran, entre otras, las sepulturas de los miembros de una escuela de música y de una corporación de vendedores de flores. En algunas partes aún se pueden ver trozos de pinturas murales con colores particularmente intensos. El tercer columbario, diseñado en forma de U, contenía sepulturas de libertos de la dinastía de Julio-Claudia. Aunque tiene una bóveda ricamente decorada, lo especial de este lugar es la pequeña habitación contigua (denominada *ustrinum*) donde se incineraba el cuerpo del difunto. Se trata de un elemento particularmente peculiar para un edificio que, como los dos anteriores, estaba destinado a los difuntos de origen social modesto.

La tumba de Pomponius Hylas, a la cual se accede a través del jardín público colindante, pertenece a una familia acomodada que podía permitirse tener su propio sepulcro subterráneo. Data de la primera mitad del siglo I d. C. Construido como un columbario, está ricamente decorado con bajorrelieves de estuco polícromo, pinturas y mosaicos. A pesar de ser estrecho, este sepulcro casi intacto (salvo por algunas decoraciones que faltan) es muy desconcertante ya que uno tiene la sensación de encontrarse en un lugar que no ha cambiado desde hace dos mil años.

MUSEO DE LA MEMORIA GIOCOSA   ⑤

Via Vincenzo Coronelli, 24-26
• Tel.: 06 21700782
• Horario: de miércoles a viernes de 15.00 a 19.00h. Sábado y domingo de
10.00 a 12.00h y de 15.00 a 19.00h
• Tranvía: 5, 14, 19
• Entrada gratuita

*Juguetes
por millares*

El Museo de la Memoria Giocosa (Museo de la Memoria Alegre) nació en 1979, a partir de la colección de Fritz Billig que heredaron Lisa y Franco Palmieri. Tras la llegada del nazismo, este austriaco se refugió en Nueva York y trajo consigo los juguetes de su infancia: autómatas y automóviles de Lehman y de Tippco, empresas judías que fueron requisadas por la Alemania de Hitler.

Estos juguetes, con los que habían jugado todos los niños de Europa -independientemente de su cultura, raza o religión- se convirtieron para Billig en el símbolo de un mundo ideal en el que reinaría la igualdad. Le animaron a que siguiera coleccionándolos a lo largo de toda su vida. El resultado de esta colección está expuesto, en la actualidad, en este museo: un espacio de unos 300 metros cuadrados en el barrio de Pigneto-Prenestino-Labicano.

La colección incluye juguetes europeos, americanos y asiáticos fabricados entre 1920 y 1960. El museo también dispone de un teatro con 60 plazas, el Albero Delle Favole (el Árbol de las Fábulas), en el que se organizan espectáculos para niños. También hay un bar, una biblioteca temática, catálogos, carteles, folletos y objetos relacionados con el mundo de los juguetes así como una colección muy interesante con material ilustrado y publicitario sobre el automóvil. Único en Italia, este museo también tiene un circuito ferroviario a gran escala realizado en 1937.

LA CISTERNA DE LA VIA CRISTOFORO COLOMBO

Via Cristoforo Colombo, a la altura del número 142 (Ostiense)
• Visitas previa reserva a través de la Dirección Municipal de Bellas Artes
(*Sovraintendenza Comunale*) en el 06 0608, o bien de las numerosas
asociaciones culturales, una de ellas *Roma Sotterranea* (www.
romasotterranea.it)

> *Los vestigios de un antiguo depósito de agua*

En realidad, los dos edificios circulares que lindan la Via Cristofo Colombo -en la esquina de la Circonvallazione Ostiense con la Piazza dei Navigatori- son los vestigios de un depósito de agua. Estaban ocultos detrás de una especie de granja fortificada que fue demolida a finales de los años 30 para construir la antigua Via Imperiale, una vía rápida que unía la ciudad con el litoral. De los dos edificios, el más alto data de la primera mitad del siglo II d. C. y se construyó para la explotación agrícola del sector.

Mide aproximadamente quince metros de diámetro y es evidente que se trataba de una cisterna, tal y como lo demuestran las marcas de cemento en los muros y el sistema de canalización que permitía vaciarlo para realizar las labores de mantenimiento, y ello a pesar de que aún no se ha podido explicar cómo llegaba el agua que la abastecía ni de dónde provenía. En su interior hay dos pasillos anulares concéntricos, el primero compuesto de diez tramos cubiertos con bóvedas de cañón, separados los unos de los otros por arcos, mientras que el segundo, más en el centro, forma una única sala circular: desde ahí, se accede por un pasillo a una sala central de tres metros de diámetro.

Todas estas salas están muy deterioradas ya que el edificio ha sido reorganizado y reestructurado más de una vez. En cuanto al segundo edificio, más reciente, todavía se desconoce su uso pero, en cualquier caso, no podía contener agua visto el poco espesor de sus muros. Este barrio fue en su tiempo un suburbio, dado que estaba situado en la periferia de Roma, pero esto no impidió que participara activamente en la vida diaria de la ciudad -por lo menos hasta la construcción del muro de Aureliano (271-275 d. C.)- ya que la Via Arpia se encontraba a tan solo un centenar de metros. Esta zona intermedia debió de tener jardines con huertas, villas, cementerios y granjas que necesitaban de unas cisternas para poder desarrollar su actividad agrícola con normalidad.

EL MUSEO DE LOS COCHES DE LA POLICÍA NACIONAL ITALIANA

- Tel.: 06 5141861
- museoautopolizia@interno.it
- Horario: de lunes a viernes de 9.30 a 14.00h. Por la tarde con reserva previa
- 3€. Tarifa reducida: 1,50 €
- Bus: 714, parada Colombo-Georgofili

> *Un Ferrari al servicio de la ley*

Aunque con sus 325 km/h en el velocímetro, su desfibrilador y un recipiente refrigerado para el transporte de órganos, el coche más rápido de la policía italiana es un Lamborghini Gallardo, los policías italianos ya han utilizado coches ultrarrápidos en el pasado: uno de ellos es la "joya" del museo de los Coches de la Policía Nacional italiana.

El Ferrari 250 GTE (*Gran Turismo Evoluzione*), fabricado en 1962 para entrar en el mercado norteamericano del automóvil, fue diseñado por el famoso Pininfarina.

Dotado de un motor de 12 cilindros de 3 000 cm3 con una potencia de 235 caballos, estaba homologado para cuatro plazas y superaba los 230 km/h. Fue a principios de los años 1960 cuando las autoridades de la Policía Nacional decidieron que comprar un Ferrari podía servir, principalmente por cuestiones de imagen, para luchar contra el poder desorbitado de la mafia romana que, en la época y a bordo de coches con potencia aumentada, daba mucha guerra al prestigioso Alfa Romeo 1900, ya obsoleto (también expuesto en el museo).

Para conducir el Ferrari, escogieron a cuatro policías de la jefatura de policía de Roma a los que enviaron a la fábrica de Maranello para hacer un "curso de especialización para conductores de vehículos rápidos". Uno de ellos era el famoso sargento Armando Spatafora, protagonista de incontables persecuciones de coches en la época audaz de la *Dolce Vita*.

Los vehículos expuestos en el museo, todos en buen funcionamiento, abarcan un periodo de más de ochenta años. Hay también un Jeep, motos, furgones, cascos, botas, gorras y varios aparatos del equipamiento de la Policía Nacional.Se experimenta una curiosa sensación al abrir la puerta de coches en cuyos asientos viajaron algunas de las grandes personalidades de la historia de Italia, como el Lancia Artena de 1939, en el que se desplazó Benito Mussolini, o bien el precioso De Tomaso 892 Deauville, que se usó a finales de los años 1970 para los desplazamientos de Sandro Pertini, por entonces presidente de la República. Otros modelos (FIAT 500, 600, FIAT AR 55 Campagnola, Alfa Romeo Giulietta 1300) evocan a los grandes diseñadores automovilísticos de los años 1960.La sección más tecnológica del museo se compone de algunas consolas multimedia con las que se puede vivir la experiencia cuando menos fascinante de la "sala de operaciones".

EL *SALVATOR MUNDI* DE BERNINI   ❽

Basílica de San Sebastián Extramuros
Via Appia Antica, 136
- Tel.: 06 78 87 035
- Horario: todos los días de 8.00 a 19.00h
- Autobús: 218 o caminado 5 Km. desde el Circo Massimo

> ¡La última obra maestra de Bernini ha sido descubierta!

L a basílica de San Sebastián Extramuros se encuentra en la famosa vía Apia, la *regina viarum* (la reina de las carreteras). En 2001 se descubrió, en el convento contiguo, la última obra maestra de Bernini, una gran desconocida para la mayoría del público. Se puede llegar a la basílica evitando el tráfico. Tome el camino de las catacumbas de San Calixto, que empieza en la iglesia de Domine Quo Vadis y termina cerca de la basílica. Sorprendentemente, se cruzará incluso con ovejas que pastan tranquilamente cerca de la carretera.

La primera iglesia, del siglo IV, fue construida sobre el emplazamiento de las catacumbas de San Sebastián. El papa Nicolás I (858-867) mandó que la reconstruyeran, aunque el edificio actual obedece a la reforma que ordenó el cardenal Scipion Borghese (1576-1633) a principios del siglo XVII. La fachada data del siglo XVIII.

En agosto de 2001, tras una serie de coincidencias, los historiadores del arte identificaron, en un nicho ubicado en la entrada del convento, una pequeña estatua de Bernini. Llevaban buscándola desde hacía un tiempo, tras haber creído varias veces, desde 1972, que la habían encontrado. La obra había desaparecido a finales del siglo XVII.

En la actualidad, el busto está colocado al lado de la capilla de las reliquias. La finura de la escultura de mármol y el gesto de la mano que bendice son la prueba de que nos encontramos ante el grandioso maestro de la escultura barroca. Esculpido por Gian Lorenzo Bernini (1598-1680) en 1679, el *Salvator Mundi* es un busto de mármol que representa al Salvador. Se la considera como la última obra maestra de Bernini.

En la biografía que dedicó a su padre, Pier Filippo, hijo de Bernini, escribió en 1680 que este «había trabajado el mármol hasta los ochenta y un años y que terminó con un Salvador que creó por devoción ». La capilla de las reliquias de la basílica contiene una piedra que lleva la impronta de los pies de Jesús cuando se le apareció a San Pedro. En efecto y según la tradición, Pedro se habría encontrado con Jesús a lo largo de la vía Apia cuando escapaba de la persecución de Roma. Le habría preguntado: «*Quo vadis, domine?*» («¿Dónde vas Señor?»). Jesús le habría contestado: «*Eo Romam iterum crucifigi.*» («Voy a Roma para ser crucificado de nuevo»). Este encuentro habría convencido a Pedro para que volviera a Roma y afrontara el martirio.

La capilla también contiene una de las flechas de San Sebastián. En frente de la capilla se encuentra igualmente una hermosa escultura del santo realizada por Antonio Giorgetti, alumno de Bernini.

Inaugurated at the end of the 19th century, the Boitsfort racecourse has long been a popular meeting place for the people of Brussels, who flocked to the tracks, the betting hall, and the paddock. Refurbished a few years ago, the old buildings of the racecourse are well worth a visit. The grandstands, royal box, betting hall, loggia and weighing room have been superbly restored in their original eclectic style, typical of the late 19th century.

You can still admire the small control tower next to the weighing room, where the names of the horses and the jockeys' coat numbers were displayed. Today, it is a delightful restaurant with a terrace.

These days, the site is a popular meeting place for walkers, joggers, and golfers (see below).

Despite its name, 98 per cent of the Boitsfort racecourse is located in Uccle and belongs to the Brussels-Capital Region.

A golf course in the heart of the city
Now known simply as the 'Drohme', the racecourse has been home to a nine-hole golf course in the centre of the immense circular track since 1988.

NEARBY
Neolithic site ⑪
Intersection of chemins des Tumuli and des Deux-Montagnes
Opposite avenue des Coccinelles, a small road leads into the forest. Continue on drève du Comte, descend towards the pond, and then take chemin des Tumuli. Just before it crosses chemin des Deux-Montagnes, you find yourself taken back in time to the Neolithic Period. Around 2200 BC, this site was inhabited and, where the two roads cross, irregular quarter circle-shaped levees placed parallel to one another supposedly protect prehistoric tombs.

INTERNATIONAL PUPPET MUSEUM-PERUCHET THEATRE

You might leave wanting children of your own!

Avenue de la Forêt 50
02 673 87 30 – contact@theatreperuchet.be
Trams 8 and 25 or bus 41, Boondael gare

The International Puppet Museum and the Peruchet marionnette theatre share a very beautiful coaching inn dating from the 18th century, a vestige of the rural past of the Boondael area. You'll notice that the feeding troughs are placed too high and too close to the wall to be used by horned beasts. They were reserved for the mounts of passing horsemen.

Although the museum has a collection of several thousand items from various periods and regions (mainly Europe and Asia), it is above all the theatre which is of particular interest, both for parents seeking to entertain their children as well as other visitors who will surely be touched by the reactions of the young audience: from the fearful little girl who spends almost the entire show with her hands covering her ears to the little boy who takes an active part by jumping up and down, yelling, and answering all the questions, you might leave wanting children of your own!

Created in 1932, the theatre and museum have been housed here since 1968.

NEARBY

Villa Empain ⑬

Avenue Franklin Roosevelt 67 – villaempain.com

Avenue Franklin Roosevelt is known for its ostentatious homes, most of which date from the interwar period. At No. 67, Villa Empain, a stern masterpiece of the Art Deco style (by architect M. Polak) is now home to the Boghossian Foundation, which works to build intercultural dialogue between the East and the West. Once the current restoration work is finished, be sure to visit one of their exhibitions in order to admire the building's splendid interior.

Maisons De Bodt / La Cambre School for the Visual Arts ⑭

Avenue Franklin Roosevelt 27–29

This imposing modern structure actually conceals two villas designed for the De Bodt family by the famous architect Henry van de Velde in 1929–30. Van de Velde was one of the leaders of the Art Nouveau movement before becoming a strong defender of an almost Cubist form of modernism during the interwar period. He founded La Cambre School, which still occupies the building.

The Delune House Eagle ⑮

Avenue Franklin Roosevelt 86

This residence has a strange and mysterious history: erected in 1904 by Léon-Joseph Delune in preparation for the Exposition Universelle of 1910, it was the only house to survive the terrible fire that ravaged the other buildings put up for this event. Note its curious position with respect to the neighbouring buildings, and the lack of any direct access to the street: a roundabout was originally planned at this spot. A ragtime club during the Expo, occupied by the Nazis during the Second World War, abandoned to student squatters for a time, and even rumoured to be the headquarters of a gun-running operation, the Delune House was finally restored in 1999. Take time to admire the roof, the sgraffiti by Paul Cauchie, and the golden eagle that has once again been placed at the top of the house after being stolen and then found again in a second-hand shop.

© Jean-Jacques Evrard

WATERMAEL STATION

In the fantasy world of Paul Delvaux

Gare de Watermael
Avenue des Taillis 2–4
Bus No. 25, Watermael Gare stop or bus No. 95, Arcades stop

L ike a 19th-century print depicting everyday scenes, the little station of Watermael is full of seductive charm. It long inspired the painter Paul Delvaux, who lived nearby at No. 34A avenue des Campanules for over 30 years before leaving Boitsfort for Furnes. Delvaux, who contorted the station to fit his visions of night scenes and scantily clad women, saved it for posterity and participated in its preservation. Recently restored, the station has rediscovered its new and naive youth.

Although trains still stop here on their way to the city centre just 15

© Jean-Jacques Evrard

minutes away, the station has essentially lost its original function. The converted ground-floor waiting room is now a town exhibition hall that can be hired on request. The construction of this station dates back to around 1845, when the idea of building a railway between Brussels and Luxembourg was born. After causing a bit of a stir, this 232 km line finally opened for operation in 1859.

In 1884, the SNCB decided to build a small station at Watermael and put employee E.J. Robert in charge of drawing the plans. Inspired by the rural nature of the town at the time, he decorated the façades with a pleasant combination of red and light-coloured bricks. On the platform side, a glass and wrought-iron awning adds a final touch to this charming, eclectic building.

NEARBY
Semi-detached houses (17)
Rue des Taillis 7, 9, 11, 13 and 15

Opposite the railway embankment, this beautiful line of semi-detached houses owes its charm to the Art Nouveau-style woodwork that gives the homes a child-like quality. Designed by painter William Jelley (1856–1932), they recall a time when Watermael was a popular holiday destination.

....
....
....
....
....
....
....
....
....
....
....
....
....
....
....
....
....
....
....
....
....
....
....
....

Thomas Jonglez

It was September 1995 and Thomas Jonglez was in Peshawar, the northern Pakistani city 20 kilometres from the tribal zone he was to visit a few days later. It occurred to him that he should record the hidden aspects of his native city, Paris, which he knew so well. During his seven-month trip back home from Beijing, the countries he crossed took in Tibet (entering clandestinely, hidden under blankets in an overnight bus), Iran and Kurdistan. He never took a plane but travelled by boat, train or bus, hitchhiking, cycling, on horseback or on foot, reaching Paris just in time to celebrate Christmas with the family.

On his return, he spent two fantastic years wandering the streets of the capital to gather material for his first 'secret guide', written with a friend. For the next seven years he worked in the steel industry until the passion for discovery overtook him. He launched Jonglez Publishing in 2003 and moved to Venice three years later.

In 2013, in search of new adventures, the family left Venice and spent six months travelling to Brazil, via North Korea, Micronesia, the Solomon Islands, Easter Island, Peru and Bolivia. After seven years in Rio de Janeiro, he now lives in Berlin with his wife and three children.

Jonglez Publishing produces a range of titles in nine languages, released in 40 countries.

PHOTOGRAPHY CREDITS

Nicolas van Beek and Jean-Jacques Evrard with the exception of:

Nathalie Capart: Statue of the 'Soldier' pigeon, Bains de Bruxelles, Art Nouveau Façade in Saint-Boniface, 47 rue Malibran, rue Faider, Art Nouveau walk around étangs d'Ixelles, Saint-Cyr House, les cités-jardins, rue Porselein, Buildings of the former Atlas brewery, École No. 8, cité Diongre, rue Jean Dubrucq, Former workshop of Ernest Salu, Bunke ciné-théâtre.

Isabelle de Pange: 62 quai aux briques, Magritte's physiognomical fountain, An alchemical interpretation of the Grand-Place, Commemoration of Tsar Peter the Great' vomit, cafeteria of the Royal Library, 52 rue Souveraine, Three houses by Paul Hankar, The Cinquantenaire arcade, Cité Jouet-Rey, Police Museum, House and workshop o Louise De Hem, cité-jardin de la Roue, Lourdes Grotto, Saint Guy, crypt and tomb, Houses at 26 to 32, rue du Greffe, Brasserie Le Royal, Surrealist detail, A little-known Art Nouveau façade rue Van Hasselt, square Coghen, Forest Warden Monument, Castel de Linthout, Ceramic panels of 27, avenue Dietrich, ICHEC, Chapel of Marie-la-Misérable, Lindekemale Mill, Paul Moens medicinal plant garden, UCL Campus, rues de la Pente and du Verger.

Marie Resseler: The capitals of the town hall, The secrets of parc d'Egmont,

Françoise Natan: Belgian Museum of Freemasonry, Maximilian Park Farm, Plaque at 85 rue du Marché-aux-Herbes, Former rotunda of the Panorama car park, Wiertz Museum, Albert Hall, House at 5, avenue du Mont Kemmel, Paternoster lift of the SNCB, Maurice Carême Museum, Institut Redouté - Peiffer, China Museum, Sewer Museum, Sylvan theatre and Osseghem Park, Saint Julienne Church, Garden of the Maison des Arts, Gaston Williot (photo on the left), Royal Étrier belge, Carré Tillens, les carrés Ucclois, Carré Stevens, Chemin du Delleweg, The château de Trois- Fontaines, Domaine des Silex, International Puppet Museum – Peruchet Theatre.

Alessandro Vecchi: Icehouses at place Surlet de Chokier, Legend of the stained glass in the cathedral of St. Michael and St. Gudula, The Parc royal Bunker, Royal canopy of the Palais des beaux-arts, Royal Lodge in the Gare Centrale, Underground frescos by Delvaux and Magritte, De Smet de Naeyer Monument, Norwegian Chalet, Plaque at 71, rue du Viaduc, Statue of Jean de Selys Longchamps, The remains at the Jardins de la Couronne, Brussels' first 'listed tree', Reception of the Saint-Michel Hospital.

Fred Romero: Frieze with a motif of bananas and oranges, Former Niguet shirt shop, Nelissen House.

EmDee: Former 'La Grande Maison de Blanc' shop (photo on the right), Fine façades in avenue Jean Dubrucq (right page), Former Koekelberg municipal girls' school, Choir of the former church of Notre-Dame de Laeken, Withuis (photo on the right), Cité-jardin du Kapelleveld.

Michel Wal: Secret plan of Brussels park, Royal crypt, Shoe scraper from the Verhaeghe house.

Trougnouf (Brendt Brummer): Three houses by Paul Hankar rue Defacqz (photo on the left), Saint-Cyr house.

Rebexho: Géo Ponchon's Studio, Art Nouveau ensemble on rue Vanderschrick.

Ben2: Sgraffiti (photo on the right), Cité-jardin de Moortebeek (1st photo).

Andreas Praefcke: St Julienne and the Fête-Dieu (photo on the right), Concerts at the Charlier Museum (photo on the right).

MUSEO DE LAS CARROZAS DE ÉPOCA

Via Millevoi, 693
- Tel.: 06 51958112
- Horario: de martes a viernes de 10.00 a 13.00h y de 15.30 a 19.00h. Sábado y domingo de 9.30 a 13.30h y de 15.30 a 19.30h
- Entrada: Tarifa normal: 5,16 €. Tarifa reducida: 3,62 €
- Autobús: 766

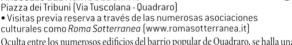

Vehículos de antaño

El museo expone una excepcional colección de carrozas de época, que un apasionado propietario compró durante cuarenta años de búsqueda. Solo están expuestos la mitad de los 293 modelos restaurados y en perfecto estado de funcionamiento. Estos espléndidos coches ocupan un espacio de exposición de 3 000 metros cuadrados y constituyen un patrimonio cultural valioso, testimonio de una realidad histórica y social. Además de las carrozas, también se muestra un centenar de sillas de montar y arneses. Ubicado en el barrio de Ardeatina, cerca de las catacumbas de San Calixto y del parque arqueológico del Appia Antica, el museo está dirigido por una asociación cultural sin ánimo de lucro. Entre los modelos expuestos se encuentran el carruaje que perteneció a Anna Magnani y que utilizó en sus desplazamientos por la ciudad durante la guerra, el carro de Ben Hur, el cochecito de bebé que le regalaron a la princesa Sissi siendo niña y el tílburi utilizado por John Wayne en la película *El hombre tranquilo*. También podemos admirar coches del siglo XVIII y XIX, carros de bomberos, diligencias americanas, coches de los servicios postales y siete monumentales carrozas decoradas con frescos del siglo XIX que pertenecen a la ciudad de Roma.

QUÉ VER EN LOS ALREDEDORES

MAUSOLEO DEL MONTE DEL GRANO

Piazza dei Tribuni (Via Tuscolana - Quadraro)
- Visitas previa reserva a través de las numerosas asociaciones culturales como *Roma Sotterranea* (www.romasotterranea.it)

Oculta entre los numerosos edificios del barrio popular de Quadraro, se halla una sepultura imponente, la tercera de Roma por su tamaño después de la de Adriano y Augusto. Se la conoce como Monte del Grano ya que su forma, tras la extracción de los bloques de travertino que recubrían su estructura, recuerda, en efecto, a un celemín de trigo del revés. En la actualidad, este mausoleo -de doce metros de altura y 140 metros de circunferencia- se parece a una pequeña colina recubierta de vegetación. Se accede al mismo por un pasillo de veinte metros de largo que desemboca en una celda circular con paredes cubiertas de ladrillo y un diámetro de diez metros aproximadamente. Antiguamente, esta celda estaba dividida en dos pisos con dos tragaluces que aseguraban su iluminación y su ventilación. En 1582, se descubrió un gran sarcófago -que en la actualidad está en el museo del Capitolio- cuyo rostro representado se quiso atribuir al emperador Alejandro Severo (222-235 d. C.). En realidad, las marcas que figuran sobre algunos ladrillos demuestran que el edificio debió de construirse antes, durante el reinado del emperador Adriano (alrededor del año 150 d. C.). Lo que sí es cierto es que un edificio de semejante tamaño solo podía estar destinado a un representante principal de la familia imperial o de la orden senatorial.

LA GEODESIA Y LA TRIANGULACIÓN: UN PRINCIPIO DE FUNCIONAMIENTO QUE PERMITIÓ LA CREACIÓN DEL METRO

La triangulación es un proceso que permite (entre otras cosas) determinar una distancia calculando la longitud de uno de los lados del triángulo y midiendo dos ángulos de este triángulo. 600 años antes de la era cristiana, Tales de Mileto ya usaba esta técnica para medir la distancia de un barco en alta mar a la costa. Para tener una medida aproximada de esta distancia, colocó a dos observadores en la orilla, separados por una distancia conocida. Pidió a cada uno de ellos que midieran el ángulo que formaba la recta, uniéndolo al barco con la recta que lo unía al otro observador.

Esta técnica, repetida muchas veces, fue la que usaron Delambre y Méchain entre 1792 y 1798 para calcular la distancia entre Dunquerque y Barcelona (unos 1 147 km) a lo largo del meridiano de París, lo que permitió elaborar la primera definición oficial del metro en 1799.

LA BASE GEODÉSICA DE LA VIA APPIA ANTICA

⑩

Via Appia Antica
• Cómo llegar: línea turística Archeobus

De A a B

En la Via Appia Antica, a la altura del mausoleo de Cecilia Metella, un pequeño pozo de mármol en medio de la calzada oculta un paralelepípedo de travertino de 84 x 84 cm y con 33 cm de grosor que integra un elemento metálico en el centro. Se lee la siguiente inscripción grabada en el mármol: Base Termin. A 1855. Como lo indica una placa situada justo al lado, este trozo de hierro es el vértice A de la base geodésica. 500 metros más lejos, a la izquierda, hay una gran tumba denominada Torre di Capo di Bove. Ahí, una segunda placa más explícita recuerda: "En el año 1855, siguiendo los pasos de P. Boscovich, P. A. Secchi midió rigurosamente una base geodésica en la Via Appia Antica y, en el año 1870, estableció en sus dos vértices ese punto trigonométrico y el otro en los Frattocchie, creó esta nueva base que permitió comprobar la red geodésica italiana encomendada en el año 1871 por los oficiales del Estado Mayor para medir el grado europeo". La cuestión de la forma de la Tierra y la cartografía del territorio fueron temas ampliamente debatidos que implicaron a numerosos sabios: partiendo de algunas bases geodésicas, es decir de alineamientos entre vértices A y B fácilmente medibles, fue posible, gracias a los principios de trigonometría, cubrir vastos territorios con una red de triángulos. La triangulación principal se compone de segmentos, que interconectados, sirven de base a la red geodésica

En 1751, el jesuita Boscovich fue el primero en medir la base geodésica de la Via Appia, permitiendo así corregir el mapa del censo y geográfico del Estado pontificio. En 1854, Luigi Canina, entonces implicado en las excavaciones arqueológicas de la Regina Viarum contactó al padre Angelo Secchi (1818-1878), director del Observatorio Astronómico del Colegio Romano desde 1850 hasta su muerte, y le pidió que midiese la calle y las distancias entre los antiguos mojones militares para poder calcular precisamente la relación entre la milla romana y la unidad de medida métrica decimal.

Como se había perdido el vértice B que calculó Boscovich, Secchi aprovechó para realizar una nueva medición para una nueva base geodésica. Había más de cien datos por transcribir cada cuatro metros: debido a la poca cantidad de obreros disponibles, este trabajo duró meses, de noviembre de 1854 a abril de 1855. El segmento medía precisamente 12 043,14 metros.

Al final, Secchi enterró voluntariamente los vértices A y B temiendo que "unos pastores o campesinos" los robasen. El vértice A fue redescubierto en 1999 y el vértice B, en 2012, tras largas investigaciones.

LAS CATACUMBAS JUDÍAS DE VIGNA RANDANINI

Via Appia Pignatelli 4, dentro de una propiedad privada (Appia Antica)
• Visitas previa reserva a través de la Asociación Cultural *Roma Sotterranea* (www.romasotterranea.it)

> *Las únicas catacumbas judías que se pueden visitar en Roma*

Descubiertas alrededor de 1859, las catacumbas judías de Vigna Randanini, en la Vía Appia Pignatelle, remontan al siglo III d. C. y son las únicas de su género que se pueden visitar en Roma. No todas sus galerías, que se extienden sobre una superficie de unos 720 metros cuadrados y a diez metros de profundidad, son transitables. Unas estructuras exteriores se alzan delante de la entrada de las catacumbas. Cabe suponer que durante la primera fase de construcción (primera mitad del siglo II d. C.) albergaban únicamente una sala cuadrada con dos exedras y un nicho. Por el contrario, la segunda fase (siglos III y IV d. C.) se caracteriza por una remodelación general del conjunto que, sin embargo, dejó intactas las dos exedras.

Es sin lugar a dudas durante esta fase cuando se realizó el pavimento de mosaico negro y blanco aún visible en la actualidad. En cuanto uno se adentra en las galerías, observa que la mayoría de las sepulturas son nichos, arcos o pequeñas cámaras fúnebres. En un sector más alejado de la entrada hay una gran cantidad de *kokhim* (tumbas huecas características de la cultura judía, único ejemplo en Roma). Tres de las cámaras fúnebres están decoradas con pinturas: la primera contiene frescos con sencillos motivos geométricos de color rojo sobre fondo blanco; la segunda, precedida de un vestíbulo revestido de enlucido blanco, tiene las cuatro esquinas decoradas con palmeras datileras. Sin embargo, las salas pintadas al fresco más interesantes se encuentran en las galerías situadas en el nivel inferior, destacando una doble cámara funeraria decorada y dividida geométricamente. Aquí, las diversas imágenes se encuentran dentro de las celdillas. El motivo central del techo de la primera cámara es una Victoria alada, rodeada de pavos, pájaros y cestas de frutas, que está coronando a un hombre joven desnudo. En la segunda cámara, la figura central de la bóveda es una alegoría de la Fortuna sujetando el cuerno de la abundancia en su mano. El anillo exterior está decorado de peces y patos separados por cestas de frutas. Las cuatro estaciones están representadas en las cuatro esquinas de la sala. El muro del fondo, muy deteriorado en la actualidad, estaba decorado con un hombre entre dos caballos.

Las catacumbas estaban, además, recubiertas de numerosas inscripciones en latín y en griego, la mayoría de las cuales son actualmente indescifrables.

Créditos fotográficos

Embajada de Brasil: Palacio Pamphilj

Villa Madama: Ariane Varela Braga (página de la izquierda) y Anna Vyazemtseva (página de la derecha)

Marco Gradozzi: páginas 28/30/31,32/33,56,62,100,104,105,108,109,110,113,132/133,139,146/147, 148,150,151,154,156,174/175,181,204,207,213,216,244,254,256/257,288/289,290/291,332,335, 354, 358/359, 360/361, 374, 382

Valerio Ceva Grimaldi: páginas 36, 236

Alessandra Zucconi: páginas 54, 55, 66, 83, 116, 117, 137, 221, 264

Ginevra Lovatelli: la bala de cañón Trinità dei Monti, palacio Zuccari, Museo Andersen, Museo Criminológico, biblioteca Vallicelliana, biblioteca Angelica, biblioteca Alejandrina, la capilla del Monte de Piedad, la capilla Spada, la biblioteca Casanatense, la ventana tapiada del palacio Mattei, el complejo monumental de Santo Spirito in Sassia, el reloj «a la romana» del palacio del Commandatore, el torno del abandono, la meridiana de la plaza de San Pedro, la bala de cañón de San Pietro in Montorio, los claustros del hospital Nuevo Regina Margherita, San Benedetto in Piscinula, la antigua farmacia de Santa Maria della Scala, el naranjo del claustro de Santa Sabina, la escalera de Sant'Alessio, el cementerio acatólico, la mesa del oratorio de Santa Bárbara, Instituto de Patología del Libro, la Puerta Mágica, la bendición de los animales, la bala de cañón de las murallas aurelianas, los apartamentos de la princesa Isabel, Museo de la Memoria Giocosa, Museo de las Carrozas de Época

Jacopo Barbarigo: el convento de la Trinidad de los Montes, la tumba de Poussin, cena en Emaús, las salas secretas de san Felipe Neri, la bendición de las mujeres embarazadas, la misa en arameo, el ciervo de la iglesia de Sant'Eustachio, la lanza de Longinos, el velo de Verónica, las indulgencias, el lugar de la crucifixión de San Pedro en el Janículo, Villa Lante, los mosaicos de la iglesia de Santa Maria in Trastevere, el Arco de los Argentarios, orden de Malta, triple recinto, basílica dei Santi Quattro Coronati, los insultos de san Clemente, la leyenda de la papisa Juana, grotescas, la estatua de Estanislao Kostka

Adriano Morabito: la "mano de Cicerón" en Via dei Cerchi, la vía de tren del papa, la base geodésica de la via Appia Antica, Villa Albani, el ascensor del Pincio, los apartamentos de san Luis de Gonzaga, Palazzo Mattei, Museo del Videojuego (VIGAMUS), Museo de la Liberación, Museo de los Granaderos, Palazzetto Bianco, la escultura de Bernini en San Isidoro

Hélène Vuillermet: bajorrelieve de los niños abandonados, teatro anatómico, la sede de la Orden del Santo Sepulcro, Museo de Historia de la Medicina, el Salvator Mundi de Bernini

Jean-Pierre Cassely: reliquia de Santa María Magdalena

Koen Ivens: la tumba del panadero

F. Lerteri: hipogeo de la Via Livenza, Excubitorium

Museo de Historia de la Ciencia de Florencia: «¿Cómo funciona una meridiana?»

Corso Patrizi: palacio Patrizi

Beatrice Pediconi: palacio Sachetti (cubierta)

Larco Placidi: los restos del reloj solar de Augusto

E. Santucci: las catacumbas judías de Vigna Randanini

Palazzo Spada: palacio Spada

Enrico Sturani: Enrico Sturani

Unicredit Group: los tesoros escondidos de los bancos romanos

Casino de la Aurora: amablemente autorizado por **Donna Maria Camilla Pallavicini**

Agradecimientos: Dott. Aiello, Claudia Amadio, Luciano Antonini, Asociación Amici del Gonfalone, Florent Billioud, Philippe Bonfils, Maurizio Botta, Luisa Capaccioli, Jean-Pierre Cassely, Alessandra y Alessandro Corradini, Viviana Cortes, Laura del Drago, Fare fotografía, Fpmcom, Nunzia Fiorini, Louis-François Garnier, Christopher Gordon, Tommaso Grassi, Giovanni Innocenti, Koen Ivens, Istituto di Studi Pirandelliani, Francesco Lovatelli, Beatrice Lovatelli, Marylène Malbert, Vincent Manniez, Andrea Mazzini, Barbara di Meola, Flavio Misciattelli, Adriano Morabito, Camilla Musci, Dott. Paola Munafò, Dott. Muratore, Museo de Criminología, Museo de las Carrozas de Época, Museo Hendrik Christian Andersen, Nunzio, Simo Orma, Dott. Petrollo Pagliarani, Donna Maria Camilla Pallavicini, Franco Palmieri, Corso Patrizi, Marco Placidi, Dominique Quarré, Maria Eleonora Ricci Parracciani Bergamini Massimo, Clara Rech, Salvatore Rizzacasa, Pierre Rosenberg, Neville Rowley, Pietro Ruffo, Palazzo Sacchetti, Giacinta Sanfelice, Maurizio Savino, Dott. Scialanga, Anna Maria Sciannimanico, Lorenzo Seno, Nicola Severino, Dott. Spalletti di Villa Spalletti Trivelli, Enrico Sturani, Mirtella Taloni, Marco Tirelli, Alfonso Tozzi, Caterina Valente, Delphine Valluet, Villa Médici, Hélène Vuillermet, Florencia Escalante Zorz

Cartografía: **Cyrille Suss** - Diseño: **Roland Deloi** - Maquetación: **Iperbole** - Traducción: **Paloma Martínez de Velasco**, **Patricia Peyrelongue** - Corrección de estilo: **Milka Kiatipoff**, Susana Negre

© JONGLEZ 2023
Depósito legal: Mayo 2023 – Edición: 04
ISBN: 978-2-36195-653-0
Impreso en Bulgaria por Multiprint